现代煤炭经济与矿山建设工程研究

高相富　徐国才　闵　锐　著

中国原子能出版社

图书在版编目（CIP）数据

现代煤炭经济与矿山建设工程研究 / 高相富，徐国才，闵锐著. -- 北京：中国原子能出版社，2024. 11.

ISBN 978-7-5221-3887-9

Ⅰ. F426.21；TD2

中国国家版本馆 CIP 数据核字第 2024N048S9 号

现代煤炭经济与矿山建设工程研究

出版发行	中国原子能出版社（北京市海淀区阜成路 43 号　100048）
责任编辑	陈　喆
责任印制	赵　明
印　　刷	北京天恒嘉业印刷有限公司
经　　销	全国新华书店
开　　本	787 mm×1092 mm　1/16
印　　张	16.375
字　　数	233 千字
版　　次	2024 年 11 月第 1 版　2024 年 11 月第 1 次印刷
书　　号	ISBN 978-7-5221-3887-9　　　定　价　97.00 元

网址：**http://www.aep.com.cn**　　　　E-mail：**atomep123@126.com**

发行电话：**010-88828678**　　　　　　版权所有　侵权必究

作者简介

　　高相富，男，汉族，1981 年 8 月出生，籍贯为山东新泰。主要研究方向为煤炭工程技术和工程经济。现就职于兖矿能源陕西未来能源化工有限公司金鸡滩煤矿，高级工程师、中级经济师。注册一级建造师、监理工程师、二级造价师。毕业于莱阳农学院土木工程专业，工学学士，曾先后在《工程技术》《中国建材科技》《建筑建材和科技》等期刊上发表过多篇论文。

　　徐国才，男，汉族，1984 年 11 月出生，籍贯为山东潍坊。毕业于山东建筑大学给水排水工程专业，工学学士，主要研究方向为建筑工程技术、煤炭工程技术、煤炭工程经营管理、矿山建设施工技术、煤炭工程施工。现就职于山东能源集团建工集团有限公司，高级工程师，注册一级建造师。曾先后在《中国科技人才》《建筑工程技术与设计》《建筑细部》《工业技术》《现代企业文化》等期刊上发表过多篇论文，作为副主编参与撰写《建筑施工技术与暖通工程》，获得《中国科技人才》优秀论文 3 项一等奖、《建筑细部》优秀论文 1 项一等奖，申报实用新型专利 8 项，发明专利 1 项。申报省级课题 1 项。

　　闵锐，男，汉族，1989 年 10 月出生，籍贯为山东邹城。毕业于青岛理工大学工程造价专业，管理学学士，主要研究方向为工业与民用建筑、道路桥梁工程项目施工及管理。现就职于山东能源集团建工集团有限公司，工程师，一级建造师，中级注册安全工程师。曾先后在《中华建设》《现代企业文化》等期刊上发表过多篇论文，获得山东省建设科技创新成果三等奖 1 项、山东省质量改进优秀成果 1 项。申报实用新型专利 2 项。

前　言

在当今全球能源格局中，煤炭作为重要的化石能源之一，依然占据着举足轻重的地位。随着科技的进步和经济的发展，现代煤炭经济与矿山建设工程的研究日益成为学术界和业界关注的焦点。本书正是在这一背景下应运而生，旨在全面探讨现代煤炭经济的发展趋势、管理策略以及矿山建设工程的最新技术和管理方法。

本书内容涵盖了现代煤炭经济的理论基石、管理与发展，以及矿山建设工程的多个方面，包括采煤方法与工艺、煤矿巷道设计与施工、煤矿立井井筒设计与施工、煤矿生产组织与控制管理以及煤矿安全生产管理体系等。通过对这些内容的深入探讨，读者可以全面了解现代煤炭经济与矿山建设工程的最新研究成果和实践经验，为煤炭行业的可持续发展提供有力的理论支持和实践指导。

本书注重理论与实践的结合，既阐述了现代煤炭经济和矿山建设工程的基本理论和方法，又通过丰富的案例和实例，展示了这些理论和方法在实际应用中的效果。同时，还强调了技术的创新性和实用性，不仅介绍了现有的技术和方法，还展望了未来技术的发展趋势和应用前景。此外，在叙述上力求简洁明了，使读者能够轻松理解并掌握相关知识。本书注重逻辑结构的清晰性和内容的系统性，以确保读者能够从中获得有益的启示和指导。

本书在写作的过程中得到许多专家学者的指导和帮助，在此表示诚挚的谢意。书中所涉及的内容难免有疏漏与不够严谨之处，希望读者和专家能够积极批评指正，以待进一步修改。

　　本书共七章，由三位作者共同完成，其中第一作者高相富负责第一、二、三章内容撰写，计 9.5 万字；第二作者徐国才，负责第四、五章、第六章的第一、二节内容撰写，计 8 万字；第三作者闵锐，负责第六章的第三、四节和第七章内容撰写，计 5.8 万字。

目　　录

第一篇　现代煤炭经济

第二篇　矿山建设工程

第一篇　现代煤炭经济

第一章　现代煤炭经济的理论基石

第一节　煤炭价格波动的显著特征与机理分析

一、煤炭价格波动的显著特征

煤炭作为我国的主要能源资源，在我国一次能源消费结构中占据主体地位，且短期内难以改变。近年来，我国煤炭价格波动频繁，煤炭行业的内外部环境变化还将进一步加剧煤炭价格波动。煤炭作为火电、钢铁、化工、交通运输等行业的重要原材料，其价格波动直接或间接地影响着其他部门的产品价格。在受供给侧结构性改革、经济增速放缓带来的需求下降、全球贸易政策不确定性增加、加强生态建设和碳排放约束等多方面因素的影响下，我国的煤炭价格波动特征将呈现出新的规律。因此，应从新的视角进行相关探索，进而为探究这些新规律背后的影响因素以及测度煤炭价格影响效应奠定基础。

（一）煤炭价格波动的周期特征

1. 煤炭价格季节成分波动特征

煤炭价格的季节性波动是能源市场研究中的一个重要方面。通过对煤炭价格数据进行季节性调整，可以更清晰地揭示其内在的周期性特征。在对煤炭价格进行季节成分剔除后，所得的季节调整序列能够更准确地反映煤炭价格的长期趋势和周期性波动。季节因子的分析揭示了煤炭价格的季节性模式，呈现出明显的 W 形走势，表明煤炭价格在不同季节之间存在显著差异。

在所考察的样本区间内，煤炭价格的季节性波动表现出一定的周期性规律。季节波动周期的波动幅度并非恒定，而是呈现出先收缩后扩大的趋势。这种变化趋势可能与多种因素有关，包括能源需求的季节性变化、气候条件，以及市场供需关系等。在样本区间内，煤炭价格的季节性波动周期显示出不同的波动幅度，其中最大和最小的波动幅度分别出现在特定的周期中。

季节波动周期的起始时间也随着时间推移而发生变化。在某一特定时间点之前，煤炭价格的季节性波动周期以 11 月至次年 11 月为一个周期，且季节性最大值通常出现在夏季。夏季因用电需求增加导致煤炭需求上升，进而推高了煤炭价格。然而，在该时间点之后，季节因子的峰值逐渐从夏季转移到了春季，这一变化可能与能源消费模式的转变、能源结构的调整或其他宏观经济因素有关。

在特定时间段内，煤炭价格的季节性波动呈现出特定的模式。例如，在每年的 1 月和 2 月，煤炭价格的季节因子达到峰值，随后开始下降；而在 8 月和 9 月，季节因子达到谷底，之后开始上升。这种季节性规律的形成，可能与冬季供暖需求的增加有关，导致煤炭价格在冬季出现上涨。

2. 煤炭价格不规则成分波动特征

煤炭价格的不规则成分波动是指那些难以预测、随机性强、无固定规律的价格变动。这种波动通常源于突发事件或市场情绪的剧烈变化，如自然灾害（如地震、洪水等）、重大政策调整（如环保政策的突然加强）、国际市场突发事件（如主要产煤国的政治动荡、贸易争端）等。这些事件往往具有不可预见性和突发性，导致煤炭价格在短时间内出现剧烈波动。

自然灾害可能导致煤炭生产或运输中断，从而引发价格飙升；政策调整则可能改变煤炭市场的供需格局，进而影响价格走势；国际市场突发事件则可能通过影响全球煤炭供应链的稳定性来间接影响国内煤炭价格。这些不规则波动成分增加了煤炭价格的不确定性，使得价格预测变得更为困难。

3. 煤炭价格趋势成分波动特征

煤炭价格的趋势成分波动揭示了其在长期内的变动规律，这些规律受到技术革新、政策导向及宏观经济发展等多重因素的共同作用。技术进步在煤炭行业的应用，如开采技术的优化和清洁利用技术的提升，对生产成本的降低起到了关键作用，进而对煤炭价格形成下行压力。随着技术的不断革新，煤炭作为一种能源的竞争力得到提升，其价格趋势亦随之受到影响。

政策调整对煤炭价格趋势的影响同样不容忽视。政府在能源结构调整、环境保护法规制定等方面的政策，直接或间接地影响了煤炭的供需关系。例如，环保政策的加强可能限制煤炭的开采和消费，从而影响市场供应，进而对煤炭价格产生上行压力。相反，政策若倾向于支持清洁能源的发展，则可能减少对煤炭的依赖，导致需求下降，煤炭价格呈现下降趋势。

经济发展水平与煤炭价格的趋势成分波动密切相关。经济增长通常伴随着能源需求的上升，尤其是在能源密集型产业中，煤炭作为一种重要的能源输入，其需求量的增加往往带动价格上涨。然而，经济周期的波动也会导致能源需求的变化，进而影响煤炭价格。在经济衰退期间，能源需求的减少可能导致煤炭价格下跌，反映出市场对煤炭需求的减弱。

4. 煤炭价格周期成分波动特征

煤炭是一种基础能源类的大宗商品，属于周期性行业。煤炭的价格波动受康波周期、产能周期、固定资产投资周期等多周期的叠加支配。在经济扩张期，整体工业产出增加，对能源的需求相应上升，煤炭作为一种关键的能源输入，其需求量亦随之增加。这种需求的增长往往推动了煤炭价格的上涨，且在经济持续繁荣的背景下，价格可能维持在较高水平。该时期的煤炭价格上升不仅反映了市场供需关系的紧张，也是经济活力增强的体现。

相对地，在经济衰退期，工业产出下降，能源需求减缓，煤炭的市场需求也随之减少。需求的减少往往导致煤炭价格的下跌，这种价格的下降可能在经济低迷期间持续较长时间。这一时期的价格动态不仅揭示了市场对煤炭需求的减少，也反映了宏观经济环境的紧缩。

（二）煤炭价格波动聚集性特征

煤炭价格波动率序列呈现出明显的自相关性特征。这种自相关性意味着过去的价格波动在一定程度上可以预测未来的波动，这是金融市场中常见的条件异方差性表现。通过采用 ARCH 族模型对煤炭价格波动率进行建模分析，可以更准确地捕捉这种波动聚集现象。

在进行 ARCH 族模型建模之前，对煤炭价格波动率序列进行平稳性检验是必要的步骤。这是因为非平稳的时间序列会导致伪回归问题，从而影响模型的有效性。通过 ADF 检验和 PP 检验方法，可以判断序列的平稳性。在确定序列平稳后，可以进一步分析其自相关性和偏自相关性，这些统计特性对于选择合适的 ARCH 模型至关重要。

在实际应用中，煤炭价格波动率序列的 ADF 检验和 PP 检验结果均大于 1%、5%、10% 的显著性水平临界值，表明该序列是非平稳的。而非平稳序列的波动率受到单位根的影响，即存在长期趋势或周期性因素，这需要通过差分或其他转换方法来解决。相比之下，平稳的波动率序列更容易进行建模分析，因为它们不包含趋势或季节性成分，能够更好地反映时间序列的随机波动特性。

此外，煤炭价格波动率的聚集性特征可以通过条件异方差序列来进一步分析。条件异方差序列的走势图可以揭示价格波动的短期和长期动态。例如，在某些时期内，煤炭价格波动率可能因为市场不确定性的增加而出现剧烈波动，而在其他时期则可能保持相对稳定。这种波动聚集现象对于煤炭市场的参与者来说是非常重要的，因为它影响着风险管理和投资决策。

在模型选择方面，GARCH（1，1）模型被广泛应用于模拟具有条件异方差特性的金融时间序列。该模型通过 ARCH 项和 GARCH 项的系数来捕捉波动的聚集性，其中 ARCH 项反映了新信息对波动的即时影响，而 GARCH 项则衡量了前期波动对当前波动的影响。在煤炭价格波动率的分析中，GARCH（1，1）模型能够较好地拟合数据，表明该模型能够有效地描述煤炭价格波动的聚集性特征。

（三）煤炭价格波动风险性特征

煤炭价格的波动并非与市场风险和收益之间存在直接的均衡关系。煤炭作为一种重要的能源商品，其价格受多种因素影响，包括但不限于供需关系、政策变动、国际市场动态以及宏观经济环境等。这些因素共同作用于煤炭市场，导致价格波动具有一定的不确定性和复杂性。

从供需关系的角度来看，煤炭的供应量和需求量是影响价格波动的直接因素。当供应量增加或需求量减少时，煤炭价格可能会下降；反之，当需求量增加或供应量减少时，价格可能会上升。然而，这种供需关系并非总是线性的，因为市场参与者的预期、库存水平以及运输成本等因素也会对价格产生影响。

政策变动是影响煤炭价格波动的另一个重要因素。政府对煤炭行业的监管政策、环保法规以及能源政策等都可能对煤炭的开采、生产和消费产生影响。例如，严格的环保法规可能会限制煤炭的开采和使用，从而影响市场供应和价格。此外，政府对可再生能源的补贴和推广也可能减少对煤炭的依赖，进而影响煤炭价格。

国际市场动态对煤炭价格的影响也不容忽视。全球煤炭市场的供需状况、主要煤炭出口国的生产变化以及国际能源价格的波动都可能对煤炭价格产生影响。在全球化的经济体系中，煤炭市场不再是封闭的，而是与国际市场紧密相连，因此，国际市场的任何变化都可能对煤炭价格产生连锁反应。

宏观经济环境的变化同样会对煤炭价格产生影响。经济增长、通货膨胀、汇率变动及能源需求的变化都会影响煤炭市场。在经济繁荣时期，能源需求增加可能会推高煤炭价格；而在经济衰退时期，需求减少可能会导致价格下降。

二、煤炭价格波动机理分析

（一）煤炭价格影响因素的结构分析

煤炭价格波动影响因素具有多层级性和相互关联性。内部因素涵盖了基本生产成本、环境成本、安全成本以及运输成本等多个维度，而外部因素则包括供需状况、宏观经济发展、替代能源的发展以及国家政策等。这些因素共同构成了煤炭价格波动的复杂系统，而 ISM 模型则为这一复杂系统的结构化分析提供了一种有效的工具。该模型通过分析系统要素之间的邻接关系，构建可达矩阵，进而将系统分解为独立或层次化的子系统，实现了对复杂思想和看法的结构化转化。

资源成本作为煤炭价格的一个关键内部因素，体现在企业为获取煤矿开采权所需支付的费用上，主要表现为国家对煤炭矿产资源征收的税费。可持续发展成本则反映了在国家能源战略转型的背景下，煤炭行业为实现可持续性发展而进行的矿区建设和产业结构优化所需的投入。煤价稳定成本则涉及为防止市场价格剧烈波动而征收的煤炭价格调控基金，这对于保障下游产业和国民经济的稳定发展至关重要。

安全成本和环境成本是煤炭开采过程中不可或缺的两个方面，前者确保了煤矿的正常运行，后者则涉及预防和治理环境污染的费用。基本生产成本则涵盖了人力、技术和资本等要素的投入，这些成本通常随着产量的变化而变化。运输成本由于我国煤炭资源的地理分布特点，占据了煤炭价格的较大比重。

全面成本则是在国家能源战略背景下，涵盖了资源成本、可持续发展成本、煤价稳定成本、安全成本、环境成本、基本生产成本和运输成本等多个方面的总和。这一成本的变动直接影响着煤炭价格的高低。宏观经济发展和下游产品价格的变动，通过影响下游行业对煤炭资源的需求，间接地影响着煤炭价格。石油价格作为煤炭的替代能源，其变化也会对煤炭价格产生一定的影响。

煤炭的进出口量、人口和城市化进程、技术进步以及运输能力的提升，都是影响煤炭供需关系的重要因素，进而影响煤炭价格。煤炭需求和供给的直接关系，以及上游产品价格和煤炭产量的变动，都是影响煤炭价格的关键因素。煤炭库存作为市场的"蓄水池"和"晴雨表"，通过影响煤炭供给进而对煤炭价格产生影响。煤矿投资建设的减少，以及环境污染治理的加强，都会导致煤炭生产量的降低，进而影响煤炭价格。国家政策和国际煤价的变化，作为外部因素，也对煤炭价格产生着直接或间接的影响。

（二）煤炭价格影响因素的通径分析

通径分析是回归分析的拓展，用于分析多个自变量与因变量之间的线性关系。在通径分析中，可以构建通径模型，该模型由一组线性方程组成，反映自变量、中间变量、潜变量和因变量之间的相互关系。通径图则可以直观地表现各个变量之间的相互关系。

1. 供需关系

（1）直接影响。供需关系是影响煤炭价格的主要因素之一。当煤炭需求大于供应时，价格会上涨；反之，当供应大于需求时，价格会下跌。这种关系在很大程度上受经济发展和能源消费结构变化的影响。

（2）通径分析。供需关系作为自变量，通过直接影响煤炭价格（因变量）来体现其重要性。同时，供需关系还可能受到其他自变量（如政策因素、开采成本等）的间接影响。

2. 政策因素

（1）直接影响。政策因素也是煤炭价格波动的重要原因之一。国家的宏观调控政策、能源政策和环保政策等都会对煤炭价格产生重要影响。例如，经济增长放缓和金融危机等因素可能导致煤炭需求减少，价格下跌；而环保政策的执行则可能导致煤炭生产成本增加，进而影响煤炭的供应和价格。

（2）通径分析。政策因素作为自变量，通过直接影响煤炭的供需关系来间接影响煤炭价格。同时，政策因素还可能与其他自变量（如开采成本、运输成本等）存在相互作用，共同影响煤炭价格。

3. 开采与运输成本

（1）直接影响。开采与运输成本是影响煤炭价格的重要因素之一。随着煤炭生产所需的木材、钢材、建筑材料、水和电的价格不断上涨，以及员工工资的增加，煤炭企业的成本也在上升。此外，运输成本也是影响煤炭价格的重要因素之一，特别是当煤炭库存分布不均时，运输成本的高低将直接影响煤炭的到岸价。

（2）通径分析。开采与运输成本作为自变量，通过直接影响煤炭的供应成本来间接影响煤炭价格。

4. 市场需求

（1）直接影响。市场需求是影响煤炭价格的另一个重要因素。随着全球经济的发展和各国能源消费结构的变化，煤炭需求量也在不断变化。当全球经济处于增长期时，工业生产和居民生活对能源的需求都会增加，从而带动煤炭需求的增长；反之则可能导致煤炭需求减少。

（2）通径分析。市场需求作为自变量，通过直接影响煤炭的需求量来间接影响煤炭价格。

5. 国际市场因素

（1）直接影响。国际市场因素对煤炭价格的影响主要表现在国际煤炭市场的供需情况、国际贸易政策以及全球能源市场情况等方面。这些因素的变化都可能对国内煤炭价格产生重要影响。

（2）通径分析。国际市场因素作为自变量之一，通过影响国内煤炭市场的供需关系来间接影响煤炭价格。同时，国际市场因素还可能与其他自变量（如政策因素、开采成本等）存在相互作用关系。

（三）煤炭价格影响因素的动态分析

在对煤炭价格波动的动态分析中，研究者采用系统动力学方法，以揭示煤炭价格影响因素的动态变化及其相互作用。该方法涉及建立因果关系图，绘制因素关系流图，运用 DYNAMO 语言构建基本方程式，以及进行动态仿真检验。通过这一过程，研究者能够从动态的视角探讨煤炭价格的波动机理。

在系统动力学模型构建过程中，首先明确了煤炭价格系统的边界，区分了内生变量和外生变量，并排除了模型之外的关键变量。煤炭价格系统被视为一个由供给、政府和需求多个子系统及其外部环境耦合而成的复杂开放系统。该系统具有高层次、多变量、多回路以及强非线性的反馈结构。系统内部的变量间相互作用，形成动态结构，并在内外动力的作用下发展演化。系统被划分为煤炭供给系统和煤炭需求系统，这两个子系统既相互独立又相互联系，形成一个循环的反馈回路。

煤炭价格系统因果关系图的建立，为分析煤炭价格波动过程中各个因素之间的相互作用提供了基础。图中的正负号表示变量间的正负关系，正关系意味着某一变量的增加将引起相关变量的增加，而负关系则相反。例如，煤炭成本的上升直接导致煤炭价格上涨，国际煤炭价格的波动直接影响国内煤炭价格，供需差异导致价格变化。

系统流图进一步明确了煤炭价格系统内部各因素之间的数量关系，通过 Vensim 软件建立的系统动力学模型，能够描述系统构成、系统行为和系统元素相互作用的变化过程。模型中引入了状态变量、速率变量、辅助变量等要素，具体描述了系统内部结构的相互关系及因果反馈回路。

在仿真分析阶段，研究者确定了仿真参数，并进行了模型检验，以验证构造模型与实际系统的吻合度。通过对模型仿真结果与实际系统历史数据的拟合度检验，可以发现模型是否存在问题，是否与实际系统相吻合。仿真模拟分析显示，未来煤炭价格呈现先下降再上涨的趋势，煤炭供给量与煤炭消费量的变化趋势相似，均呈现上涨趋势，供需差距较小，基本处于平衡状态。

情境分析通过模型对实际系统的决策分析进行调试，寻找杠杆作用点，并以此寻找最佳政策。参数灵敏性测试显示，行业利润率、调节系数、煤炭产业政策系数等参数较容易控制，这些参数的变化对煤炭价格有显著影响。通过调整这些参数，可以模拟不同情况下的煤炭价格变化，为政策制定提供参考。

第二节　政策传导下煤炭价格波动及其宏观经济效应

一、煤炭价格政策的特征分析

（一）煤炭直接定价政策

在分析我国煤炭直接定价政策的调控过程时，可以将其划分为两个显著不同的阶段：临时价格限制阶段和定价机制完善阶段。

在临时价格限制阶段，政策的发布主体相对单一，主要由国家发改委负责，政策工具也相对单一，主要通过设置煤炭价格的最高限价来实现调控。这一阶段的政策特征表现为在煤炭价格大幅上涨时采取限制措施，而在价格下滑时期则未采取相应的最低限价政策，显示出政策的单向性和同质性。这种单一的政策发布和工具使用可能导致政策信息在传递过程中的损失或扭曲，进而影响政策的实际调控效果。

进入定价机制完善阶段，政策发布主体开始多元化，不仅有国家发改委，还包括国务院、国家能源局、煤矿安监局、煤炭工业协会等多个政府部门。这种多部门参与的政策发布机制有助于减少政策传导过程中的信息损失，提高政策的执行效率。在政策工具方面，该阶段的政策更加多样化，不仅包括煤炭中长期合同制度，还引入了价格上涨的三级响应预案和价格异常波动的预警机制。这些政策工具的引入，旨在通过更为灵活和多元化的手段来调控煤炭价格的波动，体现了政策制定者对于市场动态的深入理解和对价格波动调控机制的不断完善。这些政策工具之间可能存在联动效应或挤出效应，它们共同作用于煤炭价格的稳定，为煤炭市场的健康发展提供了更为坚实的政策支持。

（二）煤炭间接调价政策

1. 成本控制政策

政策工具之间存在明显的联动效应。该阶段的政策工具主要集中于清理煤炭生产性费用和资源税改革两个方面。其中，清理煤炭生产性费用的政策旨在为资源税改革政策的有效实施提供保障，从而确保两种政策工具能够相互配合、相互促进。这种联动效应体现了政策制定者在设计政策时的综合考量，旨在通过多维度的调控手段，实现对煤炭企业产品成本的有效管理。

在煤炭产品成本构成中，政策工具通过费用和税收两个主要条目对煤炭企业的成本进行调控。这种调控方式在一定程度上具有同质性，因为它们都直接作用于煤炭企业的成本结构。然而，由于政策工具的不同侧重点，它们在实际操作中可能会产生不同的效应。例如，清理煤炭生产性费用可能更侧重于降低企业的生产成本，而资源税改革则可能更侧重于调整资源的利用效率和环境成本。这种差异性为政策的后续研究提供了丰富的分析依据，有助于深入探讨不同政策工具在煤炭成本控制中的作用机制和效果。

煤炭成本控制政策的发布主体主要包括国务院、财政部和国家税务总局等核心机构。这些机构在政策制定和实施中发挥着关键作用，其发布的政策往往具有较高的权威性和影响力。与此同时，国家发改委和能源局虽然在煤炭直接定价政策方面的发布相对较少，但它们在煤炭行业的宏观调控和战略规划中同样扮演着重要角色。这些机构之间的职能划分和协作关系，对于煤炭成本控制政策的有效实施至关重要。

2. 产量控制政策

煤炭产量控制政策旨在平衡能源安全与环境保护，促进经济的可持续性，并应对全球气候变化的挑战。这些政策通过多种手段实现，包括产能置换、产量调控、税收与价格政策调整，以及环保与安全生产政策的实施。

产能置换与淘汰落后产能是提高煤炭产业效率的关键措施。通过鼓励企业采用现代化技术，提升生产效率，同时关闭不符合安全和环保标准的小型煤矿，政府能够有效控制煤炭产量，减少对环境的负面影响。产量调控与计划管理则通过市场供需分析，制定合理的煤炭产量计划，确保供需平衡，避免市场波动导致的能源价格剧烈变动。

税收与价格政策的调整，如征收资源税和环境税，能够影响煤炭的生产成本和消费模式，从而引导市场减少对煤炭的依赖。此外，环保与安全生产政策的加强，通过设定严格的标准和规定，促使企业在生产过程中减少污染，提高安全性，间接控制了煤炭产量的无序增长。

煤炭产能储备制度的建立，提升了能源供给的弹性，确保了在需求激增时能够迅速响应。安全监察与环保政策的强化，不仅提高了煤炭产业的整体标准，也为减少煤炭产量提供了动力。推动煤矿智能化生产，则是通过技术进步提高生产效率，减少人力成本，同时降低环境风险。

尽管如此，煤炭产量控制政策在实施过程中也面临挑战。煤炭在全球能源结构中仍占有一定比重，其替代需要时间与资金的投入。同时，一些地区对煤炭产业的高度依赖，使得转型工作复杂且艰巨。此外，国际市场的波动也可能对国内政策产生影响，需要政策制定者在实施过程中进行综合考量和灵活调整。通过这些政策的深入实施，可以期待能源结构的优化和空气质量的持续改善。

3. 市场结构调整政策

煤炭市场结构调整政策聚焦于提升产业效率和市场竞争力，同时强调可持续发展和环境责任。这些政策通过多种措施实现，旨在减少煤炭开采和利用对环境的负面影响，同时推动能源消费结构的转型。

产能调控与结构优化政策通过鼓励企业淘汰落后产能，建设现代化煤矿，提高产业集中度，促进资源向富集地区集中。这些措施旨在形成规模效应和协同效应，提高产业的整体效率和市场竞争力。环保与安全生产政策的加强，通过制定严格的标准和监管，促使企业提升资源利用效率和安全性，减少环境污染和生态破坏。

税收与价格政策的调整，如资源税和环境税的合理设置，不仅反映了煤炭开采的外部成本，也通过价格机制引导市场供需平衡，抑制过度生产和消费。技术创新与智能化生产被鼓励，以提高开采效率，降低成本，并提升产业的国际竞争力。

在国际合作与市场竞争方面，政策鼓励产业交流和技术创新，以吸收国际先进经验，提升产业的全球竞争力。这些措施共同作用于煤炭市场，旨在实现结构性调整，促进产业的长期健康发展。

中国在煤炭市场结构调整方面的实践，如产能储备制度的建立和智能化生产技术的推广，展示了政策的具体应用。这些政策不仅提升了供给弹性和生产安全性，还通过智能化建设提高了效率和安全性。环保与安全生产监管的加强，以及煤炭产业结构的战略性调整，进一步推动了产业的规模化和智能化发展。

尽管取得了一定成效，如产业集中度的提高和环境污染的控制，但煤炭市场结构调整政策仍面临转型难度大、资金投入需求高和国际市场价格波动等挑战。这些挑战要求政策制定者在实施过程中进行综合考量和灵活调整，以确保政策目标的实现和产业的平稳过渡。通过这些政策的深入实施，可以期待能源结构的进一步优化和产业的可持续发展。

二、煤炭直接定价政策对煤价波动的传导影响

（一）煤炭临时价格限制政策的传导影响

煤炭价格政策的调整对市场价格波动具有显著的传导效应。政策变动通

过多种途径影响煤炭市场的定价机制，进而对价格水平产生直接或间接的影响。一方面，政策通过设定价格标准或提供补贴，直接作用于煤炭的交易价格。另一方面，政策调整通过影响市场供需关系，间接影响煤炭价格。例如，通过调整进出口政策来调节市场供应，或通过环保法规来影响煤炭的消费需求，这些措施都可能对煤炭价格产生重要影响。

煤炭价格政策的调整还可能引起市场参与者对未来价格走向的预期变化。市场预期的变化是影响市场价格波动的关键因素之一。政策的不确定性或预期的监管力度加强，都可能导致市场参与者对未来煤炭价格的预期发生调整，这种预期的变化会迅速反映在当前的市场价格和交易行为中。

此外，煤炭价格政策的调整还可能通过影响市场供需关系来传导其影响。政策调整可能会改变煤炭的供给和需求状况，从而影响价格。例如，政策可能会通过限制煤炭出口或增加进口量来调控国内煤炭市场的供应量，进而影响煤炭价格。同时，政策调整也可能影响煤炭的消费需求，如通过提高环保标准来推动清洁能源的替代使用，从而降低煤炭的消费需求和价格。

通过构建模型来分析煤炭价格与需求、供给和价格政策等变量之间的关系，可以验证价格政策与煤价波动间关系的理论假设。模型结果表明，煤炭需求、供给和价格政策等因素均对煤炭价格有长期引导作用，而煤价对这些因素并无引导关系。这表明煤炭价格政策在调节市场价格方面具有重要作用，其调整能够通过影响市场供需关系和市场预期来实现对煤炭价格的调控。

政策的有效性不仅取决于其短期快速响应能力，还要考虑调控政策的长期有效性。政策工具的选择应综合考虑市场供需状况、市场预期以及价格机制的稳定性，以实现煤炭市场的健康发展。通过政策的科学制定和有效实施，可以促进煤炭价格在合理区间内运行，保障能源安全稳定供应，推动煤、电上下游协调高质量发展。

（二）煤炭中长期合同政策的传导影响

煤炭中长期合同政策对煤炭价格波动的传导影响分析时，采用定量模型分析方法是一种科学且有效的手段。通过构建自回归模型，我们能够更深入地揭示煤炭价格与需求、供给以及中长期合同政策之间的动态关系。

煤炭需求的变化会直接影响煤炭市场的供需平衡，进而对煤炭价格产生影响；同时，煤炭供给的调整也会通过改变市场供需关系来影响煤炭价格。此外，煤炭中长期合同政策的调整，如合同价格、签订量、执行期限等方面的变化，也会通过影响市场预期、供需关系等机制，对煤炭价格产生显著的引导效应。

煤炭价格与供给之间存在互为因果的关系。一方面，煤炭价格的上涨或下跌会直接影响煤炭企业的生产决策，进而改变煤炭市场的供给量；另一方面，煤炭供给的增加或减少也会通过影响市场供需关系来反作用于煤炭价格。这种互为因果的关系进一步体现了煤炭市场供需变化与价格政策调整之间的紧密联系。

中长期合同政策的发布模式和政策联动效应对煤炭价格具有显著影响。在政策发布模式方面，联合发布方式能够减少政策传导成本，提高资源配置效率，从而增强政策对煤炭价格波动的抑制效应。此外，中长期合同政策的履约率对政策效果产生重要影响，低履约率可能导致政策对煤炭价格波动的抑制作用不明显。

在考虑政策联动效应时，市场需求和供给因素对煤炭价格的弹性系数显著高于价格政策因素，这表明市场供求关系的变化对煤炭价格的影响作用大于价格政策干预。然而，政策因素对煤炭价格波动的传导效应仍不容忽视，尤其是在不同政策工具的联动效应分析中，政策组合对煤炭价格波动的抑制作用得到了显著改善。这表明在优化政策调控方案时，政府应合理选择长短期政策工具及政策组合，以提高价格政策的有效性。

三、煤炭间接调价政策对煤价波动的传导影响

（一）煤炭成本控制政策的传导效应

在煤炭资源税改革前，成本控制政策对煤炭价格具有正向传导影响，即

煤炭产品成本的上升能够带动煤炭价格上涨。这一阶段，煤炭市场的供需关系对价格的影响显著强于政策因素，且需求因素的作用高于供给因素。这表明在资源税改革前，煤炭行业对产品成本变动较为敏感，成本控制政策的短期响应能力较强。

在煤炭资源税改革后，成本控制政策与煤炭价格的关系转变为倒 U 型动态变化。随着煤炭产品成本的上升，煤炭价格初期随之上涨，但当成本变动速度超过某一拐点后，煤炭价格反而出现下降。这种变化可能源于买方市场环境下，煤炭生产企业在政策预期下倾向于提高产量，导致市场供大于求，最终引起价格下降。

煤炭资源税改革后，成本控制政策与煤价波动的关系变得更加复杂，政府对煤炭价格的调控面临更高的政策成本和经济运行风险。尽管如此，当前成本控制政策下，我国煤炭产品成本和煤炭价格仍保持正向变动关系，这为政府在煤炭行业实施清费和去杠杆政策提供了支持性证据。因此，政府在制定和调整成本控制政策时，需综合考虑市场供需状况、成本变动趋势以及政策的长期效应，以实现对煤炭价格的有效调控。

（二）煤炭产量控制政策的传导效应

随着政府对煤炭产量及产能规模的直接干预，煤炭资源利用效率的提升并未带来煤炭价格的大幅上涨。相反，产量控制政策在短期内具有较强的响应能力，但其对煤炭价格波动的长期影响相对较弱。

产量控制政策的实施对煤炭行业的投资规模和就业规模可能带来较大冲击，这可能会造成社会总福利的损失。因此，投资及就业方面的相关政策配套措施也会影响产量控制政策的有效性。在考虑联合发布方式后，产量控制政策对煤炭价格的影响作用得到了强化，这表明政策发布方式对政策效果具有调节作用。

产量控制政策通过影响市场供需关系和市场预期，对煤炭价格波动产生传导影响。政策的有效性不仅取决于其设计和发布方式，还受到市场主体行为和政策执行力度的影响。因此，政策制定者在设计和实施产量控制政策时，应充分考虑市场的动态变化和政策的长期效应，以实现对煤炭价格的有效调控。同时，应审慎选择产量控制政策发布方式，以应对煤炭价格的剧烈波动，确保政策目标的实现与社会福利的最大化。

（三）煤炭市场结构调整政策的传导效应

市场集中度的提高对煤炭价格具有正向引导作用。这一现象在经济学中是符合规律的，即随着市场集中度的增加，部分大型煤炭企业的定价话语权得到增强，进而刺激煤炭价格上涨。

在市场结构调整政策的实施过程中，政府通过提高资源利用效率和优化产能布局，促进了煤炭市场的健康发展。政策的传导效应在短期内可能表现为煤炭价格的波动，但从长期来看，这些调整有助于提升煤炭市场的稳定性和可持续性。

市场结构调整政策的联合发布模式对煤炭价格的影响效能够在一定程度上明确各部门的行政职能、降低政策信息损失，从而提高资源配置效率。

中国煤炭市场结构调整政策通过影响市场集中度和优化产能布局，对煤炭价格产生正向传导效应。政策制定者在设计和实施市场结构调整政策时，应充分考虑这些因素，以确保政策目标的有效实现和煤炭市场的长期稳定。

四、政策传导下中国煤价波动的宏观经济效应

（一）无政策干预下的宏观经济效应

在无政策干预的情况下，煤炭价格波动对宏观经济系统的影响是多方面的。煤价的正向冲击会导致当期煤价短暂性上升，而煤炭消费相应下降。这种波动在短期内会对总产出产生负向影响，同时通胀率上升，资本租用成本和煤炭利用成本增加，导致劳动力需求减少。随着时间的推移，这些变量的波动逐渐收敛为原稳态水平，表明煤价冲击的持续性影响有限。在内生性的

货币供应机制下，通胀率的上升导致货币持有量收缩，但利率水平并没有持续性上升。煤价冲击初期会小幅提高社会总消费，但随后消费水平下降，显示出煤价波动对总消费产生持续的负向影响。

煤价冲击对宏观经济变量的影响力度和作用时长存在差异性。对消费、货币持有量、投资和工资水平会产生持久性消极影响，尽管影响幅度较小。同时，煤价冲击仅对总产出、通胀率、劳动力、煤炭消费和煤炭价格本身产生短期影响。这些发现为中国政府制定长短期应对策略以平抑煤炭价格波动提供了依据。政策制定者需考虑煤价冲击对不同经济变量的即时与长期影响，以实现宏观经济的稳定与增长。

（二）中长期合同政策传导下的宏观经济效应

在探讨煤炭市场结构调整政策时，政策传导机制对煤炭价格的冲击效应是一个重要考量。中长期合同政策（MCP）的引入，旨在检验政策因素对煤炭价格波动及其宏观经济效应的影响。实施中长期合同制度后，煤价波动受到前期煤价和政策的共同影响。在正向标准差的煤价冲击下，经济系统中各变量的短期波动趋势基本一致，但回归稳态的速度和波动幅度存在差异。

具体来说，中长期合同政策下，正向标准差的煤价冲击导致煤炭价格在当期偏离均衡状态的幅度减小，从而减弱了煤炭消费和投入对劳动力水平的负向冲击，使得总产出的当期波动幅度下降。这表明中国煤炭市场的自发调节对中长期合同政策干预在短期内是相对敏感的，且政策干预可能会扭曲煤炭供需或其他因素对煤炭价格的传导效应。

从通胀率对煤价冲击的反应来看，中长期合同政策实施后，通胀率的变化带来了货币持有量、投资规模和实际工资水平的变动。煤价波动对货币持有量和实际工资的冲击影响更加温和，而对投资规模的短期冲击影响则放大。这可能是由于煤炭价格的上涨刺激通胀率上升，进而影响投资规模。同时，市场价与合同价的相互制约可能导致煤炭供应双方签订更短时期的合同或违约，影响中长期合同的执行，进一步影响市场主体的投资意愿。

在通胀率、货币持有量、投资规模和实际工资的综合影响下，社会总消费水平的长期波动趋势保持一致，但煤价对其的短期冲击影响发生变化。总消费在当期的增幅下降，最大降幅缩小，随后保持持续性负向偏离。这说明中长期合同政策干预时，煤价波动会对宏观经济系统的总消费和实际工资水平产生持久性负向影响。

当政策变量接受正向外生冲击时，中长期合同政策（MCP）呈现正向偏离，导致煤炭价格下降和煤炭消费增加。这种价格机制的调整有助于缓解煤价波动对经济系统的短期冲击，使得经济变量的波动幅度和回归稳态的速度出现差异性变化。

中长期合同政策的实施，通过稳定煤炭供应和价格预期，减少了市场供需变动对煤炭价格的正向冲击。在此政策作用下，煤炭价格的波动幅度减小，进而减弱了对煤炭消费和劳动力水平的负向冲击，促进了总产出的稳定。这一点从模型的脉冲响应分析中得到了体现，表明宏观经济系统对中长期合同政策干预具有敏感性，且该政策能在一定程度上弱化煤价对宏观经济的短期冲击影响。

中长期合同政策对通胀率的影响表明，在内生性货币供应机制下，通胀率的变化会进一步影响货币持有量、投资规模和实际工资水平。在该政策冲击下，这些经济变量的波动幅度减小，显示出政策对于宏观经济系统具有稳定作用。特别是对投资规模的短期冲击影响，虽然出现了放大效应，但其回落速度也明显快于无政策情景，这可能与市场对煤炭价格预期的调整有关。

中长期合同政策对经济变量的长期影响相对有限。在市场自发调节作用下，通胀率和劳动力水平不会受到长期影响，这表明无论是否考虑中长期合同政策的传导效应，煤价波动不会对整个系统的物价和就业水平产生持续性影响。

（三）去产能政策传导下煤炭价格波动的宏观经济效应

产能政策的实施显著放大了国内煤价波动对宏观经济的冲击影响。在去产能政策的影响下，煤价冲击对煤炭消费、社会总消费、产出和劳动力的当期波动幅度均有减小，显示出宏观经济系统对煤价波动的敏感性。具体来说，煤炭价格在受到正向标准差的冲击后，短期内偏离均衡状态的幅度有所下降，表明去产能政策削弱了煤炭供需或其他随机因素变动对煤价的短期正向冲击。此外，去产能政策的实施导致煤价冲击对 GDP 产生持续负向影响，这一发现与现有文献中关于政策效应的结论相一致。

在去产能政策传导下，煤炭价格冲击对总产出的影响表现出明显的下降趋势，且影响幅度有所增加。这表明去产能政策不仅短期内影响了煤炭价格，还对宏观经济的其他方面产生了深远的影响。政策的实施可能导致了资源配置的扭曲，并对其他行业的利润空间产生了挤压效应。这种影响在不同行业之间表现出显著的分化，其中上游行业和重工业受到的影响尤为显著。

去产能政策作为一项结构性调整工具，其对煤炭价格波动的宏观经济效应受到了学术界的广泛关注。该政策通过促进煤炭生产能力由低效向高效过渡，提升了资源利用效率，并对煤价上涨产生了利好预期。

政策在提高资源使用效率和优化产业结构方面发挥了积极作用。去产能政策的执行效果在不同地区存在差异，这导致了各省在退出煤矿数量和产能规模上的差异，从而引发了经济系统中其他经济变量的连锁反应。

去产能政策通过煤价波动间接对宏观经济系统产生了长期持续的冲击影响。与市场供需自发调节相比，去产能政策对煤炭价格的拉动作用较弱，但其对宏观经济系统的影响相对较小。因此，在煤炭市场供需相对稳定的情况下，政策制定者可以考虑加大落后产能的淘汰力度，以促进能源转型。

去产能政策冲击对劳动力供给产生了持久性消极影响。政策实施后，煤矿数量的减少导致工作机会减少，对劳动力市场的再就业形成了压力。为了减轻这一影响，政府已将职工安置作为去产能政策的首要任务，以期缓解煤价上升对就业和宏观经济的消极影响。尽管去产能政策的长期效力尚不确定，但其在优化煤炭产业结构和淘汰过剩产能方面发挥了重要作用，对于劳动力供给的消极影响需要通过政策配套措施来缓解。

（四）市场结构调整政策传导下煤炭价格波动的宏观经济效应

煤炭市场结构调整政策（SCP）情景下煤价冲击导致的经济系统各变量波动趋势与无政策干预情景基本一致，但波动幅度存在显著差异。SCP政策在一定程度上强化了煤价对宏观经济系统的冲击影响，这一发现与先前的实证结果相一致，验证了仿真结果的可靠性。

在SCP情景中，煤价冲击引起的当期煤价正向偏离略小于无政策干预情景，且煤价波动在较长时间内可被市场自发调节完全消纳。煤炭消费的负向偏离幅度缩减，并在较长时间内回到初始状态，表明煤价冲击仅对煤炭消费产生短期影响。此外，煤价冲击直接导致通胀率正向偏离，进而引发投资规模的降低，其稳态偏离幅度较无政策干预情景有所增加。

在SCP情景下，煤价冲击对社会总消费和货币持有量的影响也表现为负向偏离，且降幅随着时间的推移而增大。这表明煤价冲击对宏观经济系统的持久性影响不仅存在，而且随着市场结构调整政策的实施而增强。总产出的减少幅度虽小于去产能政策情景，但大于中长期合同政策情景，显示出市场结构调整政策对宏观经济系统的影响具有一定的持续性。

市场结构调整政策冲击所引发的煤价波动，对经济系统中的其他宏观经济变量产生了连锁反应。在市场自发调节作用下，总产出、通胀率和劳动力等变量的冲击效应在较长时间内被完全消纳。而总消费和货币持有量的负向偏离，以及投资的正向偏离，虽短期内对政策变化敏感，但其长期影响显著小于煤价冲击。这些发现为政策制定者提供了重要参考，即在煤炭供需相对稳定的阶段，可通过加大市场结构调整政策力度，促进能源市场化水平的快速提升。

市场结构调整政策冲击后，投资规模的短期内缩减后反弹增加，与煤价冲击下投资规模的下降结果不同。这一差异可能源于政策力度加大后，煤炭企业间的兼并重组和大型煤炭基地建设刺激了社会资本的涌入，可能引发投资的"羊群效应"，最终在总产出不变的前提下，带来投资规模的小幅增加。

这一现象表明，市场结构调整政策不仅影响煤炭价格，还可能通过影响投资行为，对宏观经济产生深远影响。

第三节　碳排放、煤炭消费与经济发展的脱钩效应

一、脱钩效应的概述

脱钩效应作为衡量能源消耗和环境排放与经济增长关系的关键指标，其概念核心在于经济增长与环境压力之间的动态变化。在理想状态下，脱钩效应表现为能源消耗或环境排放的增长速度低于经济增长速度，甚至在经济增长的背景下能源消耗或环境排放出现下降，即强脱钩状态。此种现象预示着可持续发展的可能性，即在追求经济增长的同时，能够有效控制甚至减少对自然资源的消耗和对环境的负面影响。

弱脱钩状态则指能源消耗或环境排放的增长速度低于经济增长速度，但并未达到负增长的程度。尽管这标志着一定程度的环境压力缓解，但并未实现环境负荷的根本性转变。相反，负脱钩则指能源消耗或环境排放的增长速度超过了经济增长速度，这通常反映了环境压力的加剧和可持续发展挑战的增加。

脱钩效应的特征与产业结构优化、能源效率提升以及清洁能源的推广使用紧密相关。这些因素共同作用于经济体系，促进了从高碳排放模式向低碳排放模式的转变。不同国家或地区由于经济发展阶段、资源禀赋、技术能力等因素的差异，其脱钩效应的表现和实现程度也存在显著差异。因此，理解脱钩效应在不同情境下的表现，对于制定和实施有效的环境政策和能源战略至关重要。

"双碳"目标使中国面临巨大的碳减排压力，寻求一条低碳转型之路已成为中国面临的挑战，而揭示经济增长与碳排放之间的脱钩关系，是中国寻求低碳经济发展的关键突破点。

二、碳排放、煤炭消费与经济发展的脱钩效应分析

（一）碳排放和经济发展的脱钩效应分析

脱钩效应分析是评估经济增长与环境压力，特别是碳排放关系的关键经济环境指标。该效应描绘了经济增长与温室气体排放之间关系的弱化乃至消失的过程，其中弱脱钩指经济增长时碳排放增速为正但低于经济增速，而强脱钩则指经济增长时碳排放量实际减少。衰退性脱钩与负脱钩也是该过程中的两种状态，前者发生在经济负增长时碳排放量亦减少，后者则指碳排放增速超过经济增速或在经济负增长时碳排放量增加。碳排放的经济增长弹性是衡量脱钩情况的主要工具，当弹性小于 1 时，认为实现了脱钩。

历史上，随着全球工业化的全面展开，化石燃料的消耗增加导致了温室气体排放量的放大，引发了一系列环境问题。在当前阶段，碳排放的产生不仅受经济总量的影响，更与产业结构的变化密切相关。产业结构的优化升级，即高能耗、高碳排放产业的逐渐退出市场和低碳、环保产业的兴起，是实现碳排放与经济增长脱钩的重要途径。

实现脱钩效应的途径包括技术创新、产业结构优化、能源结构调整以及政策法规的支持。通过技术进步可以降低碳排放强度，提高碳排放效率；产业结构的合理化、高级化、生态化发展有助于减少经济增长对碳排放的依赖；提高清洁能源比重，降低化石能源消费，是调整能源结构的重要方向；制定和实施有利于脱钩的政策法规，如碳排放交易制度、碳税等，为脱钩提供了政策保障。

（二）煤炭消费和经济发展的脱钩效应分析

煤炭消费与经济发展之间的脱钩效应分析核心在于解耦经济增长对煤炭资源依赖的进程。经济增长与煤炭消费的关系密切，煤炭作为能源消费的重要组成部分，在推动工业生产和满足能源需求方面发挥着关键作用。然而，

随着对环境保护意识的增强和可持续发展目标的提出，经济增长与煤炭消费脱钩成为必要。

脱钩现象指的是在经济增长的同时，煤炭消费增长放缓甚至下降，表明经济增长对煤炭资源的依赖性降低。实现脱钩的途径包括产业结构的优化、能源消费结构的改善、技术与管理水平的提升。这些措施有助于提高煤炭利用效率，减少环境污染，促进经济向低碳、环保方向转型。

在经济发达地区，通过产业结构调整和能源消费结构优化，已经实现了煤炭利用效率与经济增长的脱钩。这表明经济增长可以不再过度依赖煤炭消费，从而减少对环境的污染和破坏，提高空气质量和生活质量。同时，脱钩还能推动经济结构的优化升级，促进经济的可持续发展。

三、碳排放、煤炭消费与经济发展脱钩效应的影响因素分析

（一）经济影响因素

1. 经济发展水平

在经济发展的不同阶段，其对能源消耗与碳排放的影响呈现出显著的变化特征。于经济发展初期阶段，伴随着工业化及城市化步伐的显著加快，通常伴随着能源消耗总量的急剧上升以及碳排放量的显著增加。这一现象主要归因于大规模的基础设施建设、重工业的迅速扩张以及居民生活方式的转变，均对能源产生了巨大需求。然而，随着经济的持续发展与结构的不断优化，特别是服务业与高技术产业在经济体中的比重逐步提升，这一过程开始展现出与以往不同的趋势。服务业与高技术产业相较于传统的重工业和制造业，具有较低的能源消耗强度和碳排放特征，这一结构性转变有助于减缓碳排放和煤炭消费的增速，甚至在一定条件下，可能促使碳排放与经济增长之间的关系呈现出脱钩的趋势。数字经济的发展能够对碳减排产生积极的影响，数字经济发展通过产业结构高级化和财政政策推动了碳减排进程，而经济发展

和人口对碳排放有正向影响。

2. 产业结构

传统上，重工业和制造业作为能源消耗与碳排放的主要来源，其占比的下降意味着整体能源消耗结构与碳排放模式的积极转变。与此同时，服务业与高技术产业的崛起不仅推动了经济的高质量发展，还通过技术创新与效率提升，为降低碳排放提供了新的路径。这种产业结构的转型不仅有助于实现经济的可持续发展，还为全球应对气候变化挑战贡献了积极力量。

（二）技术影响因素

1. 能源利用效率

随着科学技术的不断革新，单位产出的能源消耗量与碳排放量得以显著下降。这得益于一系列高效节能措施的广泛应用，包括生产工艺的精进与设备效率的大幅提升。具体而言，企业通过引入先进的生产技术，如自动化控制、智能化管理等手段，能够有效减少生产过程中的能源浪费与排放。同时，设备的更新换代与能效标准的提升，也促使能源利用效率迈上新台阶。这些措施的实施，不仅有助于在保持经济增长的同时实现碳排放的减少，还为构建低碳、绿色的生产体系奠定了坚实基础。

2. 清洁能源技术

相较于传统的化石能源，太阳能、风能等清洁能源具有可再生、无污染等优势，其大规模的开发利用，对于减少对化石能源的依赖、缓解气候变化具有重要意义。近年来，随着清洁能源技术的持续进步与成本的逐步降低，清洁能源在能源消费中的比重正稳步上升。这一趋势不仅有助于优化能源结构，降低碳排放强度，还促进了能源产业的转型升级与可持续发展。通过加大对清洁能源技术的研发力度与政策支持，可以进一步加速清洁能源的普及与应用，从而推动碳排放与经济发展实现更深层次的脱钩，为构建清洁、低碳、安全、高效的能源体系贡献力量。

（三）政策影响因素

1. 环保政策

政府通过一系列环保政策，如碳排放权交易制度的建立与推行，以及碳税的征收等，旨在构建一套有效的市场机制，以经济激励的方式引导企业减少碳排放。碳排放权交易制度通过设定碳排放总量上限，并允许企业在市场上买卖排放权，从而激发企业采取节能减排措施的积极性，有效降低碳排放量。而碳税的征收，则通过增加碳排放的成本，促使企业重新评估其生产行为，优化资源配置，减少不必要的碳排放。

2. 能源政策

政府通过制定与推广清洁能源政策，如加大对太阳能、风能等可再生能源的扶持力度，以及限制煤炭消费等措施，旨在优化能源结构，降低碳排放强度。清洁能源的推广，不仅有助于减少对化石能源的依赖，降低碳排放量，还促进了能源产业的转型升级，推动了能源技术的创新与进步。同时，对煤炭消费的限制，则通过减少煤炭在能源消费中的比重，进一步降低了碳排放量。这些能源政策的实施，不仅有助于实现碳排放与经济发展的脱钩，还为构建清洁、低碳、安全、高效的能源体系提供了有力保障。

（四）其他影响因素

1. 人口规模

在人口持续增长的背景下，为了满足日益增长的物质与文化需求，社会对能源资源的消耗也随之扩大，进而加剧了碳排放问题。然而，值得注意的是，随着人口结构的变化与居民生活质量的提升，人们的环保意识与低碳生活理念正逐步增强。这一转变体现在对绿色产品的偏好、节能减排行为的普及以及对可持续发展模式的支持上。居民开始更加注重节能减排的生活方式，如使用节能家电、减少不必要的能源消耗、支持可再生能源的利用等。这种由人口增长带来的环保意识提升，为碳排放与经济发展之间的脱钩提供了潜在动力，促进了低碳社会的构建。

2. 城市化进程

在城市化快速推进的过程中，基础设施建设与交通出行等领域的变革直接关联到碳排放量的增减。一方面，大规模的基础设施建设，如道路、建筑等，往往需要消耗大量能源与材料，进而产生大量碳排放。另一方面，城市化进程中交通需求的激增，尤其是私家车数量的快速增长，也是导致碳排放量增加的重要因素。然而，面对这一挑战，城市化进程同样孕育着降低碳排放的机遇。通过发展高效便捷的公共交通系统，如地铁、公交等，可以有效减少私家车的使用，从而降低交通领域的碳排放。同时，推广绿色建筑与低碳社区建设，采用节能材料与环保技术，可以显著降低建筑领域的碳排放强度。这些措施的实施，不仅有助于缓解城市化进程中的碳排放压力，还为推动碳排放与经济发展脱钩提供了重要途径。

第二章　煤炭工程经济的管理与发展

第一节　煤炭工程经济的签证制度与风险管理

一、煤炭工程经济的签证制度

（一）煤炭工程经济签证的内涵

煤炭工程经济签证涉及煤炭工程施工合同履行过程中的补充协议，其核心在于对合同约定之外由外部环境、现场条件变化或变更设计等因素引起的费用补偿、工期调整和损失赔偿等问题的协商与确认。该签证流程确保了工程费用的准确性和工程进度的合理性，同时为双方提供了法律和经济层面的保护。

煤炭工程经济签证分为合同内经济签证和合同外经济签证。合同内经济签证体现为建设单位对合同范围内正常支出费用的确认，是对合同审定认可之外、在施工过程中陆续发生的费用的及时反映和确认。这种签证制度旨在确保工程进度和结算价款的准确性。合同外经济签证则涉及合同外新增费用的确认，通常因建设单位责任导致施工单位在项目施工过程中产生额外费用，通过签证确认的方式进行赔偿或补偿。

在当前的建筑工程施工合同中，总价承包合同形式较为普遍，合同内费用通常是固定不变的。因此，工程经济签证主要针对合同外费用的增加或减少进行签证认定。这一过程对于解决工程项目竣工结算时因施工过程中产生的额外支出而缺乏凭据导致的费用结算问题至关重要。

（二）建立和完善煤炭工程经济签证制度的意义

1. 对工程投资进行动态控制

工程签证贯穿于项目建设施工的全过程，管理人员要及时对工程签证进行费用计算，并及时反馈签证影响费用的信息，使设计人员及管理人员充分意识到签证部分对工程造价的影响；特别是针对费用较大的签证，管理和技术人员要及时去现场核实、动态跟踪，以便采取更好的设计及施工方案，对造价进行事前控制、过程控制，以控制工程投资额。

2. 提升技术人员经济意识

施工现场签证涉及工程建设的方方面面，不同专业、不同层级的人员都会参与其中，现场管理困难重重。况且专业技术人员一般缺乏经济意识，不了解工程造价方面的有关规定，不了解工程签证增加了多少投资，有必要对每份签证都计算出费用，让技术人员对每份工程签证所产生的费用做到心中有数，增强技术人员参与投资的意识。

3. 修正现场工程签证

施工现场签证经常出现签证过于简单、签证内容不明确、界定含糊不清等问题，及时进行经济签证，对无法进行费用计算的签证部分及时进行修改和说明，重新核实，即可避免不规范和随意性签证对投资的影响。否则，工程完工结算审核时才发现签证不妥，有些施工工程已遮蔽，不规范的签证就难以真实反映工程形象及其工程量和费用的多少。

4. 工程结算与决算

有些施工工程如地基处理等费用占工程投资比例较大，如不及时进行经济核算、确认工程费用，在结算审核时才发现签证费用与实际造价或工程概算投资额出入较大，势必导致工程的结算困难，甚至产生重大损失。

5. 及时解决现场问题，保证顺利施工

施工现场突发事项频现，轻重、大小不一，应急排除和处理刻不容缓。对现场出现的各类问题及时协商、以经济签证的形式确认工程费用，避免事后扯皮推诿，延误工期。

6. 堵塞漏洞，规范签证行为

管理人员依据合同等有关造价文件，在对违背招标文件、合同条款及未按照规定程序、权限自行随意签署的签证单进行审核时，应当认定为无效签证、不予进行经济签证。另外，在计算签证费用时，如发现签证单上的内容与合同承诺、设计图纸、预算定额、费用定额、预算定额计价、工程量清单计价等所包含的内容重复时，对重复项目内容也不得再计算签证费用。

（三）煤炭工程经济签证制度管理的对策

1. 明确界定煤炭工程经济签证的范围与内容

煤炭工程经济签证的范围，包括施工过程中由于场地、环境、业主要求变化，合同缺陷、违约，设计变更或施工图错误等情况，造成业主或承包商经济损失方面的所有签证。具体包括5个方面：① 工程承包合同范围以外的工程。② 设计变更及变更设计。设计变更是指引起建筑安装工程费审核价超过合同规定金额、需要变更合同价款条款而进行的变更。变更设计是指原设计标准属合理范围，业主提出要求提高设计标准或要求增加不属于工艺设计必须增加的项目而进行的变更。③ 现场工程引起费用变化联系单，如特殊情况的场内二次搬运等。④ 现场设备、材料代换。⑤ 合同外项目部和业主需要安排的零星工作等，如甲方在施工现场临时委托施工单位进行工程以外的项目的签证。

2. 细化煤炭工程经济签证的要求

煤炭建设工程施工现场环境复杂、噪声嘈杂、办公条件简陋，现场签证往往口头商定、简单记录、手续不全，缺乏规范性、全面性和准确性。现场签证是记录施工现场发生情况的第一手资料，应做到真实、准确、齐全和及时。所以，应事先细化煤炭经济签证的具体要求。

（1）程序性。全面制定、明确规定经济签证管理程序及经济签证流程，明确签证权限。凡是费用数额较大的签证，在费用发生之前，造价审核人员应会同有关人员一同到现场查看确认，强化工程经济签证的程序管理。

（2）真实性。严格掌控经济签证的真实性。签证之前详细查明变更情况、落实变更原因，逐项落实、核定签证内容；工程造价人员应深入施工现场，根据现场的实际情况，实测实量，认真审核工作内容、数量及范围，务求真实准确。

（3）时效性。现场签证不论是承包商，还是业主均应及时处理，以免引起不必要的纠纷，凡涉及经济费用支出的停工、窝工、用工签证、机械台班签证等应在第一时间找现场代表核实后签证，并及时记录并办理经济签证，严明时效管理，逾期视为放弃经济签证。

（4）全面性。现场签证内容要明确具体、要素齐全，签证内容叙述清晰、完整、全面，不得使用"情况属实""同意"等模糊或有歧义的词语。工程经济签证遵循"一事一报"原则，不得出现"一个报告多项事宜"或者"一事多个报告"的情况。

（5）准确性。根据签证单，详细、准确地计算工程量，正确地套综合单价以计算签证的费用。

（6）书面性。现场签证必须采用书面形式并保证手续齐全。如基础土方开挖时，发现古墓、管道、电缆、防空洞等障碍物等，应会同有关人员做好签证，用书面和图示进行说明。

3. 加强煤炭工程经济签证的流程管理

凡是引起费用变化的项目，首先由施工单位提出经济签证申请报告。然后由专业技术人员审核其现场的真实性，造价人员按照施工合同有关条款及相关文件的原则、规定审核报告的合理性。如果符合经济签证条件，进一步提供包括费用计算等支持性资料，办理工程经济签证报告。专业技术人员根据现场的实际情况审核工程量，造价人员根据合同等规定，对现场签证进行费用核算，审核后签署包括经济签证审核单及费用计算表等内容在内的工程项目经济签证报告。最后上报业主确认审批。

4. 强化煤炭工程经济签证的制度约束

在煤炭工程领域，经济签证的制度约束对于确保工程投资效益至关重要。经济签证的管理不仅涉及合同范围之外的临时性工作，还包括设计变更、实际发生费用的施工内容等。为加强制度约束，必须要求项目管理人员严格按照签证程序操作，确保管理监督机制的有效运行，从而增强经济签证制度的约束力。

动态管理是确保经济签证准确性的关键。在工程建设实施过程中，对签证履行情况进行跟踪和控制，对有争议的签证问题及时协商解决，并以书面形式记录协商结果。这种动态跟踪管理增强了施工合同的约束力，保障了合同的顺利履行。

在签订施工合同或施工过程中，应明确经济签证单作为工程结算的依据，与施工合同文本具有同等法律效力。审查变更内容是否符合经济签证规定，核减不属于经济签证范畴的内容，防止只增不减的蒙混行为。同时，加强对设计变更工程量及其内容的审核监督，杜绝虚增工程量现象。

对于重大设计变更，必须事先向业主书面报告，在业主确认同意实施后，方可核算和办理经济签证报告。在施工合同中，应约定建设工期及其奖罚或违约责任条款，以保证工程按期完工。对于因主要材料、设备进退场时间及业主等原因造成的工期延误，进行签证，并在结算时准确计算工期延误罚款和奖励。

隐蔽工程与合同约定相比，若有需要增加费用的部分，必须进行经济核算及经济签证，不能用隐蔽工程报验及其验收记录替代。由于隐蔽工程的不可追溯性，经济签证必须及时办理，不能事后补签。技术人员在涉及费用的联系单时，必须事先与工程造价人员沟通，以准确核算相关费用。

对于施工过程中确实需要增加的零星工作，应由工程造价人员下达零星工作委托书，详细描述委托内容及范围，并进行经济签证，以最终审核零星工作发生的费用。通过经济签证，可以及时确认施工过程中的工程变更和材料价格，保证费用的准确性，避免相互扯皮、贻误工期及事后算账的纠纷。

二、煤炭工程经济的风险管理

随着现代化经济的不断发展，煤炭工程的规模也越来越大，在这一行业经济发展的不同阶段会出现不同的风险，例如投资、生产、销售等，为了防范这些风险的出现，我们需要做好成本管理，完善组织结构，确保全员参与管理过程，更加科学地核算成本等，创新经济管理理念对于提升煤炭工程的整体经济管理水平至关重要。通过落实各项措施，可以解决煤炭工程发展过程中所面临的问题，从而推动行业的健康、稳定发展。

经济管理风险根据形成原因的不同可以分为自然风险、社会风险和运营风险三种，自然灾害的原因导致的风险是自然风险，比如地震、火灾、水灾等。而自然人或组织在社会上的活动造成的风险是社会风险。再制造产品或者买卖交易时产生的称为运营风险，例如现行运营机制和社会发展不符合，产生矛盾。除此之外，在工程经济的不同时间段，经济风险可以分成投资风险、生产风险和销售风险三类。投资风险主要是指投资者在投资时需要承担的风险。生产风险主要是生产者在生产制造过程中产生的风险。销售风险在对产品进行销售时需要承担的风险。

（一）目标成本的管理

对煤炭工程来说，目标成本管理对其影响较大。企业应看清此发展局势，在长久发展中努力管控成本，让企业取得更高水平的经济效益。企业要想优化自身经济发展体系，对成本进行科学化限制，可以选择目标成本管理模式。在传统煤炭工程中，目标成本只是在事后分析中才会出现，这就使得过程中出现很多人为失误。近几年来，随着相关工程规模的扩大，如何管理目标成本越来越重要。在信息化时代，我们可以通过建立成本控制计划、相关预算等进行管理。通过信息化技术来解决一些复杂的工作，加快对信息的处理，将一些信息及时反馈给管理人员，提高效率从而提高对经济风险的应对能力。

（二）合理化组织结构

传统的煤炭工程构造比较复杂，企业中不同部门之间存在着很多沟通问题，这也使得整个工作效率低下。能够明确管理目标成本的财务、生产、销售机构互相之间缺乏有效沟通，因此要提高企业组织结构的沟通，完善这一结构使企业能够更好地适应复杂的市场环境。

（三）全员参与

在经济管理风险应对中，全员参与是基础，运用科学管理的方法，将煤炭工程的生产经营环节统一起来。全员包括企业的经营者，各级领导者，以及每一位底层员工，成本的管理与每一位员工都有关系。其衔接着整个生产过程，从生产设计到生产准备然后是生产、加工再到后期工序。只有这样才能确保管理到位，培养一支高素质的经济管理队伍。总的来说，只有全员、全方位地管理，才能提高整体经济管理进而对相关风险起到防范作用。

（四）科学化的核算

科学化的核算可以提高煤炭工程成本准确率。进而保证经济运转，传统的成本核算方法主要是通过汇总、分配、再汇总的方式进行，而现在的核算方法是在开发准备、设计方案确定、生产准备等领域都能进行运算。这样才能确保成本计算的准确。

第二节　低碳经济视角下的煤炭经济模式与产业分析

一、低碳经济视角下的煤炭经济模式

（一）煤炭经济生态圈模式

近年来，社会各界对低碳经济发展的重视度不断提高，对我国经济质量的提高起到了至关重要的促进作用。然而，传统的煤炭生产方式不仅加重了生态环境的污染，还导致煤炭资源的开发利用率低下。因此，在低碳经济背景下，促进煤炭产业经济生态化逐渐成为一个重要的研究课题，加强煤炭经济生态圈建设不仅能提高煤炭经济发展的质量，还能推动我国经济朝着低碳化、环保化方向转型。

1. 煤炭经济生态圈的内涵

煤炭经济生态圈包括煤炭资源、环境、煤炭市场等多方面因素，各因素间相辅相成、相互依托，良性的煤炭经济生态圈能使煤炭开采行业、自然资源保护、能源行业等煤炭相关内容得到协调、充分地发展。煤炭经济生态圈是煤炭资源产品趋同化发展形成的产物，站在煤炭经济产业生态化角度对煤炭资源产品进行细化，可实现煤炭行业及相关组织形态有效整合的目标。随着低碳经济发展进程不断加快，低碳经济发展涉及的核心技术思想逐渐渗透到煤炭经济生态圈建设中，以绿色低碳经济发展理念为导向，在经济圈内推动煤炭行业的生态化发展已成为顺应新时代发展趋势的必然选择。基于低碳经济发展视角，各产业链形成了良好的协同机制，各产业链在融合过程中还体现出明显的经济社会属性，这极大推动了煤炭资源运输载体的创新与改革。在外力的驱动下，煤炭行业的产业生态化发展格局和基本模式早已发生明显改变，现代社会发展也对煤炭经济生态圈提出了新要求，尤其在低碳经济视角下，应积极融合绿色环保理念，将低碳化意识贯穿于煤炭经济管理改革的全过程。

目前，我国煤炭经济的生产方式正处于更新与改革的关键时期，这为煤炭经济生态圈建设奠定了良好基础。煤炭经济生态系统发展的重点在于推动煤炭加工产业和洗选产业融入低碳经济，形成完整的结构性循环，并开发全新的产业经营方式。产业总体发展模式在不同地域体现出不同特点，在新时代发展形势下，应对煤炭资源的形态进行重构与分配，调整社会经济配置方式。这意味着煤炭经济生态圈发展可以有效抑制碳排放和温室气体排放。在煤炭经济生态圈建设过程中，仍需要保留原始特征，朝着低碳化经济发展，促进煤炭资源的集约化开发，整体升级煤炭工业体系，对煤炭资源市场加强管理的同时，还能保证政府主体功能与市场主体关系协调。但需要注意的是，各地政府应充分发挥协调功能，监督煤炭市场提高煤炭资源的开发利用率。

2. 煤炭经济生态圈发展的影响因素

（1）煤炭经济主体。煤炭经济生态圈的主体要素包括煤炭产业和其他相关产业，各主体要素相互影响，共同促进煤炭经济生态圈的发展。各主体要素不但为煤炭经济生态圈发展提供了强有力支持，还能够直接决定煤炭经济生态圈的发展质量。在低碳经济视角下，煤炭经济生态圈发展还涉及煤炭开采企业、加工企业、政府部门以及科研单位，这些部门相互配合，共同保障煤炭经济生态圈的高质量发展。煤炭经济发展的核心在于煤炭资源，而煤炭企业作为煤炭资源使用的主体对象，在煤炭经济发展中应积极寻求合作，共同保障煤炭经济资源的利用率，通过加强企业合作，可以提高煤炭资源的共享效率，借助现代化技术，可以推动煤炭经济生态圈的可持续发展。最后，各煤炭企业在经济合作过程中，还需积极研发多元化的技术和设备，从而有效拉动煤炭经济增长。

（2）煤炭经济资源。煤炭经济资源主要包括煤炭资源和社会资源，两者在煤炭经济生态圈建设中都起到了至关重要的作用，这两个要素相互促进。煤炭资源作为拉动煤炭经济增长的重要支撑，在现代社会发展中也具有明显的促进作用，因此，煤炭企业应积极开发煤炭资源，不断优化煤炭资源的配置方式，在保证煤炭资源利用率的基础上，提高煤炭企业经济的发展质量。同时，煤炭企业必须重视煤炭经济生态圈的资源分配方式和开发利用策略。社会资源作为煤炭资源利用和促进经济可持续发展的另一种补充，在煤炭经济生态圈发展中同样占据至关重要的地位。煤炭企业与同行业企业进行沟通交流时，应将煤炭资源与社会资源开发进行有效整合，实现煤炭资源利用最大化发展目标。在低碳经济视角下，促进社会资源发展的关键在于发挥煤炭资源功能，构建全新的煤炭经济主体，同时充分发挥能源结构调节的功能，结合煤炭经济发展现状，采取针对性解决措施，提高低碳经济比重。

（3）其他客观因素。由于煤炭经济生态圈涉及复杂的内部因素，在煤炭经济发展中，还需深入挖掘其他影响因素，充分发挥煤炭经济生态圈内部要素相互统一和相互促进的作用。煤炭企业不仅需要了解周边环境，还需要根据环境变化制定科学的发展战略和目标。低碳经济发展为煤炭经济生态圈扩大提供了强有力支持，社会各界对煤炭经济生态圈的关注度也不断提高，在未来经济发展中，煤炭企业应密切关注最新的国家政策，为我国社会经济高质量发展贡献力量。

3. 煤炭经济生态圈模式的意义

（1）开发先进的采矿技术。基于低碳经济视角的煤炭经济生态圈发展必须以煤炭生产方式的升级转型为重心，积极研发先进的采矿技术。传统的煤炭生产方式普遍存在采矿量低、煤炭资源大量浪费以及环境污染严重等问题，并伴随大量粉尘和废气的排放。因此，在煤炭生产过程中，引入自动化和智能化等先进的采矿技术可以有效避免能源损耗和环境污染问题,从而大幅度提升采矿工作效率。在煤炭开采过程中,积极引进液压支架和控制系统可以提高采矿效率,同时减少煤炭资源的浪费。应用智能化的运输系统可以降低煤炭资源运输中的能源损耗,提高运输效率。此外,在煤炭洗选过程中,可以利用筛分和分选设备对煤炭资源加强清洁处理,从源头上管控煤炭粉尘和废水的排放。为改善煤炭资源开采过程中引起的环境污染,专家学者还可以积极研发水力喷射和水平开采等煤炭清洁开采技术,水力喷射技术不仅可以保证煤炭清洁化开采效率,还能有效控制粉尘和废气的排放;水平开采技术可以提高煤炭资源开采的精准度,从而减少煤炭资源浪费。因此,在低碳经济视角下,应针对煤炭经济生态圈建设积极研发先进的采矿技术,提高煤炭资源的利用率。

(2)推动煤炭加工利用和综合利用。基于低碳经济视角的煤炭经济生态圈发展应注重煤炭加工和综合利用,借助煤炭清洁利用技术,提高煤炭资源的循环利用和综合利用效率,减轻环境污染问题和环境资源浪费现象。在实践过程中,煤炭企业可以尝试开发煤炭气化和煤基化学品生产等新型技术项目,将煤炭资源转化为气体和化学品等,避免煤炭燃烧生成的二氧化碳引起环境污染问题。同时,煤炭企业还可以将重心放在煤炭焦化废气和煤矸石等废弃物综合利用上,煤炭焦化废气经过综合利用生成的有机物质,可以用作煤制油和煤制气等,煤矸石可以用作建材。由此可见,促进煤炭加工和综合利用可以有效减少碳排放量,改善环境污染,推动煤炭经济朝着低碳化方向升级转型,提高煤炭经济发展水平。

(3)煤炭经济生态圈的协同机制。基于低碳经济视角的煤炭经济生态圈发展应配备多个协同机制,如煤炭企业联盟机制。在煤炭生产和加工利用过程中,应充分考虑不同煤炭企业在资源利用方面存在的差异,在资源过剩和资源短缺的煤炭企业之间建立平衡,以煤炭企业联盟机制为保障,在煤炭企业内部实现资源共享,帮助煤炭企业减少生产成本。在煤炭经济生态圈发展过程中,还需要加强煤炭企业的技术创新合作,鼓励各煤炭企业积极分享技术资源和研发成果，攻克煤炭企业在技术创新和研发中面临的困境，不断加大煤炭企业的技术创新合作力度。此外，煤炭企业在技术创新合作过程中还可以加强产学研一体化，实现煤炭企业科技研究成果的产业化发展目标，只有不断提高煤炭产业的现代科技水平，才能为煤炭经济生态圈发展提供技术层面的支持。鼓励煤炭企业信息共享和交流，重点关注煤炭企业内部存在的资源浪费和重复利用问题。煤炭企业在信息共享和交流过程中可以积极分享技术研发成果，推动煤炭企业朝着低碳化和环保化方向转型。借助互联网和计算机，煤炭企业可以组织相关技术人员参加会议研讨活动，共同商讨高素质人才培养方案，构建高效的信息共享和交流机制，为煤炭经济生态圈发展提供信息保障。

（4）优化煤炭行业节能环保措施。在低碳经济视角下，必须注重煤炭行业发展中产生的碳排放和温室气体排放问题，并在煤炭经济生态圈建设过程中采取科学有效的节能环保措施。从煤炭清洁能源和节能技术研发角度分析，可以借助燃气锅炉和余热利用等新型技术，减少煤炭燃烧排放产生的有害气体。同时，煤炭企业还可以尝试建立环境监测和管理机制，重点监测污染物排放量，并及时回收煤灰和煤渣等废弃物。在煤炭经济生态圈建设过程中，还需不断完善碳排放管理和交易机制，扩大碳排放权交易和监管范围，借助低碳技术，推动煤炭企业朝着低碳化、绿色化方向转型。

（5）构建碳排放权交易市场。基于低碳经济视角的煤炭经济生态圈应以碳排放交易市场建设为基础，通过建立碳排放交易市场，可以提高煤炭企业的低碳化发展水平。煤炭企业可以结合实际情况，适当购买或出售碳排放权，从而最大限度地减少碳排放量，依托碳排放交易市场机制，煤炭企业可以灵活运用低碳技术措施，从源头上避免碳排放和温室气体排放超标问题。然而，在实践过程中，需要针对碳排放交易市场建立监督机制，强调碳排放权的权威性与真实性，同时，积极引入清洁能源和节能技术，或者配合碳捕集和碳利用等新型技术，提高煤炭利用低碳化水平。

（6）促进煤炭经济与新能源产业融合发展。在低碳经济视角下推动煤炭经济生态圈建设时，应促进煤炭经济与新能源产业的融合发展，煤炭企业与新能源企业共同研发新能源技术和项目，充分发挥能源作用。在双方协调发展中，需要保证能源产业上下游协同的可靠性，煤炭企业可以向清洁能源企业提供能源供应，而清洁能源企业可以为能源企业制定清洁能源替代方案，共同降低排放量。煤炭企业还可以积极与其他产业实现协同发展，例如在煤炭产业发展中，与钢筋和水泥等行业融合发展，提高废弃物资源转化率。

（二）低碳经济视角下的循环经济模式

循环经济模式的核心理念在于通过资源的高效利用和废弃物的最小化排放，实现经济发展与环境保护的双重目标。在煤炭行业，这一模式的推广和应用尤为关键，不仅有助于提升煤炭资源的利用效率，降低生产成本，还能显著减少对环境的负面影响，推动煤炭经济向更加可持续的方向发展。

1. 循环经济模式的核心要素

循环经济模式的核心在于实现资源的最大化利用和废弃物的最小化排放。这要求煤炭企业在生产过程中，从能源的生产、消耗到资源的回收和再利用，每个环节都需进行严格的控制和管理。具体来说，这包括以下三方面：

（1）能源生产环节。在能源生产环节，优化能源结构和提高能源利用效率是实现低碳经济发展的关键策略。为了减少对煤炭等传统能源的依赖，煤炭企业需采取措施，积极转型，引入风能、太阳能等清洁能源，这不仅有助于降低能源消耗，还能有效减少碳排放，从而促进环境的可持续性。

通过采用先进的燃烧技术和实施能源管理系统，煤炭行业的能源利用效率可以得到显著提升。这包括对煤炭燃烧过程的优化，以提高燃烧效率，以及对能源分配和使用的精细化管理，以减少能源浪费。此外，利用高效节能设备和材料、改进工艺流程、加强能源监测和维护等措施，也是提高能源利用效率的有效手段。

（2）能源消耗环节。在能源消耗环节，实施节能减排措施是降低能源消耗和减少环境污染的有效途径。通过采用高效节能的设备和技术，例如使用高效电机和节能灯具，能够在生产过程中显著降低能源消耗。这些措施有助于提升能源使用效率，减少不必要的能源浪费，从而实现成本节约和环境效益的双重目标。

推广精益生产模式在优化生产流程方面发挥着重要作用。精益生产的核心在于消除生产过程中的非增值活动，通过减少浪费来提高资源的高效利用。这种方法不仅能够提高生产效率，还能降低生产成本，同时减少对环境的影响，为煤炭行业的可持续发展提供支持。

（3）资源回收和再利用环节。在资源回收和再利用环节，提高资源回收率是实现资源最大化利用的关键。通过采用先进的资源回收技术和设备，可以提高煤炭资源的回收率，减少资源在开采和使用过程中的浪费。这种做法有助于延长资源的使用周期，降低对新资源的需求，从而减轻对环境的压力。

废弃物资源化利用是将生产过程中产生的废弃物转化为可再利用资源的过程。对废弃物进行分类处理，并将可回收的部分进行资源化利用，例如将煤矸石和粉煤灰用作建筑材料或其他工业生产，这不仅减少了废弃物的环境影响，还为煤炭行业创造了额外的经济价值。资源化利用体现了循环经济的理念，促进了资源的可持续使用，为煤炭行业的环境责任和社会价值提供了新的视角。

2. 循环经济模式对煤炭行业的意义

循环经济模式在煤炭行业的推广和应用，对于提升煤炭资源的利用效率、降低生产成本、减少对环境的负面影响具有重要意义。

（1）提升资源利用效率。通过优化生产流程、提高资源回收率等措施，实现了煤炭资源的高效利用，减少了资源浪费。

（2）降低生产成本。通过采用节能设备和技术、推广精益生产模式等措施，降低了生产过程中的能源消耗和废弃物处理成本。

（3）减少对环境的负面影响。通过实施节能减排措施、推广绿色开采技术和生态修复项目等措施，减少了煤炭开采和加工过程中的环境污染和生态破坏。

（4）推动煤炭经济向可持续方向发展。循环经济模式的推广和应用，有助于推动煤炭经济从高能耗、高污染的传统模式向低能耗、低污染、高效益的可持续模式转变。

（三）低碳经济视角下的绿色煤炭经济模式

绿色煤炭经济模式，作为低碳经济理念在煤炭行业的具体实践，进一步强调了煤炭资源在开发和加工过程中对生态环境的保护。这一模式不仅要求煤炭企业在追求经济效益的同时，必须承担起生态保护的社会责任，还倡导通过技术创新和制度创新，提高煤炭资源的清洁利用水平，减少在开采、加工、使用全过程中的污染物排放，推动煤炭经济向更加绿色、可持续的方向发展。

1. 绿色煤炭经济模式的核心要素

（1）生态保护责任。绿色煤炭经济模式首先要求煤炭企业树立生态保护意识，将生态保护作为企业发展的核心要素之一。这意味着企业在煤炭资源的开发和加工过程中，必须充分考虑对生态环境的影响，采取科学合理的开采方式和加工技术，减少对环境的破坏。

（2）清洁技术和清洁能源投入。煤炭企业需要加大在清洁技术和清洁能源方面的投入，通过技术创新提高煤炭资源的清洁利用水平。这包括采用先进的煤炭洗选、气化、液化等技术，提高煤炭的利用效率，减少污染物排放；同时，积极引入风能、太阳能等清洁能源，降低对煤炭等传统能源的依赖。

（3）制度创新。为了确保煤炭资源的绿色开发和利用，需要加强制度创新，建立健全相关的环保法规和标准。这包括制定严格的煤炭开采和加工环保标准，对污染物排放进行严格控制；同时，建立环保监管机制，对煤炭企业的环保行为进行监督和检查，确保企业遵守环保法规。

2. 绿色煤炭经济模式的实践路径

（1）技术创新推动绿色转型。煤炭企业应加大技术创新力度，研发和应用先进的煤炭清洁利用技术。例如，通过煤炭气化、液化等技术，将煤炭转化为更加清洁、高效的能源产品；同时，推广使用低氮燃烧、脱硫脱硝等环保技术，减少燃煤过程中的污染物排放。

（2）生态修复与环境保护。在煤炭开采过程中，应注重生态修复和环境保护。通过采用绿色开采技术，如充填开采、保水开采等，减少对土地、水源等生态环境的破坏；同时，加强矿区生态环境修复治理工作，如植树造林、土地复垦等，恢复矿区的生态环境。

（3）绿色供应链建设。煤炭企业应构建绿色供应链，从原材料采购、生产加工到产品销售全过程实现绿色化。这包括选择环保的原材料供应商、采用绿色生产方式、推广绿色产品等，确保整个供应链的环保性和可持续性。

（4）政策引导与市场机制。政府应出台相关政策，引导煤炭企业向绿色转型。例如，提供税收优惠、财政补贴等激励措施，鼓励企业采用清洁生产技术；同时，加强环保法规的执行力度，对违法行为进行严厉惩处。此外，还应建立市场机制，通过碳排放权交易等手段，推动煤炭企业减少碳排放。

二、低碳经济视角下的产业分析

在低碳经济成为全球共识的今天，煤炭产业作为传统能源产业的重要组成部分，正面临着前所未有的转型压力与发展机遇。本文将从产业趋势、产业挑战与机遇两个方面，对低碳经济视角下的煤炭产业进行深入分析。

（一）产业趋势

1. 低碳化

随着全球气候变化的严峻形势，减少温室气体排放已成为国际社会的共识。煤炭产业作为碳排放的主要来源之一，必须加快低碳转型步伐。这要求煤炭企业不仅要提高煤炭资源的利用效率，降低单位产出的碳排放，还要积极探索煤炭的替代能源和清洁能源技术，如煤炭气化、液化以及碳捕捉与封存（CCS）等，以实现煤炭的低碳利用。

2. 清洁化

传统煤炭开采和加工过程中产生的粉尘、废水、废气等污染物对环境造成了严重破坏。为了实现煤炭产业的清洁化发展，煤炭企业需要加大在环保技术和设备上的投入，推广使用先进的煤炭洗选、脱硫、脱硝、除尘等清洁生产技术，减少污染物的排放。同时，加强矿区生态环境修复与保护，实现煤炭开发与生态环境保护的协调发展。

3. 智能化

随着信息技术的快速发展，智能化技术正在逐步渗透到煤炭产业的各个环节。通过引入物联网、大数据、云计算等现代信息技术，煤炭企业可以实现煤炭开采、加工、运输等过程的智能化管理，提高生产效率，降低运营成本。同时，智能化技术的应用还可以帮助煤炭企业更好地监测和控制污染物的排放，提升环保管理水平。

（二）产业挑战与机遇

1. 产业挑战

在深入剖析煤炭产业所面临的诸多挑战时，必须聚焦于其资源利用效率、能源消耗模式以及环境污染状况等核心层面所蕴含的深层次问题。具体而言，资源利用率低成为煤炭产业亟待解决的关键难题。传统开采和加工方式往往忽视了资源的有效整合与优化配置，导致大量煤炭资源在开采和加工过程中被浪费，资源利用率远未达到理想水平。这一问题不仅限制了煤炭产业的可持续发展能力，还加剧了资源短缺的紧张态势。

与此同时，煤炭产业在生产过程中的高能耗问题同样不容忽视。高能耗不仅意味着生产成本的增加，降低了煤炭产业的市场竞争力，更重要的是，它加剧了环境污染的严重程度。煤炭开采和加工环节所消耗的大量能源，往往伴随着大量温室气体的排放，对全球气候变化产生了不可忽视的影响。此外，高能耗还加剧了水资源、土地资源的消耗，进一步恶化了生态环境。

环境污染的严重性更是煤炭产业发展中不可忽视的瓶颈。煤炭开采和加工过程中产生的废水、废气、固废等污染物，对自然生态系统构成了巨大威胁。废水排放可能导致水体污染，影响水质安全和生态平衡；废气排放则加剧了大气污染，增加了呼吸道疾病等健康风险；固废堆积不仅占用大量土地资源，还可能引发土壤污染和地下水污染。这些环境问题不仅威胁着人类生存环境的质量，也制约了煤炭产业的绿色发展之路。

2. 产业机遇

在审视煤炭产业的当前境遇时，其蕴含的机遇尤为显著，主要体现在清洁能源技术的推广、智能化技术的应用以及政策支持的强化等方面。随着清洁能源技术的持续进步与成本效益的显著提升，煤炭产业正迎来一个探索煤炭资源清洁高效利用的新时代。具体而言，煤炭气化、液化及生物质能等技术的深入研发与应用，为煤炭资源的转型升级开辟了广阔路径，有助于实现能源结构的优化与环境保护的双重目标。

智能化技术的蓬勃发展，则为煤炭产业带来了生产效率与质量的大幅跃升。物联网、大数据等现代信息技术在煤炭企业的广泛应用，不仅推动了生产流程的智能化管理，还显著降低了运营成本，增强了产业的竞争力与可持续发展能力。这一趋势不仅提升了煤炭产业的智能化水平，更为其转型升级提供了强有力的技术支撑。

政府层面的政策支持也为煤炭产业的低碳转型与绿色发展注入了强劲动力。税收优惠、财政补贴等一系列政策的出台，不仅优化了煤炭企业的发展环境，还为其提供了必要的资金保障与激励措施。这些政策导向不仅体现了政府对煤炭产业转型升级的高度重视，更为其未来发展指明了方向。

第三节　煤炭行业数字经济的高质量发展探索

当今需要抓住现代信息通信技术发展的历史机遇，发展煤炭行业新质生产力，促进数字技术与煤炭产业深度融合，推动煤炭行业数字经济高质量发展。

一、煤炭行业数字经济高质量发展的概述

数字经济是随着信息技术的快速发展在当今社会广泛涌现的新兴经济形态，即在信息社会背景下涌现的一种以数字化、网络化和智能化为特征的经济体系。数字经济概念涵盖数字化产业、数字商业、数字金融等多个领域，是传统经济模式向数字化转型的产物。煤炭行业数字经济是指通过数字技术与煤炭工业的深度融合，优化煤炭生产、运营、流通、转化、服务等各环节，全面推进煤炭工业及所关联对象的数字化进程，进而实现煤炭工业以安全、高效、绿色、智能、健康为核心目标的高质量发展。在数字中国战略背景下，我国煤炭行业数字经济建设以煤炭核心生产场景智能化建设、企业管理模式数字化转型为重点，全面提升煤炭全生产流程、全产业链、全价值链、全生命周期的数字化、网络化、智能化水平以及行业职工的数字技能、健康安全、服务保障水平，培育产业发展新业态、新动能，构建产业数字新生态，有力支撑现代化煤炭产业体系构建和煤炭工业的中国式现代化建设。

发展煤炭行业数字经济，其主要目的是要通过数字化转型和智能化升级，推动煤炭产业的可持续发展，提升煤炭行业的整体竞争力和市场地位。首先，需建立和完善信息化基础设施，统一煤炭行业数据标准体系；其次，建立煤炭行业级安全、可信的工业互联网平台，以数据要素为核心资源，优化煤炭生产、加工、运输等各个环节，实现煤炭产业的智能化生产、网络化协同和

个性化服务，打造全新的煤炭数字经济生态圈；再次，煤炭行业还需加强数据安全和隐私保护，建设可信工业数据空间、数据字典及人工智能大模型，实现关键数字技术突破，推动产业链优化转型升级；最后，在推动数字经济高质量发展方面，应加强煤炭行业数据价值转化，在数据采集、数据治理、数据安全和数据应用等各环节形成数字闭环，推动产业链转型升级。

二、煤炭行业新质生产力发展的建议

（一）建立煤炭行业统一的数据标准体系

在标准规范方面，目前国内已发布的标准规范中，相继出现了国家标准、行业标准、部委规范、地方标准和团体标准，其中国家标准对矿山智能化建设做了系统性规范，行业标准则对单个系统进行了规范，地方标准则对智能化建设、双重预防方面进行了规范，团体标准则对智能化煤矿的分类分级指标进行了规范。

目前，矿山行业现有的智能化相关标准规范主要围绕生产、安全技术和评价方法及各关键设备通用要求制定，缺少专门的基础性统一的数据标准规范。煤炭行业统一的数据标准体系是确保煤炭产业数字化顺利转型和数字经济高质量发展的关键。

数据标准体系建设是一项系统性工程，旨在通过规范化、标准化的数据管理，推动煤炭行业的数字化转型和智能化发展，急需构建统一的数据编码体系，打破产业链上下游数据孤岛，实现数据互通和共享，有利于全面推动煤炭数字经济的纵深发展。

数据标准是指保障数据的内外部使用和交换的一致性和准确性的规范性约束，包括数据业务属性、技术属性和管理属性的表述、格式及定义的约定统一定义，可作为数据质量控制的准则、数据模型设计以及信息系统设计的参考依据。煤炭行业数据标准体系划分为基础与共性类、信息基础类、数据资产类、供应链类、场景应用类及共享交易类共 6 个大类。其中，基础与共性类规定了整个体系的术语定义、通用要求、管理、数据分类标准及测试与评估方法。信息基础类规定了支撑平台、工业网络及信息安全的标准化规范。数据资产类规定了元数据、主数据、数据字典、数据管理、数据质量和数据安全相关规范。供应链类规定了地质勘探、规划与设计、矿井建设、安标准入、装备制造、生产运营及仓储运输相关规范。场景应用类规定了露天煤矿、井工煤矿及洗煤厂相关规范。共享交易类规定了数据权属、交易服务、交易保障及监管与治理等相关规范。

数据标准的制定应当根据煤炭行业的特性和需求，制定专门的数据分类、编码和格式标准。煤炭行业数据的命名、定义、结构和取值规则，确保数据的准确性和一致性。考虑到煤炭行业的复杂性，数据标准应涵盖从原料采购、生产加工到销售等产业链上下游的各个环节。同时，加强数据标准体系的宣传和推广，提高行业内外的认知度和接受度。开展针对煤炭行业从业人员的数据标准培训和教育活动，提升他们的数据意识和技能水平。与相关行业协会、研究机构等合作，共同推动煤炭行业数据标准体系的建设和完善。

通过以上措施的实施，煤炭行业可以逐步建立起统一、规范的数据标准体系，为行业的数字化转型和智能化发展奠定坚实基础。同时也将有助于提高煤炭行业的生产效率、降低成本、优化资源配置，推动行业实现可持续发展。

（二）建立煤炭行业工业互联网平台

煤炭行业工业互联网平台是煤炭行业数字化和智能化发展的重要支撑。在当前数字化转型的浪潮下，煤炭行业正面临从传统的生产模式向数字化、智能化方向转型的挑战。而煤炭行业工业互联网平台作为转型的基石，其建设和发展显得尤为重要。

煤炭行业工业互联网平台总体设计采用工业互联网架构设计思路，将云计算、大数据、物联网、人工智能等新一代信息技术与煤炭行业业务深度融合，实现煤炭产业链资源统一汇聚、互联互通，构建以数据驱动、知识驱动为核心的煤炭产业互联网生态体系，深度挖掘煤炭生产、安全、管理、运销等全过程数据资源价值，开展大数据知识服务，提供创新性、数字化、智能化的工作平台，提升煤炭产业链数字生态融合创新能力，促进煤炭行业转型发展。

煤炭行业级工业互联网平台的总体架构包括 6 个部分：基础设施层、平台支撑层、智能应用层、统一运营体系、统一安全管理和多端应用集成门户，6 个部分建设内容互为支撑。其中基础设施层统一整合硬件资源，实现计算、存储、网络等资源的统一管理，通过综合运用虚拟化、分布式存储、容器等技术，将底层硬件资源进行资源池化，构建计算资源池、存储资源池和网络资源池，保障基础设施资源具备动态扩展和弹性伸缩能力，实现基础设施层与平台支撑层云服务管理对接；平台支撑层包含业务中台、数据中台、技术中台和服务管理、大数据管理、应用集成支撑构成，并构建服务开放系统，通过平台支撑层建设，实现煤炭行业的数据统一汇聚分发、治理、共享交换、分析和服务，对下实现对基础设施的运维管理，对上实现对各类智能应用的支撑；智能应用作为业互联网平台的一体化前端应用和业务承载，面向数据转化和服务，以可视化、高互动体验、可配置、参数化等方式服务煤炭产业链中的企业、院校、机构、各级政府部门等，通过打造数据定制化服务，让数据价值、服务资源同相关人员快速对接；构建统一运维运营体系，按照"一切资源化、资源目录化"的原则，实现所有基础设施资源、各类软件资源、数据资源、应用资源、服务资源等的统一运营运维管理；安全管理方面，按照国家信息安全等级保护三级认证技术要求，构建煤炭行业级工业互联网平台"安全可信、可管可控、智能运营"的统一安全管理体系，提供安全的通信网络、区域边界、计算环境及管理中心，为工业互联网平台信息系统安全保驾护航。

（三）促进煤炭行业数字新技术突破

1. 强化煤炭行业数字化新基建建设

以数字中国战略要求为目标，依托国家顶级节点，构建形成"1＋N＋M"

的数字化基础设施，推动行业网络建设与改造升级。结合工业互联网标识解析体系，建立煤炭行业工业互联网标识解析二级节点、企业节点和公共递归节点 3 个层级的链网基础设施，统一煤炭全产业链数据标准体系，统一煤炭行业数字产业结构和数据字典，形成行业编码规则，建立行业新型解析架构，提升行业产业链各要素节点管理、数据互认、系统互通、安全保障等能力，形成跨产业链上下游、跨组织的数据互联互通路径，构建煤炭行业全产业链产品追溯、供应链和全生命周期管理等应用模式，推动工业数据要素融通发展，打造煤炭行业数字经济发展新业态。

2. 建立安全可靠的煤炭行业可信数据空间

采用分布式网络、隐私计算加密、智能合约等关键技术，基于"可用不可见、可用不可存、可控可计量"的应用模式，构建煤炭行业数据可信、不易篡改、可追溯的可信数据空间，形成煤炭全产业链各要素原生数字身份与大规模可信协作网络，实现煤炭行业工业数据的开放共享和可信流通，促进煤炭行业工业数据要素市场化。利用数据资产管理、数据目录、供需撮合等数据流通功能，实现数据资产的统一登记和管理；利用数据访问控制、使用控制和延伸控制等功能，实现数据主体、数据本身的使用时间、地点、方式等管控；利用可信环境、日志存证和自动审计功能，实现使用环境和行为安全可控，从而解决数据要素提供方、使用方、服务方等主体间的安全与信任问题。

3. 推进煤炭行业人工智能大模型落地应用

煤矿智能化建设是煤炭行业数字化发展的重要内容，建设煤炭行业人工智能大模型，汇聚煤炭行业海量的多模态数据和算法模型，依赖高性能计算和大规模数据存储和分析能力，助力煤矿多维度应用场景智能化升级。在煤矿安全监测方面，通过集成多源异构数据，人工智能大模型能够实现对矿山安全状态的实时监测和预警；在故障诊断与维护方面，人工智能大模型能够通过对设备运行数据的分析，预测设备可能出现的故障，并提前制订维护计划，不仅可降低设备故障对生产的影响，还可减少不必要的维护成本；在生产优化方面，人工智能大模型可通过对煤矿生产数据的建模和分析，提供生产参数预测和控制，帮助煤矿实现精细化管理和生产优化；在智能化管理方面，人工智能大模型可以助力矿山实现智能化管理，通过对生产、安全、设备等多方面的数据进行分析和挖掘，为矿山提供决策支持，有助于矿山实现由"粗放管理"向"质量效益"的转变，提高生产效率和效益。

三、促进煤炭行业数字经济高质量发展

（一）煤炭行业数据价值转化

以煤炭工业互联网平台和煤炭工业大数据中心为依托，通过开展煤炭产业链从资源规划、矿井设计、装备制造、安全生产、洗选运销、技术服务、客户市场等全过程数字化，汇聚煤炭行业全产业链数据资源，围绕数据采集、传输、存储、建模、分析、可视化等全过程、全生命周期、全要素的数据价值利用，实现感知、互联、分析、自学习、预测、决策、控制技术集成，提供面向行业上下游企业、政府、协会等的综合数据服务和技术赋能服务，实现煤炭产业链资源统一汇聚、互联互通，构建以数据驱动、知识驱动为核心的煤炭产业互联网生态体系，深度挖掘煤炭生产、安全、管理、运销等全过程数据资源价值，提供创新型、数字化、智能化的工作平台，提升煤炭产业链数字生态融合创新能力，促进煤炭行业数字化转型升级。

（二）煤炭行业数据闭环管理体系

以数字化闭环管理机制推进两化融合管理体系建设，通过物理世界的数字化和数字世界的赋能化，实现数据驱动，打造数字生态，为客户创造更高价值。建立以行业元数据、主数据为基础的服务体系，打通各层级间管理流程，构筑统一数据平台以及数据、运营、决策架构。通过煤炭行业数据的收

集、分析、反馈和应用，实现煤炭行业的高效、安全和可持续发展。借助先进的监测系统和传感器，实时收集煤炭生产、运输、销售等各个环节的数据，确保数据的准确性和实时性。利用大数据和人工智能技术，对收集到的数据进行深度分析和挖掘，发现潜在的问题和机会，为决策提供支持。基于数据分析的结果，制定科学的决策方案，优化煤炭生产流程，提高生产效率，降低生产成本。将决策方案实施后的效果反馈给数据收集和分析环节，通过不断迭代和优化，构建行业数字模型闭环管理体系，以释放数据价值为目标，促进数据的深度挖掘和有效利用，实现用数据分析、管理及决策，完成数字闭环。

（三）煤炭行业全产业链数字经济发展

推动煤炭行业数字化发展是当前及未来煤炭行业转型升级的重要方向，具体表现在以下四个方面。

第一，加大在数字化技术方面的研发投入，包括云计算、大数据、人工智能、物联网等，加强煤矿信息化系统的建设，实现数据的实时采集、分析和应用，实现煤炭资源及环境动态高精度数字地质模型、矿井采掘工程设计及装备数字化、煤炭开采工艺和生产系统数字化、煤炭洗选储运全流程数字化、煤炭消费利用全过程数字化。

第二，煤矿企业应积极引进先进的智能化技术和设备，如智能采煤机、智能掘进机、智能机器人等，实现煤矿的智能化生产和管理。

第三，煤炭企业应深化数据应用，以数据驱动煤矿的运营管理。通过建设"智慧大脑"，促进数据深度挖掘和有效利用，加快开拓人工智能、大数据、边缘计算等数字技术在行业的应用场景。同时，适度开放数据资源，带动中小企业开展数字化转型。

第四，煤炭龙头企业应推动行业协作和生态共建，与数字化服务商、科研机构等建立紧密的合作关系，通过互补优势、共享数据资源、挖掘数据价值，共同推动煤炭行业的数字经济发展。

第二篇　矿山建设工程

第三章　煤矿采煤方法与工艺

第一节　采煤方法的分类及选择

一、采煤方法的分类

在煤炭开采领域，采煤方法的合理选择对于提高生产效率、保障作业安全以及优化资源利用具有至关重要的作用。采煤方法通常依据采煤工艺、矿压控制特点等因素进行分类，其中最为核心的两大类别为壁式体系采煤法和柱式体系采煤法。

（一）壁式体系采煤法

壁式体系采煤法作为一种高效的煤炭开采技术，其核心特点在于长壁工作面的设置，这使得开采过程能够实现连续性，从而提升采煤效率。工作面的长度设计对煤炭开采的效率和安全性有着直接影响，因此，其长度通常被设定在 80～250 m，以平衡开采效率与成本控制。

在对壁式体系采煤法进行分类时，学术界普遍基于煤层的倾角、厚度以及工作面的布置和推进方向。倾角的差异导致开采过程中的矿压控制、工作面布置及推进方向必须采取特定的技术措施。例如，近水平煤层采煤法、缓斜煤层采煤法、倾斜煤层采煤法和急斜煤层采煤法，各自适应不同的地质条件，以确保开采的安全性和效率。

煤层厚度的不同也决定了采煤方法的选择。薄煤层、中厚煤层和厚煤层的开采技术各有侧重，薄煤层开采需特别注意顶板管理和设备适应性，中厚煤层开采则在工艺选择上更为灵活，而厚煤层则可能涉及分层开采或放顶煤开采等特殊工艺。

工作面的布置和推进方向也是壁式体系采煤法分类的重要依据。走向长壁采煤法和倾斜长壁采煤法，以及后者的仰斜长壁和俯斜长壁采煤法，这些方法在工作面布置、通风系统和运输方式上各有特点，以适应不同的地质条件和开采需求。

壁式体系采煤法的优势在于其完善的生产系统和高效率的采煤过程。长壁工作面的设计使得连续开采成为可能，这不仅提高了生产效率，也优化了通风条件，为作业安全提供了保障。因此，该方法在煤炭开采领域得到了广泛的应用，并且随着技术的不断进步，其在效率和安全性方面的表现有望进一步提升。

（二）柱式体系采煤法

柱式体系采煤法，以其房柱间隔采煤的显著特征，主要适用于地质条件复杂或煤层厚度变化较大的区域。该方法在工作面长度较短的条件下进行，其运输方向通常垂直于煤壁，从而形成一种独特的采煤模式。

在分类上，柱式体系采煤法以房柱式采煤法为代表，该方法通过保留煤柱以支撑顶板，实现了采空区与煤柱的交替结构，为特定地质条件下的煤炭开采提供了一种有效的技术途径。这种方法在设备投资、建设周期以及煤炭产出速度方面具有显著优势，因而在一些煤矿企业中得到了应用。

柱式体系采煤法的经济性得益于其较少的设备投资和灵活的设备运转，这使得采掘合一成为可能，缩短了建设周期并加快了出煤速度。同时，巷道压力的减小和支护的简化，进一步降低了开采成本，提高了开采效率。

然而，柱式体系采煤法在资源利用率和通风条件方面存在不足。留设煤柱以支撑顶板的做法限制了采区的采出率，而工作面的短长度增加了通风阻力，对作业环境的安全构成了挑战。因此，在选择柱式体系采煤法时，必须综合考虑地质条件、开采需求和安全因素，以实现煤炭资源的高效和安全开采。

二、采煤方法的选择

我国煤炭资源丰富，煤炭作为我国主要能源，在工业发展和城市化中发挥着重要作用。但煤炭资源开采存在问题，具有较高劳动强度和较大风险，工作进度易受影响，可能造成环境污染打破发展平衡，需要不断升级采煤技术与方法，在确保安全的前提下实现资源开采。在选择采煤方法时，必须遵循技术先进、经济合理、安全高效的基本原则，并综合考虑地质因素、技术发展及装备水平、矿井管理水平以及矿井经济效益等多方面因素。

（一）地质因素

地质条件是选择采煤方法的首要考虑因素，主要包括煤层倾角、煤层厚度、煤层特征及顶底板稳定性等。

1. 煤层倾角

煤层倾角的大小直接影响采煤方法的选择。对于近水平和缓斜煤层，可采用壁式体系采煤法，如走向长壁采煤法和倾斜长壁采煤法，这些采煤方法具有生产系统完善、采煤效率高的优点。而对于急斜煤层，则需采用特殊的采煤方法，如伪倾斜柔性掩护支架采煤法或水平分段放顶煤采煤法，以确保安全高效地生产。

2. 煤层厚度

煤层厚度的变化也影响采煤方法的选择。对于薄煤层，可采用刨煤机采煤或螺旋钻采煤等高效、低成本的采煤方法。对于中厚煤层，则可采用综合机械化采煤方法，如一次采全高或分层开采。对于厚煤层，则可采用放顶煤采煤法或分层开采与放顶煤相结合的方法，以提高煤炭资源的回收率。

3. 煤层特征及顶底板稳定性

煤层的物理性质、化学性质及顶底板的稳定性也是选择采煤方法的重要考虑因素。例如，对于易自燃、易爆炸的煤层，需采用防爆、防火性能好的采煤设备和方法。对于顶底板稳定性差的煤层，则需加强支护措施，确保作业安全。

（二）技术发展及装备水平

在煤炭开采领域，技术发展及装备水平的提升对采煤方法的选择具有显著影响。随着科技的不断进步，一系列创新技术被引入到采煤实践中，这些技术的应用不仅提高了开采效率，还增强了作业的安全性和环保性。智能化开采技术的发展，如自动化采煤机和智能支护系统，显著提升了采煤作业的自动化水平，减少了人工干预，从而降低了作业人员的安全风险。

在技术创新的推动下，采煤方法的选择趋向于更加高效和安全。例如，通过应用先进的传感技术和数据分析，可以实现对采煤环境的实时监控，及时调整采煤策略，以适应地质条件的变化。此外，智能化技术还能优化采煤过程中的资源分配，提高资源利用率，减少浪费。

装备升级在采煤方法选择中同样扮演着关键角色。随着采煤装备的不断升级换代，新型设备以其高效、节能和环保的特性，为采煤方法的选择提供了更多可能性。这些设备通过提高采煤效率，降低生产成本，同时减少对环境的影响，使得采煤过程更加可持续。因此，在评估采煤方法时，应将先进装备的采用作为优先考虑的因素，以确保采煤活动的经济效益和环境友好性。

（三）矿井管理水平

矿井管理水平在采煤方法的选择和实施中起着决定性作用。高效的管理能够确保采煤作业的连续性和稳定性，从而提高采煤效率并降低生产成本。在生产组织方面，通过实施循环作业和均衡生产等策略，矿井能够优化采煤作业流程，合理安排时间和资源，减少不必要的中断和资源浪费。这种精细化的生产管理不仅提升了作业效率，还增强了矿井对突发事件的应对能力。

人员培训同样是矿井管理的重要组成部分。矿井作业人员的专业素质和技能水平直接影响采煤方法的实施效果。通过系统的培训和教育，可以提高作业人员的安全意识和操作技能，确保采煤方法的正确实施，从而保障作业安全。此外，高素质的作业队伍还能促进技术创新和设备维护，进一步提升采煤效率。

在矿井管理中，还应注重对采煤方法的持续评估和改进。通过定期的数据分析和反馈机制，矿井能够及时调整采煤策略，以适应不断变化的地质条件和市场需求。这种动态的管理方式有助于矿井在保证安全生产的同时，实现资源的最大化利用和成本的有效控制。

（四）矿井经济效益

选择的采煤方法应在确保安全生产的基础上，实现经济效益的最大化。为此，必须对不同采煤方法的成本和收益进行全面分析。

成本分析是评估采煤方法经济效益的基础。这涉及对设备购置成本、运营成本以及维护成本等各项费用的细致考察。通过综合比较不同采煤方法的成本结构，可以识别出成本最低的方案。此外，成本效益分析还应考虑长期运营成本和潜在风险成本，以确保所选方法在经济上的可持续性。

收益评估则关注于采煤方法的产出和收益。这包括对煤炭产量、销售价格以及资源回收率等关键指标的评估。通过计算不同采煤方法的收益指标，可以确定哪种方法能够带来最大的经济效益。资源回收率的提高不仅能增加收益，还能减少资源浪费，提升矿井的资源利用效率。

在进行成本和收益分析时，还需考虑市场因素和价格波动对采煤方法经济效益的影响。通过灵活调整采煤策略，以适应市场变化，可以进一步提升经济效益。同时，环境成本和社会责任也应纳入经济效益的考量范围，以实现经济、环境和社会的协调发展。

第二节　机械化采煤工艺

一、普通机械化采煤

（一）普通机械化采煤工艺分析

1. 普通机械化采煤工艺的演进

普通机械化采煤工艺，通常被称为普采，以其独特的工艺特征而备受关注。这一工艺的核心在于通过采煤机械的运作，能够高效地完成破煤与装煤的双重任务，同时在运煤、顶板支护及采空区处理方面，则与传统的炮采工艺保持高度的一致性。自 20 世纪 60 年代以来，浅截式采煤机械的广泛应用，标志着普采进入了一个新的发展阶段。最初的浅截深度设置在 0.6～1.0 m，为普采奠定了基础。

回顾历史，浅截式普采的发展经历了三个重要阶段。首个阶段始于 20 世纪 60 年代初，当时的采煤机组配置了能够整体移置的可弯曲刮板输送机、摩擦式金属支柱和铰接顶梁等设备。这种配置的引入，使得普采在单产和效率上取得了显著的提升。进入 20 世纪 70 年代后期，第二代普采装备的推出，进一步对第一代设备进行了技术上的更新，配套水平显著提高，尤其是单体液压支柱的应用，使顶板管理变得更加高效，普采生产也因此焕发出新的活力。

随后的 20 世纪 80 年代中期，技术更新不断推进，第三代普采设备应运而生。这一代设备采用了无链牵引双滚筒采煤机、双速、侧卸、封底式刮板输送机及"Ⅱ"型长钢梁支护顶板等先进工艺，这些新设备的使用，使得普采在单产、效率和经济效益等多方面实现了质的飞跃。进入 21 世纪，随着科技的进步，普采工作面逐步出现了分体或整体式悬移液压支架，实现了支护的机械化，标志着普采进入了第四代。

2. 普采工作面工艺参数的确定

在普采工作面中，端部切口的设计至关重要，它不仅影响采煤机的进刀效率，还涉及支架的架设、设备的操控及维护，甚至影响人员的安全出入。切口的尺寸应与平巷的宽度、采煤机与输送机的结构特点以及工艺流程密切相关。对于较宽的平巷，尽管采煤机可以在没有切口的情况下进行切割，但依然需要一定长度的切口来确保端头支架的支设和顺利前移。

工作面下切口的标准长度在 3～4 m，而单滚筒采煤机的上切口长度则取决于机身长度及牵引终点位置，普遍设定在 6～10 m。对于双滚筒采煤机，在大宽度平巷中，切口可以省略，宽平巷实际上充当了切口的功能。此外，切口的深度也是设计中的关键，一般为截深的 2～3 倍。不同的截深要求相应调整切口深度，以确保端头的稳定和支架的顺利前移。

在应用斜切方式进刀时，斜切段的长度需与输送机机头及尾部的布置情况、采煤机的机身长度以及输送机的弯曲段长度相结合考虑。当输送机机头和尾部完全置于平巷之内时，斜切段的长度等于采煤机机身长度加上输送机的弯曲段长度，这一设计确保了采煤过程的流畅性和安全性。综上所述，普采工作面的端部切口不仅是设备运行的基础，也是保障整个采煤作业安全、顺利进行的关键环节。

（二）普通机械化采煤工艺优势

1. 对较低的设备投资成本

普采相较于综合机械化采煤（综采）在设备投资上具有显著优势。普采设备的投资成本大约是综采设备的四分之一，这使得普采在初期投入上具有较大的经济优势。对于资金有限的煤炭开采企业而言，选择普采工艺可以显著降低投资门槛，更快地实现煤炭开采的机械化。

普采设备的成本效益不仅体现在购买成本上，还体现在维护和运营上。由于普采设备相对简单，其维护和修理成本也较低。此外，普采设备的操作相对容易，对操作人员的技能要求不高，这在一定程度上降低了企业的运营成本。

2. 较强的地质适应性

普采工艺在地质条件复杂、推进距离短、形状不规则、小断层和褶曲较发育的工作面上表现出较强的适应性。这些地质条件往往对综采设备造成较大挑战，如设备故障频发、生产效率低下等。而普采设备由于其灵活性和较低的技术要求，能够较好地适应这些复杂地质条件。

在复杂地质条件下，普采工艺可以通过调整开采参数和支护方式，确保工作面的安全稳定。例如，在断层和褶曲发育的区域，普采设备可以灵活地调整开采方向，避免设备损坏和人员伤害。此外，普采工艺还可以根据工作面的实际情况，选择适当的支护方式，确保顶板的安全稳定。

3. 操作技术较易掌握，组织生产相对容易

普采工艺的操作技术相对简单，易于掌握。这使得企业在推广采煤机械化时，可以更快地培训出合格的操作人员。此外，普采工艺的组织生产也相对容易，因为其对设备、人员和管理的要求相对较低。

对于中小型矿井而言，普采工艺的这些特点尤为重要。由于这些矿井往往缺乏综采所需的高额投资和高水平的操作及管理能力，因此选择普采工艺可以更快地实现机械化开采，提高生产效率。此外，普采工艺还可以根据矿井的实际情况进行灵活调整，确保生产过程的顺利进行。

4. 普采工作面设计的关键参数

在普采工作面的设计中，机道宽度和无立柱空间宽度是两个关键参数。机道宽度决定了采煤机的运行空间，其大小取决于输送机机槽的总宽度，包

括铲煤板、中部槽、导轨和电缆槽的宽度。为了保证采煤机滚筒和输送机之间的安全间隙，以及电缆槽与支柱之间的适当空距，这些参数都需要精确计算和设计。

无立柱空间宽度则决定了支护设备的布置方式。在普采工艺中，支护设备通常采用单体支柱或液压支架。无立柱空间宽度的设计需要考虑到支护设备的稳定性、操作人员的安全以及采煤机的运行效率。因此，在普采工作面的设计中，需要综合考虑机道宽度和无立柱空间宽度的关系，确保工作面的安全稳定和生产效率。

5. 端面距的确定及其重要性

端面距是指工作面煤壁与支护设备之间的距离。在普采工艺中，端面距的大小直接影响到工作面上顶板的稳定性和支护需求。合理的端面距可以确保顶板的有效管理，减少顶板事故的发生。

特别是在顶板破碎的情况下，适当的端面距有助于减少片帮和空顶宽度的增加。片帮是指顶板岩石因受力不均而脱落的现象，空顶宽度则是指顶板岩石与支护设备之间的空隙。当端面距过大时，顶板岩石容易因受力不均而脱落，导致片帮现象的发生；而当端面距过小时，支护设备无法有效地支撑顶板岩石，导致空顶宽度的增加。因此，在普采工艺中，需要根据工作面的实际情况和顶板岩石的性质，合理确定端面距的大小，确保顶板的安全稳定。

二、综合机械化采煤

（一）综合机械化采煤工艺的演进

综合机械化采煤工艺，即综采，是现代煤炭开采领域最为前沿的技术，涵盖了破碎、装载、运输、支护和处置等五大关键环节的全面机械化。这一工艺的推广与实施，标志着煤炭生产的效率与安全性得到了前所未有的提升。当前，许多以长壁开采为主的国家纷纷采用综采技术，以适应日益增长的能源需求。随着采煤机的技术进步，其电牵引能力显著增强，装机功率可达2 000 kW，牵引速度亦提升至 30～40 m/min，从而实现了更为精确的自适应控制。此外，工作面输送机的强大运力和液压支架的高效性能，为煤矿作业的稳定性和安全性提供了有力保障。最终，通过自动调直系统和遥控遥测系统的融合，地面指挥中心能够实现对无人工作面的高效管理，极大地提升了煤炭开采的智能化水平。

国家煤炭产业政策和煤炭工业技术政策都明确指出，综合机械化采煤技术是我国煤炭工业的发展方向，是实现矿井安全生产的技术保障。我国从 20 世纪 70 年代初期开始组织国产综采技术攻关，通过引进、吸收国外综采技术，逐步实现了综合机械化成套设备的研发和制造，满足了我国煤炭工业发展的需要，为国民经济的可持续发展作出应有的贡献。在应用综合机械化采煤方式时，应积极响应绿色发展理念，在施工中采用综合机械化采煤设备和技术，有效地提高采煤作业效率和工作面安全性。

（二）综采工作面设备的布置

在现代煤矿开采过程中，工作面的布局与设备配置对提高采煤效率、保障安全性具有至关重要的作用。可弯曲刮板输送机作为工作面重要的运输设备，其合理布置不仅能够适应地质条件的变化，还能有效提升采煤机的作业效率。根据实际需求，可弯曲刮板输送机应紧贴煤壁，并沿工作面全长铺设在底板上，以满足采煤作业的需要。

在实际应用中，为了使采煤机能够顺利进入开切缺口，刮板输送机的机头和机尾应尽量延伸至工作面两端的区段平巷内。这种设计不仅能够为采煤机提供更大的操作空间，还能确保在作业过程中，煤的顺畅输送和回收。同时，为了提升工作面整体的清洁度，刮板输送机煤壁侧的槽帮上需安装铲煤板，主要目的是及时清理底板上的浮煤，避免对后续作业造成干扰。而在采空区侧，挡煤板的设置则是为了阻挡煤的流失，并为采煤机的电缆拖移提供必要的空间。

为防止可弯曲刮板输送机机头和机尾的翻转及下滑，锚固装置的安装显得尤为重要。这些装置的设置可以在一定程度上提高设备的稳定性，确保设备在长时间运行中不出现位移或倾斜现象，从而为安全生产提供保障。同时，采煤机应骑跨在刮板输送机上，沿着输送机进行上下移动，以高效完成割煤作业。

在液压支架的配置上，应位于工作面的采空区侧，并且需沿工作面全长直线布置。这种布局不仅能有效支撑工作面顶、底板之间的结构，还能为采煤作业提供稳定的支撑环境。每台液压支架与对应的刮板输送机溜槽之间安装推移装置，便于在实际作业中进行移架和推溜操作。此外，工作面两端的端头支架也不可忽视，其作用在于支护端头顶板，确保整个工作面结构的安全性。

在运输环节，转载机的设置尤为重要，应沿工作面推进方向布置在下端的运输平巷内。转载机后部水平段的合理搭接，可以实现与刮板输送机机头及带式输送机之间的顺畅衔接，确保煤炭运输的连续性与稳定性。在运输平巷的上侧，轨道的铺设同样至关重要，轨道上停放的设备平板列车能够有效集成控制机电设备、通信照明设备等，为整个采煤作业提供必要的保障。

在采用下行通风的综采工作面中，设备列车及其相关设备应合理布置于进风平巷内，确保通风效果的最佳化。在轨道平巷内，单轨吊车或搬运绞车的设置，能够有效运送设备和材料，提高工作面物资运输的效率。此外，在工作面倾角较大时，液压安全绞车的使用可防止采煤机的下滑，确保作业的安全与稳定。

（三）双滚筒采煤机工作原理

1. 滚筒的转向与定位

在综采工作面，采煤机的右滚筒通常设定为右螺旋，执行顺时针旋转，而左滚筒则为左螺旋，逆时针旋转。这种设置确保了在正常工作状态下，前端滚筒沿顶板割煤，而后端滚筒沿底板进行割煤。这样的布置方式不仅能够有效控制煤尘的产生，还能提升装煤效果，确保司机的操作安全。

然而，在一些特殊的地质条件下，例如煤层中部含有硬夹矸时，采煤机的滚筒转向可能需要进行调整。在此情况下，右滚筒可能被设定为左螺旋，逆时针旋转，左滚筒则为右螺旋，顺时针旋转。此时，前滚筒将割底煤，后滚筒割顶煤，这样的调整有助于在下部采空的情况下，更好地处理中部的硬夹矸，避免因岩石破落而造成的安全隐患。

在薄煤层的应用中，滚筒与机体的对齐问题也需要认真考虑。有些型号的薄煤层采煤机设计为滚筒与机体在同一轴线上，这种设计使得前滚筒可以割出底煤，为机体的顺利通过创造条件，因此也采用了"前底后顶"的布局。在遇到复杂的地质构造时，采用"前底后顶"式的割煤方法，可以在后滚筒割顶煤后立即移架，以防止顶煤或碎矸的垮落，确保作业安全。

2. 双滚筒采煤机割煤方法

在双滚筒采煤机的割煤方法上，主要可分为两种类型，分别是往返一次割两刀与往返一次割一刀。往返一次割两刀，又称穿梭割煤，通常应用于煤层赋存稳定且倾角较缓的综采面，尤其是在工作面端部进刀时，这种方法能够提高采煤效率。而往返一次割一刀的单向割煤方式，适用于顶板稳定性差、煤层倾角较大，或在某些特定情况下无法自上而下移架的综采面。这种方式不仅能够有效应对输送机易下滑、只能自下而上推移的情况，还能解决采高大、滚筒直径小、采煤机无法一次采全高的问题。

对于在采煤时产生煤尘较多、降尘效果不理想的综采面，单向割煤的方式也提供了有效的解决方案。这种方式可以在一定程度上减轻煤尘对作业环境的影响，确保作业人员的健康与安全。因此，合理选择割煤方法和滚筒转向不仅能够提高工作效率，还能在复杂地质条件下保障安全生产。

3. 采煤机的进刀技巧

在综采工作面的操作过程中,采煤机的进刀方式对整体作业效率及安全性起着至关重要的作用。合理的进刀方式不仅可以提升煤炭的采掘效率,还能确保作业过程中的安全性,减少事故发生的风险。

(1)端部斜切进刀方法被广泛应用,具有割三角煤和留三角煤两种变体。这一进刀方式的实施步骤涉及多个环节。首先,采煤机接近工作面端头时,输送机槽须紧贴煤壁,而此时采煤机下方仍残留煤块。操作者需及时调整滚筒位置,通过前滚筒的降下和后滚筒的升起,沿输送机的弯曲段进行反向切割,直至抵达直线段。其次,需将输送机移直,为后续操作做好准备。最后,采煤机再次调换滚筒位置,以便割除三角煤,确保煤壁变得垂直,完成整个进刀过程。值得注意的是,此斜切进刀方式对运输及回风平巷的宽度提出了较高要求,以便采煤机的滚筒能够切割至平巷内壁。侧卸式机头的使用可以显著提高操作效率。如果平巷宽度不足,则可能需要人工辅助开切口,这样的情况无疑会影响综采的生产潜力。

(2)综采面中部斜切进刀也是一种有效的进刀方式,特别适用于工作面中部输送机的弯曲段。此方式的操作步骤相对简单明了。首先,采煤机从工作面一端开始割煤,直至中部,其次沿弯曲段进行斜切,再次继续割煤至另一端。随后,需将输送机移直,采煤机空牵引返回中部,最后从中部开始再次割煤,恢复到初始状态。这种进刀方式的优势在于能够提高开机率,特别适合短综采面和具备高空牵引速度的采煤机。此外,当工作面端头空间有限或采煤机装煤效果不佳时,此进刀方式同样表现出良好的适用性。然而,需指出的是,该方式的使用可能会对工作面的工程规格质量产生一定影响,因此在实施时应保持谨慎。

(3)滚筒钻入法进刀是一种技术要求相对较高的进刀方式。该方法的操作步骤较为复杂。首先,当采煤机接近工作面端部时需停止牵引,但滚筒仍需持续旋转。随后,通过千斤顶推动输送机槽,滚筒在钻进煤壁的同时进行摇动，直至达到所需的截深并移至输送机。此方法要求采煤机滚筒端面具备截齿和排煤口，且对输送机机槽、推移千斤顶的强度及稳定性有较高要求。在采高较大的情况下，该进刀方法可能不适用，因此在选择时需要特别注意作业环境的特点。

4. 综采工作面液压支架的移架操作

在综采工作面的液压支架移架操作中，选择合适的移架方式对工作效率和顶板管理的影响不容忽视。主要的移架方式包括单架依次顺序式、分组间隔交错式和成组整体依次顺序式。每种方式各有特点，适用于不同的工作环境和顶板条件。

单架依次顺序式移架方法因其操作简便、能有效确保工作面规格质量以及良好的顶板适应性，广泛应用于多种综采工作面。该方式通过逐个移动支架，确保在移架过程中，能及时响应顶板的变化，从而保持整体的稳定性。这种方法适合顶板相对不稳定的环境，能够有效减少对顶板的扰动，进而保障工作面的安全性。

相较而言，分组间隔交错式移架方式以其较快的移架速度而著称，适用于顶板条件相对稳定并且对生产效率要求较高的工作面。该方式通过分组移动支架，显著减少了单架移动时的等待时间，从而提高了整体的移架效率。然而，这种方式在顶板稳定性较差的情况下可能会带来较大的扰动，因此在选择使用时需谨慎考虑其适应性。

成组整体依次顺序式移架方式在地质条件良好的高产综采工作面中表现出色。该方式通过一次移动一组支架来实现较快的移架速度，配合大流量电液阀进行成组控制，提高了操作的便利性和效率。适用于采煤机牵引速度较快的情况，能够在保证效率的同时，保持顶板的稳定性。

移架速度的快慢受到多种因素的影响，包括泵站的流量、阀组及管路的乳化液通过能力、支架的工作状态以及操作人员的技术水平。在相同的条件下，移架方式的选择将直接决定移架速度。实际测量表明，操作调整时间占据了总时间的较大比例，因此，增加同时前移的支架数量能够有效提高移架速度，尤其是在泵站流量增加的情况下，效果尤为明显。

在顶板管理方面，移架方式的选择也显得极为关键。单架依次顺序移架虽然速度较慢，但由于其卸压截面积小，对顶板下沉的影响相对较小，适合用于稳定性较差的顶板环境。即使在顶板稳定性良好的情况下，前移支架的数量也应控制在合理范围，以防止对顶板造成不利影响。此外，移架过程中的支架工作阻力分布、移架与割煤作业的协调，以及是否进行卸载操作，都会显著影响顶板的管理。因此，在实际操作中，应根据顶板的具体情况和工作面的实际条件，选择最合适的移架方式，以确保顶板的稳定性和工作面的安全。

5. 液压支架支护的方式

在综采工作面中，液压支架的支护方式与割煤、移架、推移输送机等主要工序的协调配合具有重要的影响。支护方式可以根据支架操作的时序分为及时支护方式与滞后支护方式，这两种方式各具特点，适用于不同的工作环境和顶板条件。

（1）及时支护方式强调在采煤机完成割煤工序后，液压支架立即前移并进行顶板支护，同时输送机也紧随其后向煤壁移动。这种方式能够有效维持较大的工作空间，便于工作人员的通行、物料的运输以及通风的良好进行。尤其在面对易片帮的煤壁时，移架可以优先于割煤进行，以实现对新暴露顶板的即时支护，从而降低安全隐患。然而，这种方式可能会导致工作面的控顶宽度增加，进而对顶板的稳定性造成挑战。为应对这一问题，部分综采设备采用了插底式或半插底式支架与输送机的配合模式。全插底式支架在前移时通过将底座前端插入输送机下方，能够有效减少控顶宽度，适合在顶板稳定性较差的情况下使用。相对而言，半插底式支架则通过倾斜的输送机机槽，灵活解决了装煤难题。

（2）滞后支护方式则是在割煤后，先由输送机向煤壁移动，随后液压支架再跟随其后，两者的移动步距保持一致。这种方式更适用于周期压力大、顶板稳定性良好的工作环境，但在顶板稳定性较差的情况下，滞后支护的效果可能不如及时支护。为了克服这一局限，一些综采工作面在支架上安装护帮板，以在割煤后及时护住直接顶，从而在确保安全的同时，随后再进行输送机的推移和支架的移动。这种改进有效提高了支架的适应性，增强了工作面的安全性。

三、综合机械化放顶煤采煤工艺

综合机械化放顶煤采煤法是一种针对厚煤层的高效采煤技术。在这一方法中，工作面沿煤层底部设置，采高通常为 2～3 m，形成一个长壁工作面。通过综合机械化的采煤工艺，该方法利用矿山压力的作用，或辅以人工松动的手段，使支架上方的顶煤破碎成散体。随后，这些散体煤通过支架的后方或上方被放出并进行回收。这种采煤法不仅提高了煤的采收率，还能有效利用矿山的压力特性，实现煤层资源的最大化利用。

（一）综合机械化放顶煤的特征

综合机械化放顶煤采煤法是一种针对厚煤层开采的高效技术，旨在提高煤炭资源的回收率，并保障采矿过程的安全性。该方法的核心在于通过在煤层底部布置一个采高为 2～3 m 的长壁工作面，运用常规采煤技术进行回采。这一过程中，矿山压力的作用或辅以人工松动手段，使得支架上方的顶煤能够有效破碎，随后通过支架后方或上方的放煤方式，将松动的煤炭运输出工作面。综合机械化放顶煤的工艺流程涵盖了多个环节，包括采煤机的割煤、液压支架的支护与移动、前部输送机的推移，以及后部输送机的前移。

在实际应用中，该技术可以细分为三种不同的开采方式。首先，一次采全厚综合机械化放顶煤开采适用于厚度在 6～12 m 的缓斜厚煤层，通过在煤层底板布置机采工作面，进行全厚度的一次性开采。其次，预采顶分层网下综合机械化放顶煤开采则针对厚度超过 12 m 并且直接顶板坚硬或瓦斯含量较高的煤层，首先沿煤层顶板布置一个普通长壁工作面，再沿底板设置放顶煤工作面，以实现两者之间的顶煤放出。最后，倾斜分段综合机械化放顶煤开采适用于厚度超过 15～20 m 的煤层，将煤层从顶板到底板分为 8～10 m 的分段，依次进行放顶煤的开采。

（二）综合机械化放顶煤开采的支护设备

在综合机械化放顶煤工作面中，液压支架作为支护设备的核心，其设计与性能对于放顶煤开采的效率与安全性至关重要。放顶煤液压支架是在传统长壁工作面液压支架的基础上不断演变而来的，除了保留了控制基本顶、维护直接顶以及自移和推移输送机的基本功能外，还针对放顶煤工艺的要求，增添了若干特殊功能。

支架配备的液压控制放煤机构要求具备出色的控制性能、快速响应和高可靠性，同时还应装有有效的喷雾降尘装置，以减少作业环境中的尘埃。这些功能的实现是确保作业人员健康与安全的重要保障。

放顶煤液压支架应具备强大的二次破煤能力，以应对在放煤过程中可能出现的大块煤坠落的问题。这种能力的提升，可以显著提高工作面的安全性，并减少设备故障率。此外，许多支架配备了两部刮板输送机，其中后部输送机专门用于运送放出的顶煤，因此支架需要具备推移后部输送机和清理后部浮煤的能力，同时应考虑到维修通道的留设，确保在维护时能够方便快捷。

放顶煤液压支架需具备较强的抗扭和抗侧向力性能，以抵御邻近支架在放煤时产生的侧向力。此外，对于双输送机放顶煤支架，由于需要更大的工作空间，支架设计需包含较长的顶梁和更大的控顶距，以适应放煤作业的特殊需求。全封闭的顶板设计是另一重要特点，这可以有效控制端面冒顶及防止架间漏矸，提高整体支护安全性。

放顶煤液压支架的设计应避免使用双伸缩立柱或加长段的立柱，以适应特定的采高要求。这一设计考量有助于简化结构，增强稳定性。由于放顶煤支架的重量较大，且工作面浮煤较多，因此支架必须具备较大的拉架力和快速的拉架速度，以及带压擦顶移架的能力，以确保在复杂的作业环境中保持良好的操作性能。

放顶煤液压支架可分为掩护式、支撑掩护式、支撑式和简易式等类型，依据放煤窗口的位置还可分为高、中、低位放煤方式；按输送机数量则可分为单输送机与双输送机两类。这些支架的设计与应用，体现了我国综采放顶煤技术的成熟与多样性。

（三）综合机械化放顶煤采煤工艺流程

综合机械化放顶煤开采法是一种将机械化破煤技术与矿山压力破煤技术相结合的先进开采方式。在该方法的实施过程中，顶煤的破碎机制及其效果对放顶煤工艺参数的确定和综放开采的适应性评估起着关键作用。

在岩层活动与矿压显现方面，放顶煤开采会显著增加直接顶的垮落高度，这种增加通常可达到煤层采出厚度的 2.0～2.5 倍。此时，垮落带的不规则性及上位直接顶可能形成的临时小结构，会对采场的稳定性造成明显影响。综放采场内，通常可形成稳定的砌体梁式基本顶结构，而该结构的位置通常远离采场，从而对矿压的显现产生影响。顶煤和直接顶的刚度是决定矿压显现的重要因素，顶煤的松软特性在一定程度上减缓了支架与基本顶之间的相互作用，这使得支架阻力通常不超过分开采时的水平。

顶煤破碎机制是放顶煤开采的核心问题，破碎过程涉及变形、碎胀、移动和垮落等复杂机制。顶煤的破碎受到多种因素的影响，包括开采深度、煤层厚度及强度、夹矸层数及厚度、节理裂隙发育程度、直接顶和基本顶的岩性及厚度，以及支架结构等。煤体的普氏系数 f 在传递顶板应力时表现出不同的结果，影响顶煤的活动点位置和支承压力峰值。较小的 f 值意味着煤的强度较低，有利于顶煤的释放，但可能增加工作面支架端面的维护难度。相反，较大的 f 值则表明顶煤破坏过程较短，变形和位移较小，可能需要采用注水软化或爆破预裂等辅助手段以实现顶煤的有效破碎。

顶煤中的夹矸对放出效果有显著影响，其影响程度与夹矸的岩性、硬度、层数及胶结性质密切相关。节理的发育程度、延伸性以及充填物的胶结性，也都会对顶煤的破碎和释放产生影响。支承压力、顶板运动及支架的反复支撑共同作用于顶煤的破碎过程，其中支承压力的预破坏作用尤为关键。支架的反复支撑通过多次加载与卸载，促进顶煤破坏的发展。

在顶煤破碎过程中，顶梁的长度对顶煤破碎程度有直接影响。若顶梁过短或过长，均可能导致顶煤破碎效果不佳，进而增加煤炭损失。顶煤沿工作面推进方向可划分为完整区、破坏发展区、裂隙发育区及垮落破碎区，各区域依次经历顶煤的破碎与放出过程。因此，在实施综合机械化放顶煤开采法时，应充分考虑这些因素，以优化工艺参数，提高开采效率，确保安全生产。

第三节 倾斜长壁采煤工艺

一、倾斜长壁采煤工艺的特征

倾斜长壁采煤工艺的核心在于其沿倾斜方向的布局和推进方式。这种工艺以其生产系统的简洁性、工作面搬迁次数的减少以及掘进效率的相对低下而受到关注。在近水平煤层的开采中，无论选择仰斜还是俯斜推进，工艺的基本过程与走向长壁采煤相似。然而，随着煤层倾角的增大，工作面所受到的矿山压力和采煤工艺的特点开始显现出不同之处。如果依然采用与走向长壁采煤工艺相同的设备，势必会导致一系列的困难和挑战。

（一）支护特征

在煤炭开采过程中，煤层倾角的不同对工作面的支护方式产生了显著影响，这对保障安全与作业效率至关重要。对于倾斜的工作面，煤层的倾斜角度引发的重力分力使得顶板岩层容易出现拉应力，进而增加了裂隙的形成和破碎的风险，导致顶板的不稳定性显著上升。在这种情况下，支柱不仅需要抵御外力的作用，还需有效防止向采空区的倾斜，因此常采用支撑式或支撑掩护式支架，以确保提供充足的支持。当煤层的倾斜度超过某一临界值时，为了避免支柱的倾斜，通常需要对支柱进行斜向布置，并加强复位装置，确保支柱与煤壁之间的相对位置保持稳定。此外，为了避免煤壁片帮现象的发生，需适当控制工作面长度，并实施相关的防片帮措施。在移架过程中，面对较大的倾角，可采取小范围多次移架的策略，优先选用大拉力的液压支架，以提高作业的安全性与效率。

与之相比，俯斜工作面的顶板岩层则受到垂直于煤壁方向的分力，这在一定程度上有助于顶板的稳定与连续性。在这种情况下，支架不仅需承担顶板的支撑任务，还需防止破碎矸石的涌入。因此，应根据具体的作业情况选择合适的支撑掩护式或掩护式支架，确保掩护梁具有良好的防护性能及足够的承载能力。为了避免顶板岩石掉落时对掩护梁造成冲击，可通过增加顶梁的后臂长度来提升其稳定性。在移架时，为防止支架的倾倒，需严格控制降架的高度，并采取相应措施，如收缩平衡千斤顶，拱起顶梁尾部，以实现有效的带压擦顶移架。

（二）采煤工艺特征

在煤炭开采的复杂过程中，煤层的倾角是影响采煤工艺的重要因素，特别体现在仰斜开采和俯斜开采这两种不同方式上。

仰斜开采的工艺特征主要表现在其对自然水流的良好利用，这种情况能够有效排除工作面上的积水，显著改善作业环境和劳动条件。水流的自然排空减少了机械设备受潮的风险，有助于提高煤炭的装卸效率。然而，当煤层的倾角超过 10°时，采煤机和输送机的工作稳定性就会受到影响，特别是采煤机在截煤时可能因为自重的作用而偏离煤壁，导致截深的减少；与此同时，输送机在输送过程中，煤块容易滚向下侧，增加了断链的风险。为了应对这些潜在问题，矿区通常会采取一系列有效措施，比如控制截深、选用中心链式输送机、增设三脚架调平输送机以及强化采煤机的导向定位装置等。此外，若煤层中夹杂较多矸石，采煤机的滚筒就可能因反弹力而产生震动，进一步加剧导向管的磨损。当煤层倾角超过 17°时，采煤机的翻倒风险显著增加，因此在工作面设计和布置上需要进行相应的调整，以确保安全和效率。

与仰斜开采不同，俯斜开采的工艺特点则较为复杂。随着煤层倾角的加大，采煤机和输送机的事故发生率会显著上升，装煤率也随之降低。俯斜开采的一个主要问题在于采煤机的重心偏向滚筒，这会导致机组的不稳定性增加，从而可能引发掉道或断牵引链的事故，严重时甚至导致导向装置的严重磨损。为了解决这些问题，矿区往往会采取提高滚筒滑靴高度等措施，以增强采煤机的稳定性。俯斜开采中最具挑战性的方面是装煤的困难。为了提高装煤率，矿区可以通过调整采煤机滚筒的旋转方向、改变螺旋叶的升角，以及使用弧形挡煤板等手段来提升装煤效率。同时，适当降低割煤速度也是减轻采煤机负荷的一种有效方法。当煤层的倾角超过 22°时，采煤机可能出现下滑现象，导致滚筒深入煤壁，严重影响煤块的顺利装入输送机。对此，矿区可通过调整输送机的倾斜度，使其保持在 13°～15°，以及在采煤机割底煤时采用卧底方式，从而形成台阶状的底板，以确保采煤机的正常运行。

二、倾斜长壁采煤工艺的优势

倾斜长壁采煤工艺在适宜的地质条件下表现出显著的优势，特别是在巷道布置、运输系统、采煤效率、通风、地质适应性和技术经济等方面，较走向长壁采煤工艺更为突出。

第一，倾斜长壁采煤工艺在巷道布置上具有更加简化的设计理念。这种简化不仅有效降低了巷道掘进和维护的成本，而且显著缩短了准备时间和投产周期。通过优化巷道设计，减少了采区上下山的准备巷道工程量，从而使得整体工程量减少。一旦井底车场和必要的水平大巷工程完工，采煤工作面便能够迅速投入生产，这样的高效率为矿区的快速发展奠定了基础。

第二，在运输系统方面，倾斜长壁采煤工艺的设计同样体现了简约化的优点。煤炭通过分带运输斜巷和煤仓直接运达运输大巷，运输环节的减少使得整个系统更加高效，设备投入和运输费用得以显著降低。这样的优化不仅提升了运输效率，还有效降低了运营成本，为整体经济效益提供了有力支持。

第三，倾斜长壁采煤工艺在工作面回采方面展现了优越的技术条件。由于回采巷道沿煤层掘进且保持固定方向，工作面长度稳定，从而大幅度提高了综合机械化采煤的效率与安全性。这种稳定性使得工作面接续和开采过程更为顺利，降低了因技术问题造成的生产损失。

第四，在通风管理方面，倾斜长壁采煤工艺的设计也展现出其优越性。通风路线的直接性减少了风流方向的转折变化，从而降低了风桥和风门等通风构筑物的需求，降低漏风率并改善通风效果。这对于保障矿工的安全和工作环境的健康具有重要意义。

第五，倾斜长壁采煤工艺对复杂地质条件的适应性极强。在面临倾斜和斜交断层等不利条件时，该工艺通过合理布局可以有效减少断层对开采的影响。当煤层顶板面临较大淋水或需要注浆防火时，采用仰斜开采可以创造更为优良的工作环境。而在瓦斯涌出量较大的情况下，俯斜开采有助于降低工作面瓦斯含量，预防瓦斯积聚，从而提高工作安全性。

第六，从技术经济的角度来看，倾斜长壁采煤工艺在多项关键指标上表现卓越，包括工作面单产、巷道掘进率、煤炭采出率及劳动生产率等。这些指标相较于走向长壁采煤工艺均有显著提升，吨煤成本得到有效控制，进一步增强了该工艺的经济吸引力。因此，倾斜长壁采煤工艺不仅在技术层面展现出优越性，也在经济效益上具备强大的竞争力，显示出其在未来煤矿开采中的广阔应用前景。

三、倾斜长壁采煤工艺的适用性分析

倾斜长壁采煤工艺作为一种高效、灵活的采煤方法，在煤矿开采中得到了广泛应用。其适用条件涉及煤层倾角、断层发育情况、开采深度、顶底板岩石性质及其稳定性、矿井瓦斯涌出量和矿井涌水量等多个方面。

（一）煤层倾角小于 12° 的煤层

在煤炭开采领域，煤层倾角是影响采煤工艺选择的重要因素之一。当煤层倾角小于 12° 时，倾斜长壁采煤工艺展现出显著的优越性，这主要归因于以下方面。

第一，工作面的稳定性得到显著提升，因为较小的倾角减少了工作面推进过程中的阻力，从而降低了对工作面稳定性的不利影响。这种稳定性对于保障连续高效的开采过程至关重要。

第二，设备的适应性也得到优化。在较小的煤层倾角条件下，采煤机、刮板输送机等关键采煤设备能够更加高效和稳定地运行，从而减少了因设备故障引发的维修成本和停机时间。

第三，安全生产环境因倾角的减小而得到改善。较小的煤层倾角有助于减少顶板冒落和煤壁片帮等安全隐患，这些是煤矿生产中常见的安全问题。通过降低这些风险，可以为矿工创造一个更加安全的作业环境。

（二）12°～17° 煤层的技术措施

在煤层倾角介于 12°～17° 的条件下，倾斜长壁采煤工艺的实施确实面临一定挑战，但通过实施特定的技术策略，可以有效地克服这些困难，实现煤层的高效开采。这些策略涉及对采煤设备的加固，以增强其在倾斜环境下的稳定性和抗倾覆能力。具体而言，通过加固采煤工作面的关键设备，可以确保其在煤层倾斜条件下的可靠运行，从而降低设备故障的风险。

对支护系统进行优化也是确保工作面稳定性的关键。采用更为稳固的支护技术，例如液压支架，可以显著提高工作面的承载能力和抗变形能力，从而为采煤作业提供更加安全的环境。这种优化不仅提升了作业安全性，还有助于提高采煤效率。

根据煤层倾角的具体变化，对采煤工艺参数进行调整也是必要的。这包括但不限于推进速度和截割深度的调整，这些参数的优化可以使得采煤工艺更加适应倾斜煤层的开采条件。通过这些调整，可以确保采煤过程的连续性和稳定性，同时减少对资源的浪费。

（三）倾斜或斜交断层发育的煤层

在倾斜或斜交断层较为发育的煤层中，倾斜长壁采煤工艺的实施需采取特定的技术策略以确保开采的安全性与效率。通过对煤层进行细致的区域划分，可以依据断层的分布和走向，将煤层划分为若干个相对规则的带区。这种划分有助于在每个带区内有效地实施倾斜长壁采煤工艺，从而提高资源的开采效率。

在断层发育复杂、难以形成规则带区的条件下，采用伪斜长壁采煤工艺成为一种可行的解决方案。该工艺通过使工作面与煤层走向呈一定夹角布置，以适应断层的走向变化，从而实现对复杂地质条件下煤层的有效开采。

在开采过程中，根据断层的变化情况灵活调整工作面的布置和推进方向是确保开采连续性和高效性的关键。这种灵活调整能够应对地质条件的不确定性，保证开采过程的稳定性和安全性。

通过实施区域划分、伪斜布置及灵活调整等策略，倾斜长壁采煤工艺能够在倾斜或斜交断层发育的煤层中实现安全高效的开采。这些策略的实施不仅提升了开采的适应性，还有助于优化资源的利用效率，对于复杂地质条件下的煤层开采具有重要的参考价值。

（四）不同开采深度和地质条件的适应性

倾斜长壁采煤工艺在面对不同开采深度和复杂地质条件时，展现出了显著的适应性和灵活性。随着开采深度的增加，地压的增大对工作面的稳定性提出了更高的要求。然而，通过实施合理的支护措施和工艺参数的调整，该工艺能够有效地维持工作面的稳定性，从而保证在深部开采条件下的安全和效率。

针对顶底板岩石性质的差异，倾斜长壁采煤工艺能够根据岩石的具体特性选择适宜的支护方式和开采参数。这种适应性使得该工艺能够在不同岩石性质的条件下均实现安全高效的开采，无论是面对坚硬岩石还是软弱岩石，均能采取相应的措施以确保开采过程的稳定性和安全性。

在矿井瓦斯涌出量管理方面，倾斜长壁采煤工艺通过加强通风管理和优化工作面布置，能够有效控制瓦斯的涌出量，从而降低瓦斯积聚带来的安全风险。这一措施对于预防瓦斯爆炸等重大安全事故具有重要意义，确保了矿井作业环境的安全。

对于矿井涌水量较大的情况，倾斜长壁采煤工艺通过完善排水系统和加强水文地质监测，能够确保开采过程中的排水安全。这些措施有助于及时排除积水，防止水害事故的发生，保障了矿井的安全生产。

第四节 急倾斜煤层采煤工艺

急倾斜煤层采煤工艺是针对倾角较大的煤层所采取的一种特殊采煤技术。通常，将倾角在 45°以上的煤层称为急倾斜煤层，这类煤层的开采条件复杂，开采难度较大，对采煤技术和设备要求较高。急倾斜煤层在我国分布广泛，受构造运动的强烈影响，断层和褶曲多，煤层厚度变化大，煤层的赋存条件差、储量少，造成开采困难和生产能力小等特点。急倾斜煤层产状复杂，围岩的完整性和稳定性遭到破坏。使得急倾斜煤层采煤方法与其他采煤方法有着很大的差异。

一、急倾斜煤层开采的特征

（一）复杂的地质构造与开采挑战

在矿井开采的背景下，地质构造的复杂性与开采的困难程度形成了鲜明对比。煤层的急倾斜状态并非偶然，而是在漫长的地质历史中经历了多次剧烈变动，导致岩层在构造应力的作用下出现了明显的变形与破坏。这种情况使得急倾斜煤层常伴随断层和褶曲的高度发育，致使煤层的倾角和厚度呈现出显著的变化。此外，煤层与岩层之间节理的发育，使得开采过程中极易发生坍塌现象。因此，急倾斜煤层的开采条件普遍堪忧，储量相对稀少，开采难度大，往往只能依赖于中小型矿井进行生产，进一步限制了其生产能力的提升。

（二）生产中的安全隐患

在急倾斜煤层的开采过程中，煤层的高倾角对作业环境和安全条件产生了深远影响。首先，作业面上破落的煤块和矸石因重力作用不断向下滑动，虽然这一现象在某种程度上便利了装运，降低了工人的体力消耗，但却伴随而来的是严重的安全隐患。这些滑动的煤块和矸石具备较大的动能，若撞击到工作面支柱，可能导致支柱的不稳或倾倒，直接影响顶板的安全性。支柱作为顶板的主要支撑结构，其稳定性至关重要，一旦遭到破坏，将对作业人员的生命安全构成重大威胁，甚至引发顶板垮塌等更为严重的事故。此外，下滑的煤块和矸石对作业人员也存在直接的伤害风险，严重时可导致人员受伤。因此，在急倾斜煤层的开采过程中，需高度重视这些安全隐患，以确保作业的安全和顺利进行。

（三）主要工序的操作难度

矿井所处的地质环境颇为复杂，其开采作业面临着极大的挑战，且生产能力相对有限。这是由于煤层从原本的水平状态转变为急倾斜状态，这一过程历经了地质历史长河中无数次剧烈的地壳变动。在这些构造应力的持续作用下，含煤岩层遭受了显著的形变乃至破损。一般而言，这样的地质变迁导致急倾斜煤层中的断层与褶曲构造频繁出现，煤层的倾角与厚度展现出极大的变化幅度，煤层与周围岩层的节理变得异常发育，极易发生垮塌。正因如此，急倾斜煤层的开采环境普遍不佳，资源储量有限，开采作业困难重重，进而使得矿井的整体生产能力受到了严重制约。大多数开采急倾斜煤层的矿井，都不得不维持在中、小规模的运营状态。

（四）支柱稳定性问题

在急倾斜煤层的开采过程中，顶板压力的分力分布呈现出独特的特点。与缓斜煤层相比，急倾斜煤层的顶板压力在垂直方向上的分力较小，而沿倾斜方向上的分力则显著增大。这种分力的不均匀分布使得煤层的顶底板更容易沿着倾斜方向发生滑动或垮落，从而导致支柱的稳定性降低，增加了破煤及支柱工作的复杂程度。

随着采空区的形成，垮落的矸石会自然向下滑动，进而部分填充下部空间，从而为顶底板提供了一定的支撑作用。然而，在正常开采的初始阶段，若顶板尚未得到足够的矸石填充，或者岩层过于坚硬以至于无法及时垮落，那么顶板在初次垮落前通常不会出现明显的位移或下沉。这种现象会在悬露面积达到临界点后突然转变，增加了垮顶事故的风险。因此，对急倾斜煤层的开采与支护措施需特别关注，以确保作业安全。

（五）近距离煤层群相互影响

在急倾斜煤层的开采过程中，顶板压力的分力分布呈现出独特的特点。与缓斜煤层相比，急倾斜煤层的顶板压力在垂直方向上的分力较小，而沿倾斜方向上的分力则显著增大。这种分力的不均匀分布使得煤层的顶底板更容易沿着倾斜方向发生滑动或垮落，从而导致支柱的稳定性降低，增加了破煤及支柱工作的复杂程度。

随着采空区的形成，垮落的矸石会自然向下滑动，进而部分填充下部空间，从而为顶底板提供了一定的支撑作用。然而，在正常开采的初始阶段，若顶板尚未得到足够的矸石填充，或者岩层过于坚硬以至于无法及时垮落，那么顶板在初次垮落前通常不会出现明显的位移或下沉。这种现象会在悬露面积达到临界点后突然转变，增加了垮顶事故的风险。因此，对急倾斜煤层的开采与支护措施需特别关注，以确保作业安全。

（六）下部采空区产生局部填充

在急倾斜煤层的开采过程中，由于煤层倾角超出了岩石的自然安息角，采空区的垮落现象导致矸石从上部向下部滑落，这一过程在下部采空区形成了局部的充填效应。因此，在急倾斜煤层的开采时，其垮落带、裂隙带及下沉带的分布特点与缓斜和倾斜煤层存在显著差异。此外，由于急倾斜煤层的特殊地质条件，单纯使用水平投影图难以全面表达其开采状态，因此，工程图纸通常采用立面投影图、水平切面图和剖面图来更为准确地反映开采情况。

二、伪斜柔性掩护支架采煤工艺

（一）掩护支架结构

掩护支架结构在煤矿开采中扮演着维护工作面安全的重要角色。平板型掩护支架是这一领域较早期的设计，其结构简洁，由直钢梁与钢丝绳构成。钢梁的长度应比煤层厚度短 0.2～0.4 m，以保证其有效支撑煤层。钢梁的排列密度需依煤层厚度的不同进行调整，以达到最佳支撑效果。对于不同厚度的煤层，钢梁的密度和材料的选择都应有所不同，以满足安全和运输的要求。在具体应用时，钢梁应垂直于煤层布置，并保持适当的间距，形成柔性支撑。钢丝绳的数量与架宽相符，并需进行合理的封口处理，确保结构的稳定性。交替铺设的材料不仅起到支撑作用，也防止了漏矸现象的发生，这一系列设计旨在提升煤矿开采的安全性与效率。

（二）伪斜柔性掩护支架采煤工艺流程

伪斜柔性掩护支架采煤法的采煤工作包括安装掩护支架、正常破煤、下放掩护支架和掩护支架拆除，可分为三个工作阶段。

1. 伪斜柔性掩护支架采煤工艺准备阶段

在准备阶段，工作重点是扩巷、挖地沟以及安装掩护支架。首先，需要将回风平巷扩展到煤层顶底板，并从开切眼外缘 5 m 处开始挖掘梯形地沟。当煤厚度在 1.3～3.0 m 时，地沟深度应达到 0.8 m；而当煤厚度超过 3.0 m 时，地沟深度则不应低于 1 m。完成扩巷和地沟的挖掘后，便可进行掩护支架的安装。

安装支架时，首根支架应从距离开切眼 3～5 m 的位置开始，需确保一端紧贴顶板，垫高应为 0.2～0.4 m，使钢梁与水平方向成 3°～5° 的角度，以利于支架与钢丝绳的连接，从而实现顺利下放。在完成支架、钢丝绳及方木的固定后，应在支架上铺设竹笆。在向前推进 15 m 后，应拆除回风平巷的支架，确保上方有 2～3 m 厚的垫层，以防止在开采过程中上部岩石的垮落损坏支架。

若垫层厚度低于煤层厚度的两倍，应采用爆破手段进行强制获取。为防止支架在下放过程中出现褶皱或变形，需保持煤矸的垮落点与伪斜工作面拐点之间的距离始终大于 5 m。当掩护支架的水平长度达到 15 m 后，即可调放支架，利用开切眼进行下放。在开切眼中进行打眼爆破，使支架尾端逐步调斜下放，与水平面成 30°～35° 角，并确保在伪斜工作面中每根支架始终垂直于煤层顶底板。

2. 伪斜柔性掩护支架采煤工艺正常采煤阶段

在正常的采煤作业中，掩护支架的布置和管理是保障安全与效率的核心环节。在这一阶段，掩护支架的稳定性直接影响到工作的顺利进行，因此，工作面及回风平巷中支架的合理铺设至关重要。破煤作业通常采用爆破或风镐的方式进行，其中爆破的有效性取决于炮眼的布置，需结合架宽与煤层硬度进行精确计算，以达到最佳的破煤效果。支架的下放与拆除同样需要谨慎操作，以确保工作面的稳定性与支架的安全性。在采煤过程中，需不断适时调整掩护支架的位置，并且在拆架时，务必确保周围环境的安全，避免因支架拆除引发的事故。综上所述，掩护支架的管理与操作是整个采煤流程中不可忽视的重要环节，影响着资源的开采效率与安全性。

3. 伪斜柔性掩护支架采煤工艺收尾阶段

在伪斜柔性掩护支架的工作面接近停采线时，需在停采线前方进行收尾工作，掘进两条收尾眼，彼此相隔 8～10 m，并通过联络巷进行连接。当支架铺设至收尾眼位置时，应停止继续铺架。此时，利用收尾眼逐步下放支架前端，以降低工作面伪斜角度，并拆除多余的支架部分，使支架达到回架处的水平状态。在拆除过程中，需确保支架落平部分与区段运输平巷保持至少 3 个溜煤眼的通畅，以满足通风、人员通行及拆架要求，但不得超过 5 个溜煤眼，以防止过大压力导致拆除困难。

（三）支架结构的改进

在煤矿开采过程中，支架结构的不断改进是提升采煤效率和安全性的关键。为了适应不同地质条件及采矿技术的需求，矿井研究人员结合实际情况，创新性地发展了多种支架结构，以实现更高效的煤层开采。

1. 多根钢梁组合支架

对于厚度超过 4 m 的煤层，采用多根钢梁组合的平板形支架显得尤为重要。这种支架通过对接或搭接多根钢梁形成，其规格多样，能够满足煤层倾角大于 60° 且厚度在 3.8～5.5 m 的条件。随着技术的进步，现今的支架设计已可支撑厚度超过 8 m 的煤层，有效拓宽了开采的深度和范围。

2. "八"字形支架

在煤层厚度为 1.1～3.0 m 的情况下，因下地沟断面小及操作不便，采用"八"字形支架成为最佳选择。这种结构不仅增加了工作空间的高度，还能适应倾角超过 60°的地质条件，确保在狭小空间内仍能进行有效作业。其多样的规格也使其在不同的煤层中具备良好的适应性。

3."＜"形支架

当煤层倾角低于 60°时，"＜"形支架的设计能够显著提升工作空间的利用率，便于作业人员操作。这种支架的设计需考虑肢长比及肢间夹角，确保支架在不同倾角下的稳定性和滑移性能。适当的肢长比与支架跨度设计，对于降低"啃底"现象、提高采煤效率至关重要。

4. 单腿支撑式支架

在 45°～60°倾角的煤层中，单腿支撑式支架展现出优异的下放性能。这种支架通过在关键位置设置支撑柱，不仅能保证结构稳定，还能有效防止支架切入底板，确保作业安全。该设计适合于 1.45 m 以上的煤层，显示了灵活应对不同地质条件的能力。

5."7"字形支架

在厚度小于 1.3 m 的急倾斜煤层中，"7"字形钢梁木混合结构支架提供了一种新颖的解决方案。其独特的结构设计使其在开采过程中能够有效保持与底板的接触，防止支架失稳或撬脚现象的发生。这一创新不仅保证了安全，也提高了煤层的开采率。

（四）巷道布置的改进

为了提高煤矿采区的整体生产效率，降低支架安装与拆除频次，以及减少由于区段隔离煤柱造成的资源浪费，优化巷道布置显得尤为重要。此种优化策略主要包括增加区段的高度和延长工作面的长度，同时引入伪倾斜上山或溜煤眼以实现分段工作面。

在上下区段的连续工作中，安装刮板输送机以便高效运输煤炭，将上下工作面的运作联系起来，是一种行之有效的方案。为保障运输流畅，上区段可设置 10～15 m 的临时放平巷段，或通过对接上下工作面，使煤炭能够顺利通过下区段的输送系统排出。

通过提高区段的高度和工作面倾斜长度，可实施长工作面的分段连续推进方式，进一步增强巷道的灵活性。此外，采用沿煤层底板的垂直掘进方式来设置溜煤眼，不仅可以科学地规划分段工作面的长度，还可以根据实际情况计算溜煤眼之间的最佳间距，确保资源的高效利用。

在伪倾斜溜煤眼斜巷的设计中，建议在斜巷上口设立直眼，并在下部掘出溜煤眼和人行眼，确保高度与护巷煤柱相匹配，间距控制在 8～10 m 之内。通过这样合理的设计，伪斜溜煤巷的一侧用于溜槽运输，另一侧则确保通风与行人的通行，提高整体工作环境的安全性和舒适性。

当区段高度较大时，单一采用真倾斜溜煤直眼或伪斜溜煤斜巷，可能导致掘进和维护的困难，因此，两者的结合使用将更为有效。合理控制真倾斜溜煤直眼的间距，避免分段工作面超出设定长度，确保整个采区的作业规范与效率。基于上述设计原则，能够精确计算出各项工作所需的参数，为采矿作业提供强有力的技术支持，从而最终实现高效、安全的煤炭开采。

（五）主要故障及其处理措施

1. 支架下放时产生扭斜的故障

（1）产生故障的原因。在分段开采过程中，因采深不一致或开采速度协调性不足，导致支架在下放时出现扭斜现象。此外，如果在铺架时支架未能紧固，或因多次下放造成钢丝绳反复受拉，连接钢梁的螺栓与绳卡可能会松动，进而导致部分支架发生位移，造成扭斜。

（2）预防措施。首先，应加强支架安装的质量管理，定期对工作面支架的连接件进行检查，确保螺丝帽紧固到位。若发现支架已出现扭斜，应立即使用点柱支撑，逐步调整，恢复其正常状态。同时，若有支架部分脱离钢丝绳，应及时用短钢丝绳将其两端用多个绳卡牢固固定在主钢丝绳上，以防进一步位移。

2. 支架切入顶底板的故障

（1）产生故障的原因。在爆破作业中，若炮眼布置不当、装药量过大，可能导致崩坏的地沟和底板一侧煤帮，进而使支架失去支撑而向一侧倾斜，逐渐切入顶板或底板。此外，煤层变薄而卡住支架，也会导致支架切入顶板；若底板一侧的煤炭未采净，则会造成类似问题。

（2）处理方法。及时清除顶板或底板局部的岩石，加大支架切入端的下放距离，使其逐步恢复到正常状态，确保支架的稳定性和安全性。

3. 窜矸的故障

（1）产生故障的原因。当工作面顶底板破碎，或煤层增厚、煤质松软时，支架顶部与顶板间可能会出现空隙，导致支架上部的顶板侧采空区的矸石大量窜入。此外，爆破作业若因炮眼布置不当、装药量过大，也会造成类似的窜矸现象。

（2）处理方法。应及时使用斜撑支住支架，并用方木、木板或笆片构建假顶，堵塞孔洞，以防止矸石继续漏入，确保工作面安全。

4. 支架悬空的故障

（1）产生故障的原因。随着煤层的增厚和煤质的软化，顶底煤片可能发生帮落，造成支架失去支撑而悬空，影响整个支架的稳定性。

（2）处理方法。应利用立柱和撑木支柱，在顶底板的空间内，逐步将支架下放至正常位置，确保其安全有效地支撑起工作面。

5. 断绳的故障

（1）产生故障的原因。操作不当及管理缺失，往往导致支架在下放时发生扭斜、褶皱，使得钢丝绳承受过大张力。绳卡若松动或脱落，亦会造成支架扭斜，导致受力不均，增加断绳的风险。

（2）处理方法。一旦发生断绳，应立即停止采煤，迅速用适当长度的短钢丝绳和足够数量的绳卡将断脱两端连接。生产过程中，应定期检查绳卡和螺栓是否紧固，发现严重锈蚀或断丝超标的钢丝绳必须及时更换，同时确保整个工作面的采深保持一致，以降低故障发生的可能性。

（六）过断层、旧巷的策略

1. 支架过断层或煤层变化区域

在煤矿开采过程中，面对断层或煤层变化区域，支架的适当调整与部署至关重要。当断层断距超过 1 m，导致煤层完全断脱时，情况较为复杂，为确保作业安全与效率，通常需采取撤架措施，并重新铺设掩护支架，以适应新的地质条件。这一步骤需谨慎执行，确保新支架稳固可靠，能够有效支撑顶板，防止塌方事故发生。

相反，若断层断距小于 1 m，且褶曲、煤厚变化相对平缓，可采取更为灵活的调整策略。通过适当挑顶、破底作业，即局部削除顶板或底板岩石，利用留存的顶煤或底煤，调整支架的仰角或俯角。这一过程往往需要多次精细调整，直至支架能够恢复并保持于正常位置，确保开采作业的稳定性和安全性。

2. 支架穿越旧巷

当支架需要穿越旧巷时，需采取一系列综合措施以确保安全通过。首先，可在支架间增设立柱和斜撑，用以支撑悬空支架和破碎顶板，增强整体结构的稳定性。同时，对旧巷中已损坏的支架进行及时撤除，避免其成为安全隐患。在此基础上，利用煤矸等废弃物填满旧巷底板空隙，形成一层坚实的架底，为支架的顺利通过提供稳固的基础。这一过程中，需特别注意加强顶板管理，通过增加支护强度、定期检查顶板状况等手段，确保顶板安全无虞。

三、伪斜短壁采煤工艺

伪斜短壁采煤工艺在提高资源回收率和确保作业安全方面展现了显著的优势。该工艺通过风镐进行破煤，将煤炭存储于伪斜小巷的溜煤槽内，并设置挡煤板以保护作业人员免受煤流伤害。随着煤的堆积，当达到一定高度后，挡煤板被逐步去掉，实现自溜放煤。采用胶皮挡板引导煤流，进一步避免了大块煤和矸石对支柱及人员的潜在危害。

在支柱使用上，该工艺应用单体液压支柱，依据顶底板的岩性和工作面涌水量等因素，将排柱距控制在 0.8～1.0 m，以保证支柱具有充足的初撑力。在撤回工作面支柱之前，先设置人工假顶支柱和加强支柱，铺设竹笆，并在顶板一侧挖掘矸石垫层，随后按照矸石的堆积斜面进行支柱的回撤。这一系列措施不仅提升了作业的安全性，还有效防止了"死柱"现象的发生。

该工艺在采煤作业中实现了日循环三次，循环进度为 0.9 m，日推进 2.7 m，采空区采用全部垮落法处理，控顶距保持在 1.8～4.5 m。管理顶板的方式结合了局部充填法的特点，通过煤壁整体伪斜支承顶板压力的稳定传递，缩短了工作面真倾斜方向的控顶范围，降低了顶底板滑动的可能性，从而改善了顶底板的受力状态，增强了顶板的稳定性，减小了顶板压力，降低了周期性来压现象，提高了工作面的安全性和可靠性。

此外，该工艺的瓦斯积聚风险相对较低，为采空区的瓦斯抽采创造了有利条件。由于工作面浮煤量较少，显著降低了顶板垮落、采空区煤层自然发火及瓦斯、煤尘爆炸的风险。此外，伪斜短壁采煤工艺对煤层的厚度、倾角变化及瓦斯涌出量等地质条件展现了良好的适应性，巷道布置简便，掘进率低，且避免了煤块掉入采空区，提高了资源的回收效率。

尽管如此，该工艺在短壁工作面数量多、溜煤相互干扰、伪斜小巷断面偏小、产尘量大、片帮及滑底事故的控制等方面仍有改进的空间。破煤的方法及支护设备亟待优化，特别是在面临煤层厚度、倾角变化及小型地质构造时，该工艺的应用效果可能受到限制，尤其在煤层厚度低于 2.4 m 且工作面涌水量小于每小时 5 m³ 的急倾斜煤层，使用伪斜柔性掩护支架采煤法的场合则需谨慎选择。

通过持续的技术创新与改进，伪斜短壁采煤工艺在未来有望实现更高的安全性与效率，从而为煤炭开采行业带来更为理想的发展前景。整体而言，这一工艺的进步将进一步推动煤炭行业的现代化，提高煤炭资源的合理利用和经济效益，为行业的可持续发展奠定坚实基础。

四、俯伪斜走向长壁采煤工艺

在煤矿开采中，俯伪斜走向长壁采煤工艺是一种重要的技术方案，尤其在处理特定倾角的煤层时，展现了其独特的效果。此工艺的核心在于工作面的伪斜布置，能够有效提高顶底板的稳定性，从而为安全生产创造更为有利的条件。通过合理安排密集支柱，这种工艺不仅减少了煤矸石的下滑速度，降低了支架被冲倒和人员受伤的风险，还改善了整体的作业环境。

在支护手段的选择上，采用爆破破煤的方式，以及单体液压支柱和铰接顶梁的组合，这些都确保了工作面的有效支撑。密集支柱的设计，使得每排支柱间距合理分布，有效切顶的同时，还能形成自然充填带，延缓顶板压力的传递，进而减少了支柱的损耗和维护工作。这种设计不仅提高了煤炭的回收率，也在一定程度上防止了煤层的自然发火。

对于采空区的管理，全面垮落法的应用确保了采空区的稳定性。通过对悬顶区域的人工强制放顶，或者利用已采空区域的矸石进行填充，工艺在维护区域稳定性方面起到了关键作用。分段密集支柱的设置，综合考虑了多种因素，如顶板性质和瓦斯涌出量，确保了合理的顶板压力分布，这对于保障工作面的安全至关重要。

在工作面收尾阶段，通风、运输和人员的安全是重中之重。通过加强收尾眼的维护和设置保安煤柱，确保了作业的畅通与安全。尽管俯伪斜走向长壁采煤工艺在多个方面展现出优势，但仍然存在一些不足之处，如支柱的工作量较大和分段密集下方的通风问题。这些问题可能导致瓦斯积聚，影响作业安全。

俯伪斜走向长壁采煤工艺在特定的地质条件下表现出极大的潜力，尤其适用于 40°～75° 倾角的煤层，特别是那些中等稳定且易片帮的低瓦斯煤层。这一工艺不仅提升了煤炭的开采效率，同时也为矿工的安全提供了保障。在复杂地质条件下，俯伪斜走向长壁采煤工艺的应用，使得煤层开采的效果更加显著，值得在实践中进一步探索和优化。

五、倒台阶采煤工艺

（一）倒台阶全部垮落法采煤工艺

倒台阶工作面是煤矿开采中一种常见的作业方式，通常采用风镐破煤。每个台阶配置一台风镐，由 1～2 名工人协同进行破煤和支柱作业。这种工作方式以其相对简单的操作和较高的煤炭回收率，在一定程度上被煤矿工作者所青睐。

在倒台阶作业中，通常采用"两采一准"的循环作业方式，每天完成一个循环，循环进度在 1.8～2.0 m。台阶长度的设计通常遵循每班能够采、支一排支柱的进度来进行合理确定。为了确保作业的安全性和有效性，工作面通常采用木支柱进行支护。支柱的作用不仅在于防止顶底板岩石的坍塌和滑动，还需为工人提供安全的操作平台，同时承受煤块和岩块的冲击与挤压。因此，支柱的支设必须稳固可靠。

在支护设计上，支柱应保持 3°～5° 的迎山角，以有效抵抗顶板的下滑。如果底板条件较差，存在滑动或坍塌的风险，则需要设立底梁并垫设方木。此外，若顶底板坚固，则可采用点柱支护。为了确保支架的稳定性，支柱的布置应采取"梁两柱"或"梁三柱"的形式，柱距通常为 0.8～1.0 m，常用 0.9 m。

为降低采煤作业中可能造成的安全隐患，需在工作面适当位置设置溜煤板，以防止煤块砸伤工人，并减少煤炭资源的损失。阶檐处应配备背板，以保障阶檐煤壁的稳定，避免意外坍塌带来的伤害。工人破煤的作业地点也需设置脚手板，以确保作业的安全。当工作面承受的压力较大时，上下出口处必须设置丛柱或密集支柱，以确保安全出口畅通无阻。

倒台阶工作面的安全设施，如安全脚手板、护身板和溜煤板，统称为"三板"，这些都是确保安全生产的重要技术措施。尽管如此，倒台阶全部垮落法在采空区的处理上仍存在一些挑战。在进行全部垮落法作业时，工作面控顶距以上部台阶面一般不超过4～5排支柱。若工作面过长、台阶过多，势必会导致下部台阶控顶距的增加。为此，可以采用分台阶错茬放顶的方法，即上下台阶的密集支柱错开两排，使新旧支柱相互连接，从而确保所有台阶都保持在5～7排支柱控顶的安全范围内。

该工艺在煤矿开采中的应用，展现出独特的优势。其巷道布置简单，采区生产系统设计可靠，有助于降低工程的复杂性，提高系统的稳定性。此外，该工艺对于地质条件的适应性较强，在多变的地质环境中，能够保持相对稳定的开采效率。同时，由于掘进率较低，煤炭回收率相对较高，有助于提高资源的利用效率。

倒台阶全部垮落法采煤工艺的不足之处也同样明显。首先，依赖人工进行破煤和支柱的作业，使得工人的劳动强度加大，劳动生产率相对较低。其次，工作面采用木支柱进行支护，导致坑木消耗量高，从而增加了材料成本。此外，台阶上隅角容易积聚瓦斯，工人需要在高空作业，这些都在一定程度上降低了工作的安全性。同时，对于支柱的操作技术要求较高，这限制了采煤机械化的实现，影响了采煤效率和安全性的提升。

（二）倒台阶矸石充填法采煤工艺

倒台阶矸石充填法采煤工艺在提升煤层开采效率与安全性方面的作用不可小觑。该工艺通过同步进行矸石充填，有效改善了顶底板的管理，增强了开采过程的安全性。在煤层开采中，矸石充填不仅可以降低采区的压力，减少坑木的消耗，还能消除煤层自然发火的隐患，从而提高煤炭的回收率。这种方法在井下直接处理掘进矸石，简化了矸石的运输环节，体现了资源利用的高效性。

与此同时，倒台阶矸石充填法的应用显著提升了工作面单产，相较于传统的垮落法，其生产效率更高。然而，该工艺的实施并非没有挑战。新增的采矸、运矸设备及其系统，使得生产环节的复杂度增加，导致所需用工人数上升，从而推动了生产成本的提升。此外，由于台阶工作面较短且台阶数目较多，造成采煤工效相对较低。在通风方面，台阶上隅角的通风困难，容易积聚瓦斯，这也是亟需解决的技术难题。

倒台阶矸石充填法尤其适用于层间距小于 3～5 m 的急倾斜近距离煤层的开采，尤其是在自然发火风险高且需保护地表的条件下，这一工艺的优势愈加明显。通过提高资源回收率与保护地表环境，该工艺有效减少了对地表的破坏。在综合考虑其优缺点后，可以得出结论：在特定条件下，倒台阶矸石充填法采煤工艺无疑是一种有效的煤层开采方式，对于提升煤炭资源的开采效率与安全性提供了重要参考。

第五节　特殊条件下的煤层采煤工艺

一、薄煤层机械化采煤工艺

（一）薄煤层滚筒采煤机采煤

在薄煤层的开采过程中，采煤机械的选择直接关系到生产效率和安全性。因此，针对薄煤层的特性，采煤机的设计需要兼顾多方面的要求，以确保在复杂的作业环境中能够高效、稳定地运行。

第一，薄煤层采煤机的高度设计。由于薄煤层的特性，采煤机必须具备较低的机身高度，以便在狭窄的煤层空间内灵活作业。设计师需综合考虑机身高度与机身强度，确保机器在低矮煤层中的稳定性和操作的灵活性。同时，机身的结构必须足够紧凑，能够适应煤层的不规则变化，这样才能保证在煤层波动时不影响正常采煤。

第二，采煤机的功率。面对采煤过程中的各种阻力，采煤机需要具备足够的功率来保证其顺利运行。一般来说，薄煤层采煤机的功率需维持在100～200千瓦，这样的设计能在保证机器性能的同时，控制能耗，提高经济效益。

第三，薄煤层采煤机主要分为骑输送机式和爬底板式。骑输送机式采煤机的设计依赖于输送机机槽进行支撑，这种设计适用于厚度超过 0.8～0.9 m 的煤层。此类机器在设计上需考虑电动机的功率与机身高度，以确保在有限空间内有效运作。而爬底板式采煤机则专为较薄的煤层（如 0.6～0.8 m）设计，其低矮的机身不仅能提升过煤空间，还能增强通风效果和工作安全性。

第四，滚筒的设计。薄煤层采煤机的转向设计一般为正向对滚，左右滚筒的螺旋叶片配置旨在提升装煤效率，防止在工作时摇臂挡煤的问题。此外，爬底板式采煤机通过前后滚筒的合理分工，前滚筒负责割底煤，后滚筒则割顶煤，这种配置进一步优化了工作效率。

第五，矿压管理。由于薄煤层的矿压表现较为温和，支架的工作阻力和初撑力相对较低，因此支架的设计需确保在最低状态下，顶梁下留有足够的空间供人员通行。同时，支架的调高范围也需设计合理，通常要求伸缩比达到 2.5～3.0，以满足不同采高的需求。

第六，在输送机的选择。薄煤层的采面通常采用轻型、边双链、矮机身可弯曲的刮板输送机，这类输送机能够有效适应低矮的采高和空间限制。此外，无论是骑输送机式还是爬底板式采煤机，确保采面的合理控顶距至关重要。合理的控顶距不仅有助于保障工作安全，也能最大限度地提高开采效率。

（二）刨煤机采煤工艺

刨煤机的采煤工艺以其独特的设计与运行模式，展示了高效、安全的采煤解决方案。刨煤机利用装有刨刀的煤刨在工作面上往复运动，通过与工作面输送机的配合，实现对煤体的破碎与装载。这种采煤工艺以其结构简单、维护便捷的优势，成为当今煤矿开采中的重要设备。一般情况下，刨煤机的截深范围在 50～100 mm，主要作用于煤壁的压松区表层，因而在运行中表现出较低的能耗。

由于刨煤机在破碎煤体时产生的块度较大，故而煤粉和煤尘的产生量相对较少，这一特点有效改善了矿工的劳动条件。同时，司机在操作时不需要紧贴机具作业，可以在相对安全的平巷内进行操作，这在一定程度上降低了安全隐患和劳动强度。此外，移架和输送机工人的工作位置也相对固定，使得整体作业流程更加高效。基于这些优势，刨煤机在薄煤层的开采中展现出极高的应用价值。

刨煤机的种类繁多，当前国内外普遍使用的是静力刨，其通过锚链拉力对煤体施加静压力，实现有效的破煤。静力刨的分类包括拖钩刨、滑行刨以及拖钩-滑行刨。其中，拖钩刨在保持稳定性方面表现出色，但因机槽的后让及上下游动，会导致较大的摩擦阻力，从而降低了机械效率。滑行刨则通过滑架支承与导向，消除了掌板的限制，大幅降低了运行阻力，提高了效率，但其结构相对复杂，需加宽机道。而拖钩-滑行刨则兼具两者的优点，通过在输送机机槽下方安装滑板，掌板能够在滑板上滑动，既降低了能耗，也扩大了使用范围。

刨煤机的应用范围广泛，适用于普通采煤工作面与综合采煤工作面，其布置方式与滚筒采煤机类似。刨煤机的生产能力不仅取决于煤刨的刨煤能力，还与刨煤方法紧密相关。具体而言，刨煤能力可以通过相关公式进行计算，而刨煤方法则涉及煤刨运行速度与输送机刮板链速度之间的关系。目前，主要有普通刨煤法、组合刨煤法和超速刨煤法三种方式，其中超速刨煤法的生产能力最为显著。

刨煤机的使用效果受到地质条件的显著影响。其适用范围主要集中在软至中硬以下的脆性煤层，尤其是在节理和裂隙发育的煤层中表现优越。此外，对顶板和底板的稳定性也提出了一定要求，拖钩刨通常要求底板的硬度在中硬以上，而其他类型的刨煤机则能够在较软的底板条件下正常运行。针对采高方面，刨煤机适用于 1.4 m 以下的薄煤层；如采高超过此标准，必须确保煤不粘顶，顶煤能自如垮落。同时，煤层倾角应控制在 15° 以下，超过此范围则需要设置全工作面锚固装置，以确保作业的安全与顺利进行。通过对刨煤机采煤工艺的深入探讨，可以看出其在现代煤矿开采中的不可或缺的地位与价值。

二、大采高综合机械化采煤工艺

在大采高综合机械化采煤工艺中，煤壁的稳定性管理面临着严峻的挑战。该工艺虽然在流程上与传统综采相似，但由于支架的高度和结构特性，使得管理的复杂性大大增加。支架在高支撑状态下，其各个部件之间存在明显的轴向和径向间隙，这在水平煤层中尤为明显，容易导致支架的歪斜、扭转，甚至出现倾倒现象。为了有效防范这些潜在问题，采煤过程中必须采取一系列措施，例如加强对采煤机操作人员的培训，以确保其能够精准掌握煤壁的直线度控制，合理调节支架的高度和采高，并在移架过程中保持顶梁与顶板的稳定接触，避免在移架过程中造成过度的压力。

在实际采煤作业中，煤壁的大面积片帮现象时常发生，尤其是在大采高的综采面。这种情况不仅会导致顶板失去支撑，还可能引发严重的冒顶事故。因此，为了有效应对这一问题，采煤工艺需要特别设计应对措施。例如，可以通过改变工作面推进方向，或者使用木锚杆与薄壁钢管锚杆对煤帮进行加固。此外，采用化学树脂进行煤壁固结的方案也被广泛应用，药包法和注入法均可显著增强煤岩层的粘结强度，进而提升煤壁的整体稳定性。

在大采高综采工作面中，端头管理同样是一项不容忽视的任务。为了优化运输及回风巷的掘进，建议沿底留顶的原则进行，以便端头的有效管理。然而，如果顶煤未能成功留住，则往往需要采用沿顶留底的方式掘进平巷，这种方法可能在工作面端部留下较厚的底煤，导致后续端头管理的困难。为此，合理设定底煤留设原则显得尤为重要，确保支架和输送机的适应性，避免出现倒架、挤架或输送机损坏的风险。此外，加强工作面端头支护和超前支护措施也是必要的，例如可以使用丛柱切顶、挡矸，以及单体液压支柱与铰板顶梁的超前支护。

在大采高综采工作的初期阶段，采高通常设定在 3.5 m，随着工作面的推进，采高会逐步调整至全高。在直接顶初次垮落之前，工作面两端的采高应逐渐增至 3.5 m。此时，严格控制采高的标准十分关键，必须避免留顶煤，以确保支架能够直接支撑在顶板之上。若留有顶煤，支架可能出现空顶现象，这将削弱支架顶部的约束力，导致失稳与倾倒风险的增加。因此，在顶板出现冒顶现象时，必须及时在支架顶部用木料进行接顶，确保背严刹紧，从而有效控制顶板的稳定性。

三、大倾角综合机械化采煤工艺

大倾角综合机械化采煤工艺在缓斜煤层的基础上，面临更多挑战。由于煤层的倾角较大，采煤机、刮板输送机和液压支架的下滑与倾倒问题尤为突出，必须采取特殊措施进行防范与处理。干燥环境中，金属摩擦系数的变化直接影响设备的稳定性，因此在煤层倾角超过 12°时，采煤机需配备防滑装置，以保障安全和生产效率。此外，煤层底板的摩擦系数也受到水分影响，工作面经常进行的降尘作业会进一步降低摩擦力，增加设备滑动风险。因此，倾角在 12°以下的煤层最为理想，能有效避免因自重导致的设备下滑现象。在实际生产中，对于倒架、歪架等问题，可以通过合理的工艺措施进行调整与优化。当倾角超过 12°时，不仅需要防滑装置的配备，还需综合考虑工艺改进，以确保设备的稳定运行和安全生产。

（一）输送机防下滑措施

在煤矿的机械化采煤作业中，确保输送机的稳定性是保障生产效率与作业安全的根本所在。输送机下滑不仅可能导致设备损坏，甚至可能引发煤流堵塞，进而影响工作面的整体作业条件。造成下滑现象的因素多种多样，主要包括煤层的倾斜导致的重力影响、操作不当，以及输送机与转载机的连接不当等。

为了有效遏制输送机下滑的发生，必须采取一系列综合性的技术措施。首先，保持输送机底槽的清洁是重中之重，定期清理堆积的煤和矸石等物料，以降低底链的运行阻力，确保设备能够平稳运转。其次，通过合理调整工作面的伪斜角度，可以有效抵消因煤层倾斜所产生的下滑力，这种调整需依据实际的煤层倾角进行，以达到最佳的稳定效果。

在移动输送机时，严格遵循操作规程至关重要，防止因不当推移而导致的下滑。在一些下滑现象较为严重的区域，采用双向割煤配合单向移输送机的策略，或是从工作面下端开始推移，都是减少下滑风险的有效方法。此外，使用单体液压支柱对机头或机尾进行临时支撑，可以显著增强输送机在推移过程中的稳定性，为安全作业提供保障。

在移动过程中，务必避免同时松开机头和机尾的锚固装置，以防止输送机的意外下滑。一旦移位完成，应立即进行锚固，必要时还应利用单体液压支柱进一步加强锚固，以确保输送机的长期稳定性。特别是在煤层倾角超过18°的工作面，安装防滑千斤顶显得尤为重要，千斤顶应在推移输送机时保持拉紧状态，以有效阻止下滑，并在移架过程中适时松开，待移架完成后再行拉紧。

虽然引入防滑千斤顶可能增加操作流程的复杂性，从而降低移架速度，但在高倾斜煤层作业环境中，这种安全措施是必要且不可或缺的。通过实施这些多方面的技术手段，可以显著降低输送机下滑的风险，进而提升煤矿作业的安全性和经济效益。

（二）液压支架稳定性控制

由于倾角的影响，支架的重力可能导致其在煤层中的侧向移动，甚至发生倾倒现象。随着倾角的增加，支架重力作用线可能超出支架底座的边缘，从而引发更大的倾斜风险。此外，顶板的移动方向及支架前后端下滑的特性差异，也会对支架的稳定性产生负面影响。支架所受力的合力偏心所产生的力矩，是导致倾倒的重要因素之一。

为了确保支架的稳定性，必须采取有效措施。其中，从工作面下部向上移架是基本策略之一，这能有效防止采空区的滚石对支架尾部造成冲击。同时，为了避免新移设支架在初撑阶段因摩擦力不足而下滑，实施间隔移架并保持适当的迎山角显得尤为重要，以此抵消顶板下沉时的水平位移。此外，特别要关注输送机的下滑对支架稳定性的影响，尤其是工作面下端的排头支架稳定性，这是确保中间支架稳定的关键因素之一。

当倾角超过 15°时，液压支架必须采用专门的防倒和防滑措施。设计防滑装置的形式多种多样，靠近上下平巷处设置标准支架作为防滑和锚固的手段，互相连接并起到导向作用。同时，防倒千斤顶能够将支架紧密拉紧，以防止倾倒并在必要时进行扶架。在移架过程中，通常以三架一组互相导向，避免使用拉架—推移输送机千斤顶，确保中间支架撑紧后再逐步移架。支架组的移设顺序应由下向上进行，确保安全稳定。端头支架应水平装设，并配备可靠的锚固装置，以增强整体的支护效果。通过这些措施，可以有效提升液压支架在煤层倾角较大时的稳定性，从而保障安全生产。

（三）煤机防滑措施

在工作面倾角超过 15°时，滚筒采煤机的安全性尤为重要，因此必须配备有效的防滑装置。对于链牵引采煤机而言，除了预防断链和下滑外，它还能在上行割煤过程中提供必要的缠绕力，增强割煤的牵引力。而无链牵引采煤机则配备了可靠的制动器，能够在倾角达到40°～54°的煤层中正常工作，而无需额外的防滑装置。此外，一些轻型采煤机也可能装备简单的防滑杆，以提高操作的安全性。当煤层倾角较小时，尽管不会因重力造成明显的下滑，但仍需警惕大块煤矸或物料在输送机的作用下可能引发的下滑风险，因此，新型采煤机的牵引部分具备下滑闭锁功能，以进一步保障作业安全。

四、"三下一上"采煤工艺

"下采上护"是指在特定地质环境中进行资源开采的一种方式。在此过程中，必须关注上方建筑、交通设施及水体的安全性与稳定性。为确保建筑物和铁路在开采过程中不受影响，需采取一系列有效的保护措施，以尽量降低对周边环境的破坏。同时，在进行水体下的开采时，必须严格控制水源，防止突水事故的发生，确保矿井的安全和可持续发展。因此，这种开采方式不仅要求高效采煤，还需要兼顾环境保护与安全生产。

（一）岩层与地表移动的特征

1. 岩层移动的特征

地下开采会严重扰乱岩体内的应力平衡，导致采空区周围的岩层出现位移和变形。由于不同的地质条件和开采方式，岩层与地表的移动和变形表现各异，其分布与程度也大相径庭。在煤层开采之后，采空区上方的岩层常常出现弯曲下沉、断裂和垮落等现象，而底板岩层则可能鼓起、开裂或滑动，同时采空区周边的煤壁也会遭受压出和片帮等损害。

采煤过程中引起的岩层移动与采煤作业结束后的情况截然不同；此外，上覆岩层的结构也会直接影响岩层的移动情况。初次与重复采动的结果也存在明显差异。开采的深度、厚度、地质构造、采煤方法及回采工作面的推进速度等，都是影响岩层移动的重要因素。若采用全充填法来管理顶板，则通常只会出现裂缝带与整体移动带，而不易形成垮落带。反之，开采较浅的厚煤层时，垮落带可能会直接延伸至地表；而在薄煤层的开采中，若顶板为塑性大的岩层，则整体移动带将更为显著。

2. 地表移动的特征

地表位移与破坏的表现形式多种多样，主要包括沉降现象的发生、地表裂缝的扩展，以及不规则地形的形成等。这些现象往往是由于地下资源开采所引起的地质变化所致，直接反映了地下结构的动态过程。同时，这些地表位移特征对周围环境的稳定性与安全性产生了深远的影响，可能导致生态系统的失衡和人类活动的安全隐患。因此，研究这些现象对于评估和预防潜在风险具有重要的意义。

（二）建筑物下压煤开采技术

在进行地下采矿作业时，对地表的移动与变形进行全面而深入的分析至关重要。这不仅关系到采矿的安全性，也直接影响到地表建筑物的稳定与安全。地下采矿活动所引发的地表垂直与水平移动，以及相应的变形，可能对周围建筑物造成多样的影响。地表均匀下沉可能会导致排水系统的问题，进一步引发建筑物的潮湿状况；而地表的不均匀倾斜则可能使建筑物的整体结构遭受额外的应力，严重时可能导致建筑物的倒塌或损坏。曲率变化也会对建筑物的基础产生负面影响，造成基础悬空，从而形成裂缝，甚至导致重大损毁。此外，地表的水平变形会对建筑物施加拉伸或压缩应力，进而引发墙体裂缝或其他形式的结构损坏。

为了有效减小地表移动与变形对建筑物的影响，采取一系列科学合理的技术措施是必不可少的。

第一，预防地表突然下沉的措施应当从源头进行把控。这包括在一定深度以下开展采矿作业、全面评估并妥善处理建筑物下方可能存在的空腔，以及留设足够的煤柱以防止意外的地表塌陷。此外，合理的采矿方法也应得到重视，以避免在同一时刻暴露过大的空间，进而造成地表的剧烈下沉。

第二，降低地表下沉的技术手段包括但不限于充填采矿法、条带开采法、房柱式采矿及减少一次开采的厚度等。充填采矿法通过对覆岩的有效保护，降低了地表下沉的风险；而条带开采法则通过保留必要的煤柱来支撑顶板，进而减轻了地表的下沉和变形程度。

第三，消除或减轻开采对地表影响的叠加效应。分层间隔开采、合理布置开采边界、实施无煤柱开采等措施皆旨在减少地表的动态与静态变形，确保建筑物承受的变形量保持在最小值。协调开采则是通过科学规划工作面之间的位置关系和开采顺序，促使不同工作面引发的地表变形相互抵消，最终实现对整体地表变形的有效控制。

第三，实际操作中还需对开采边界的影响保持警惕，防止在煤柱区域形成长期的开采边界。若放任地表的动态变形转变为静态变形，便可能对周围建筑物造成无法挽回的损害。通过综合施策与精细化管理，可以有效减轻地下采矿活动对地表建筑物的影响，从而确保采矿过程的安全与高效。这些措施不仅是科学技术的体现，也是对社会责任的承诺，确保在开发自然资源的同时，维护周边环境与人们生活的安全。

（三）铁路下压煤开采技术

铁路线路作为一种特殊的地面构筑物，其设计与运行对线路的规格和质量有着严格的要求。列车的重载和高速运行使得铁路线路在开采影响下的变形与移动，直接关系到安全运行的可靠性。

在开展下压煤开采时，技术措施的有效性至关重要。采区的布置需要合理规划，以使采动线路尽量位于盆地主断面附近，避免其处于移动盆地的边缘。这种布局能够有效降低因开采引起的地表变形，确保铁路的安全。此外，采煤工作面应尽量与铁路的纵向方向保持一致，以减少因采动造成的干扰。

开采过程中，严格禁止使用非正规采煤方法，确保采煤过程的规范性和安全性。同时，需根据开采深厚比的特点，以及矿区的技术条件，选择合适的采煤和顶板管理方法。例如，在开采浅部厚煤层时，可以考虑采用全部充填法，以最大限度地减少地表沉降风险。

在面对缓倾斜和倾斜厚煤层的情况时，应尽量采取倾斜分层采煤法。适当减少分层的开采厚度，能够有效降低因采动而引发的地表变形风险，而应避免采用一次采全高采煤法，这种方法可能会导致过大的采动面积，对铁路造成严重影响。针对急倾斜煤层，沿走向推进的小阶段伪倾斜掩护支架采煤法及水平分层采煤法应被优先考虑，避免使用一次暴露空间较大的落垛式采煤法，这种方法同样会加大对地表的压力，增加变形的可能性。

在面对坚硬的煤层顶板时，人工放顶成为一种有效的防护措施。这可以有效防止在空顶面积达到极限时，突然冒落引发的地表突然下沉现象。同时，对于铁路位于煤层露头附近的情况，务必进行详尽调查，确认铁路下方是否存在老空区、废巷道、岩溶等地质缺陷。如果发现空洞充水，须在开采前将水排干，并使用注浆法进行填实，以消除隐患。

浅部非正规采过的老空区也是铁路下压煤开采中的重大隐患。这类区域可能在重复采动或水文地质条件变化时，引发地面线路的突然塌陷。因此，在开采过程中，必须划定特定范围，并派专人进行巡视，及时监测地表移动情况。同时，必须做好应急准备，确保在出现突发状况时能够迅速反应，保障铁路的安全。

（四）水体下压煤开采技术

在水体下压煤开采的过程中，地质及水文地质因素的作用不可忽视。地表水体，如江河湖泊，以及各种含水层的存在，都对煤矿的开采过程产生重要影响。这些水体不仅会直接影响矿井的涌水量，还可能通过水力联系改变矿井内的水文地质条件。因此，了解水体的种类及其与采矿作业的关系，对于确保煤矿的安全生产至关重要。

地质结构和岩性对采矿活动的影响体现在多个方面。岩土层的含水性和隔水性直接关系到水体对采煤作业的影响程度。此外，地层的破坏情况及地表的沉降特征，往往与地质条件密切相关。例如，断裂构造的存在可能为水体的补给提供通道，从而影响煤层的开采安全。煤（岩）层的赋存状态，包括其厚度、倾角、埋深等，都是决定水体下开采路径的重要因素。

在水体下的煤矿开采过程中，必须严格设计安全煤岩柱，确保开采过程中的安全性。同时，适宜的开采技术和安全措施也是保障作业顺利进行的重要环节。采用倾斜分层的长壁采煤法可以有效开采厚煤层，而对于急倾斜的煤层，则需采用分小阶段的间歇采煤方法。此外，在松散含水层或基岩含水层存在的情况下，特别是当这些层位于可能的冒落带和导水裂缝带内时，及时进行疏排水工作显得尤为重要。

在特定地质条件下，例如强含水层位于松散层底部时，必须遵循防水煤岩柱的要求，明确开采的上限。在试采条件困难以及地质、水文资料不足的情况下，优先选择条件简单、易于进行观测试验的煤层进行开采，以降低潜在的风险。开采石灰岩岩溶水体下的煤层时，应建立有效的隔离措施，如留设隔离煤柱或设置防水闸门（墙），并在潜在突水威胁的区域，设立独立的疏水系统，确保安全开采。

当在积水的采空区和基岩含水层附近进行采煤时，应考虑采用巷道、钻孔或两者相结合的方法来进行疏降，以降低水体对采矿的影响。同时，在地表水体和松散强含水层下缺乏有效隔水层的情况下，采用控制裂缝带发展高度的开采方法，能够有效防止水体的渗透和突发。同时，近水体采煤时，需详细探明含水层和隔水层的界面及基岩面的起伏变化，确保开采过程的可控性。

（五）石灰岩承压含水层上带压开采技术

在石灰岩承压含水层中进行安全的带压采煤，要求采取一系列科学有效的防治措施，以最大限度降低安全风险。首先，疏水开采是通过抽排水体降低水位，确保工作面处于安全状态，从而减小突水风险。其次，堵水开采则依靠注浆等技术手段，有效阻断含水层的水源补给，保障采煤作业的顺利进行。最后，带压开采通常在具备足够隔水层的条件下实施，以保证煤层与含水层之间的水压能够被有效控制。综合治理手段则是将上述三种方法有机结合，以形成更为全面的安全防护体系。

技术特性显示，带压开采的实施受到多个因素的影响，包括岩层的厚度、含水层的水压以及地质条件的复杂程度。一般来说，石灰岩承压含水层的水压通常维持在 1～1.5 MPa，部分区域甚至达到 2～3 MPa，较高水压环境中突水事件的发生概率显著增加。突水事件的特点为来势汹汹，尤其在地质和水文地质条件复杂的情况下，一旦突水量超过了矿井的排水能力，将可能引发严重的淹井事故。突水形式可分为突发型和滞后型，其中滞后型通常与掘进作业密切相关。

带压开采的技术条件需综合考量多个方面，包括含水层的富水特征、断裂构造的导水性，以及底板岩柱的阻水能力等。含水层的富水性直接影响带压开采的安全性，分布特征则是评估其可靠性的关键。此外，断层破坏带常常成为突水的主要通道，其导水能力的强弱对突水风险具有显著的影响。而底板岩柱的阻水能力则受岩层的厚度、岩性及地层结构的影响，这些因素共同决定了带压开采的安全性和可行性。

在实施带压开采时，需要满足一系列适用条件，包括具有足够的岩柱厚度和阻水能力、相对有限的断裂构造导水性，以及有效的水源补给堵截措施。具体技术措施包括优先开采深部煤层、合理布局工作面、设定断层煤柱以及采取减少集中应力传递的采煤方法等。此外，采用分区隔离与大后退开采策略、配备充足的排水设备、注浆封堵集中突水点等，也是确保安全开采的有效手段。

第四章 煤矿巷道设计与施工

第一节 煤矿巷道断面设计与布置

巷道断面设计在井巷工程中占据核心地位，其合理性直接关系到矿山生产的安全性和经济效益。巷道作为矿井的生产动脉，其设计不仅是施工的技术依据，更是预算管理中的重要参考。巷道断面设计必须在确保安全、满足生产需求的基础上，追求断面利用率的最大化，以实现经济效益的最优化。

巷道断面设计的过程需要综合考虑多种因素，包括巷道的服务年限、用途及围岩的地质特性。这些因素共同决定了断面形状的选择和支护方式的确定。此后，根据所需设备的尺寸、通风量、行人通行的要求及支护和道床参数，进一步确定巷道的净断面尺寸，并对风速进行验证。这一过程确保巷道能够满足生产和通风需求，同时为矿山的安全运行奠定基础。

在计算巷道掘进断面时，需要综合考虑支架参数、道床参数和允许的超挖值，最终得出设计掘进断面和计算掘进断面的合理尺寸。后续的设计步骤包括布置水沟和管缆，以确保生产过程中排水和电缆布设的有效性。在此基础上，完成施工图的绘制，编制巷道特征表以及每米巷道的工程量和材料消耗量表，确保整个设计具有可操作性和经济可行性。通过精细化的巷道断面设计，矿山生产得以在安全和效率之间取得平衡，既保障了生产的顺利进行，也最大程度地节约了工程成本。

一、煤矿巷道断面设计

（一）煤矿巷道断面的形状

1. 巷道断面形状的类型

巷道断面形状的设计是煤矿巷道工程中的重要环节，直接影响巷道的稳定性、施工难度和经济效益。我国煤矿井下常用的巷道断面形状可分为矩形类、梯形类、拱形类和圆形类四大类。每种断面形状在适应不同地质条件和生产要求时，展现出各自的优势和局限性，其合理选择是确保巷道安全和经济效益的关键。

（1）矩形类。矩形类巷道是煤矿井下最常用的一种断面形式，其显著特征是两帮垂直于水平面。这类断面设计能够最大限度地利用巷道空间，便于设备运输和施工操作。矩形类巷道包括多种变形形式，如顶板或底板倾斜的矩形断面，这些变形形式旨在适应煤层的倾角。矩形断面的结构简单，施工方便，尤其适用于煤层厚度较大或岩层较稳定的矿井。然而，矩形巷道在面对较高的地压或围岩较软弱的条件下，其两帮的稳定性可能较差，因此在设计时需要特别注意支护系统的选择，以确保巷道的长期稳定性。

（2）梯形类。梯形类巷道断面的特点是底板水平，两帮与水平面呈一定角度。这类断面形状较为灵活，尤其适用于煤层倾角较大的区域。梯形断面的设计可以有效分散围岩的应力，减少巷道两帮的变形压力，从而提高巷道的整体稳定性。梯形类断面在顶板倾斜的情况下，能够较好地适应地质条件的变化，减少围岩对支护系统的压力，延长巷道的使用寿命。尽管梯形巷道的施工难度稍大于矩形巷道，但在一些复杂地质条件下，其设计能够提供更好的稳定性和适应性。

（3）拱形类。拱形类巷道断面具有独特的力学优势，底板水平、两帮垂直、顶板呈弧形结构，形成了较为稳定的力学构造。拱形巷道包括半圆拱、圆弧拱和三心拱等多种形式，常用于围岩较为稳定的岩石巷道或半煤岩巷道。这类断面的力学特性使其能够较好地分散围岩应力，减少顶板和两帮的支护压力，特别适合需要较长使用寿命且受地压影响较大的巷道。拱形断面通过合理的弧形结构，将来自顶板的压力均匀传递至两帮，有效防止局部塌陷或变形。在矿井深部或地压较大的环境下，拱形巷道的设计能够显著提高巷道的安全性和耐久性，尽管其施工复杂度和成本较高，但在长期使用中能够降低维护和支护成本。

（4）圆形类。圆形类巷道断面主要包括圆形、马蹄形和椭圆形。这类断面通常用于围岩极为松软、地压较大且变形较为强烈的矿井区域。圆形断面的几何结构能够提供最大的稳定性和抗变形能力，尤其是在地压环境较为复杂或围岩条件极不稳定的情况下，圆形巷道能够有效减少巷道内的应力集中，增强围岩的整体支护效果。圆形断面通过其对称结构均匀分散了来自各个方向的应力，防止局部应力集中导致的巷道塌陷或变形。这类巷道的设计虽然施工难度较大，成本较高，但在极端地质条件下，往往是确保巷道安全和稳定的最优选择。

2. 巷道断面形状的选择

巷道断面形状的选择是一项复杂且关键的工程设计任务，直接关系到巷道的安全性、使用寿命和经济效益。此过程需要综合考虑多个因素，包括巷道所在的位置、围岩的性质、地压的大小和方向、巷道的用途与服务年限、支护方式及材料、掘进方法与设备等。这些因素相互联系，彼此制约，在实际应用中应根据具体条件进行权衡选择。

（1）巷道所受地压的大小和方向。地压的作用决定了巷道围岩的变形特征，进而影响巷道的稳定性。当巷道所处位置的顶压和侧压较小时，矩形或梯形断面通常能够满足稳定性要求。这类断面具有较高的空间利用率，施工和支护相对简单，适用于地质条件较为稳定的区域。然而，当顶压较大、侧压相对较小时，拱形断面，如半圆拱或圆弧拱，因其优越的承压能力成为更合适的选择。拱形断面通过其弧形结构有效分散顶板和侧壁的应力，增强巷道的整体稳定性。而在地压和侧压均较大且底鼓现象严重的情况下，马蹄形、椭圆形或圆形等封闭式断面则具有显著的优势，这类断面可以均匀分散来自各个方向的应力，确保巷道在高地压条件下的稳定性。

（2）巷道的用途和服务年限。对于服务年限较长的开拓巷道，由于其需要长期保持稳定，通常采用锚喷支护的拱形断面。这类断面在长时间内能够有效抵抗围岩的变形压力，减少巷道维护的频率，延长其使用寿命。对于服务年限相对较短的准备巷道，矩形或梯形断面曾经是常见的选择，因为其施工简单且成本较低，但随着锚喷支护技术的推广应用，越来越多的准备巷道也开始采用拱形断面，既提高了安全性，也降低了长期维护的成本。而对于服务年限极短的回采巷道，矩形和梯形断面仍然是首选，因为此类断面的施工速度快，能在短期内提供足够的支撑能力，适应矿井开采的快节奏要求。

（3）掘进方法和设备。传统的钻眼爆破法适用于多种断面形状，其灵活性使得在各种地质条件下均能有效实施。然而，随着锚喷支护技术的广泛应用，为了简化施工设计并提高施工效率，半圆拱和圆弧拱断面逐渐成为主流选择，三心拱因施工复杂性而逐步被淘汰。在使用全断面掘进机进行岩石巷道掘进时，圆形断面因其与设备匹配良好，被认为是最为理想的断面形状，而部分断面掘进机则适用于多种断面形式。掘进设备的选择在一定程度上限制了断面形状的多样性，因而在断面设计时必须充分考虑设备的适应性。

（4）通风量的要求。在需要大通风量的矿井中，巷道断面的设计必须兼顾通风阻力的最小化，以确保通风效率和矿井安全生产。锚喷支护的圆形或拱形断面由于其封闭性和较好的力学性能，能够有效降低通风阻力，成为通风量要求较大的矿井的最佳选择。

（5）巷道的经济性。巷道的基建费用（包括掘进和支护费用）一次性支付，而通风和维护费用则是逐年支付，且这些费用随着巷道断面积的变化而变化。因此，断面形状的选择不仅要考虑其力学性能，还要综合评估其经济效果。从断面利用率的角度来看，矩形断面的空间利用率最高，梯形次之，但这两类断面的承压性能较差，适合用于服务年限短的巷道。而在拱形断面中，三心拱的断面利用率最高，半圆拱的利用率相对较低，但由于半圆拱在施工和维护方面具有明显的优势，故在服务年限长的开拓巷道中，半圆拱成为了最为常用的选择。在经济分析中，不仅要考虑断面的初始施工成本，还需权衡长期的维护费用和通风成本。因此，尽管某些断面形式在施工阶段的投资较大，但如果它们能够显著降低后期维护成本或提升通风效率，则在长期使用中具有更好的经济效益。

巷道断面形状的选择应始终进行综合考量，地压、用途、服务年限、支护方式、掘进设备和经济性等因素彼此密切相关。在特定条件下，某一因素可能成为主导，决定断面形状的最终选择。然而，任何设计都不能孤立地只考虑单一因素，必须进行整体分析和优化，以确保巷道设计能够在满足安全、稳定的同时，实现施工和运营的经济性和效率。

（二）巷道断面尺寸的确定

巷道断面尺寸的设计是矿井巷道工程中的关键环节，直接影响巷道的功能性和经济性。根据巷道的不同用途，断面尺寸的确定方法存在显著差异。巷道净断面的设计必须满足行人、运输、通风、安全设施布置以及设备安装、检修和施工的需求。巷道断面尺寸不仅关系到其服务功能，还涉及煤矿生产的安全性和效率，因此在设计中需充分考虑各类因素。

1. 巷道净宽度

巷道净宽度的确定直接影响巷道的安全性、运输效率以及施工难度。巷道净宽度是指巷道两侧壁面或锚杆露出长度终端之间的水平距离。在设计过程中，巷道净宽度需根据巷道用途、所需通过的设备、行人的安全间隙等多重因素进行合理计算，确保矿井生产和作业的安全和高效。

运输巷道的净宽度是设计中的关键参数之一。该宽度由运输设备的最大外轮廓宽度、人行道宽度及各类安全间隙相加得到。对于双轨运输巷道，净宽度的计算公式包括设备宽度、人行道空间以及双轨列车之间的最小安全距离。由于矿井内设备种类繁多，设计需充分考虑到不同运输设备的宽度和巷道内的空间需求，确保设备的正常通行和维修操作的便捷性。

在设计巷道的净宽度时，还需考虑巷道的弯道部分。在这些区域，由于车辆在转弯时四角的外伸或内移，巷道需要额外的宽度，以确保安全通过。设计时，根据车辆的长度、轴距以及弯道半径，适当增加外侧和内侧的宽度。此外，弯道连接的直线段也需适当加宽，以保证车辆顺利进出弯道。这些加宽设计旨在确保运输设备的运行安全和效率，避免在狭窄区域发生碰撞或卡滞。

对于无轨运输巷道，尤其是胶轮车运输系统，其净宽度的确定则需考虑车辆的行驶空间和通风需求。无轨运输巷道的设计通常要求在人行道留有足够的宽度，同时保持车辆之间的安全间距。在巷道转弯或交叉处，需依据无轨车辆的转弯半径进行宽度调整，确保车辆能够安全通过。

净宽度的确定还必须考虑到掘进机械的使用需求，确保巷道能够满足机械化施工的要求，并预留足够空间进行设备的铺设和操作。不同断面形式的巷道对净宽度的要求有所差异，拱形断面的主要运输巷道净宽度不应小于3.0～3.2 m，以适应综采支架和掘进设备的通行需求。矩形和梯形巷道的净宽度要求相对较低，但仍需确保设备和行人的安全空间。

在巷道净宽度的最终确定过程中，设计需遵循"只进不舍"的原则，即在计算基础上适当增加余量，以确保施工和运行的可靠性。

2. 巷道净高度

巷道净高度的合理设计对于确保矿井运输、通风及设备维护的安全性和高效性至关重要。净高度通常指自巷道底部至顶梁或拱顶内沿的垂直距离，其具体尺寸依据巷道的用途、运输设备的类型以及通风与安全需求等多方面因素进行确定。设计过程中需同时考虑沉降因素，以确保在使用过程中，巷道高度仍能满足各类要求。

在矩形和梯形巷道中，净高度通常从道砟面或底板至顶梁或顶部喷层计算，满足运输设备、人行通道以及通风空间的需求。主要运输巷道和风道的净高度通常要求自轨面起不得低于 2.0 m，以确保设备顺利通行及人员安全。对于架线电机车运输巷道，净高度还需考虑架空线的悬挂高度，确保在巷道内的人行和车场中，电机车的导电装置与巷道顶壁之间保持足够的安全间隙。

拱形巷道的净高度则主要取决于拱高与壁高的综合计算。拱形巷道的设计通常通过确定拱高与巷道净宽的比值，即所谓的高跨比，以优化巷道的承载能力与结构稳定性。在煤矿中，圆弧拱形设计的拱高通常取巷道净宽的三分之一，但在某些情况下，为了进一步提高受力性能，拱高可增加至净宽的五分之二。壁高的确定则需综合考虑多种因素，包括设备安装高度、行人安全距离及管道装设要求等。净高度不仅需要满足日常运输和设备安装的需求，还需考虑到后期维护和检修的便利性。

无轨运输巷道的净高度要求则较为灵活，主要取决于运输车辆的尺寸和巷道内需预留的安全间隙。在此类巷道中，设备顶部与巷道顶之间的距离不得小于 0.6 m，以确保设备在行驶中的安全操作空间。对于胶轮车运输的巷道，净高度应不小于 2.5 m，以确保车辆顺利通过，并满足通风和行人的基本需求。

在净高度的最终确定过程中，需根据各类设计规范和设备规格进行验算，并根据沉降影响适当增加高度余量，以确保巷道在长期使用中的安全性和功能性。

3. 巷道净断面面积

巷道的净断面面积是矿井巷道设计中的关键参数之一，它直接影响巷道的通风、运输和支护能力。巷道的净宽和净高确定后，净断面面积可通过几何公式进行计算。不同断面形状的巷道，其净断面面积的计算公式有所不同。

对于半圆拱形巷道，净断面面积的计算公式依据拱形结构特性，通常涉及巷道净宽与拱高的乘积关系。圆弧拱形巷道则使用相应的修正系数，以适应其特有的弧度参数。梯形巷道因棚腿的倾角设计较为复杂，因此在确定其净断面面积时，需进一步计算顶部和底部的净宽，进而通过几何推导得出断面面积。

在不同的巷道设计中，净断面面积的准确计算对于确保矿井的运输效率、通风效果以及整体结构的稳定性具有重要作用。此类设计不仅要满足矿井当前的需求，还需为未来的使用留有一定的空间和余量，以应对巷道变形和沉降等因素的影响。

4. 巷道风速验算

通过巷道的风量是根据对整个矿井生产通风网络求解得到的。当通过该巷道的风量确定后，断面越小，风速越大。风速大，不仅会扬起煤尘，影响工人身体健康和工作效率，而且易引起煤尘爆炸事故。为使矿井增产留有余地和满足经济风速的要求，设计时在不违反安全规程的情况下，矿井主要进风巷的风速一般不大于 6 m/s。按下式进行风速验算：

$$v = \frac{Q}{S} \leqslant v_{max} \qquad (4-1)$$

式中：v——通过该巷道的风速，m/s；

　　　Q——根据设计要求通过该巷道的风量，m^3/s；

　　　S——巷道的净断面面积，m^2；

　　　v_{max}——该巷道允许通过的最大风速，m/s。

5. 巷道设计掘进面积

巷道设计掘进面积是矿井建设中确保施工安全和运营效率的核心指标。确定该面积需综合考虑巷道的支护和道床参数。在设计过程中，巷道的类型、用途以及围岩性质等因素对支护形式的选择具有决定性作用。支护参数的确定涉及支护材料规格、锚杆长度与间距、喷射混凝土的厚度与强度等。与此同时，轨道铺设的道床参数，如钢轨型号、轨枕类型和道砟高度，亦会影响巷道的设计尺寸。

通过合理的支护参数和道床参数，可以计算出巷道的净尺寸。根据不同巷道的形状，如半圆拱形、圆弧拱形和梯形巷道，分别使用相应的几何公式计算设计掘进断面积。这些计算不仅关系到巷道的结构稳定性，也直接影响矿井的通风与运输能力。

巷道设计掘进面积的确定，还需留有一定的变形和沉降空间，以应对施工及长期使用过程中巷道结构可能出现的变化。通过精确的掘进面积计算和合理的支护设计，能够有效保障矿井的安全运营与长久使用。

6. 巷道计算掘进面积

巷道计算掘进面积是在设计掘进面积的基础上，加入允许的掘进超挖误差值，以保证施工过程中的精度与实际操作的可行性。通过加算掘进误差值，通常为 75 mm，计算出的巷道掘进断面尺寸将更符合实际情况。这一调整旨在应对施工中的不确定因素，确保巷道的安全性与稳定性。

在计算锚杆布置、喷射混凝土和粉刷面积时，计算净宽度需适当增加，以反映掘进误差。巷道的周长、喷射面积等均需依据该计算净宽来确定，从而确保材料的合理消耗和结构的支护强度。煤矿设计领域已通过实践积累了相关的巷道断面计算公式，涵盖了半圆拱、圆弧拱和梯形巷道等不同形状的巷道。

二、巷道水沟设计与管缆布置

（一）巷道水沟设计

水沟设计在矿井巷道的排水系统中起着至关重要的作用，其目的是有效排除井下涌水及其他污水，以保证矿井安全和生产的顺利进行。设计水沟时，需依据巷道的排水量和通行需求，综合考虑多个因素，以达到最佳的排水效果和施工效率。

水沟的布置应遵循一定的规范。在水平巷道及倾角小于 16° 的巷道中，水沟通常设置在人行侧，以确保行人安全；而在倾角大于 16°的巷道中，根据涌水量和巷道宽度的不同，水沟与人行台阶的布置可采取平行或重叠的方式。这种灵活性有助于适应不同巷道条件，从而提高排水系统的有效性。

在水沟的砌筑方面，按照水沟的服务年限，通常将其分为永久性水沟与临时性水沟。永久性水沟应采用砌筑方式，以增强其耐久性和抗压能力；而临时性水沟则可根据实际需要采取简易施工方式，以节约资源和时间。

水沟的坡度和流速是影响排水效果的重要参数。水沟的坡度应与巷道坡度相一致，以保证水流顺畅。通常情况下，平巷坡度不应小于 3%，而横向水沟的坡度则不应小于 2%。在一些特定的巷道类型中，较大的坡度（如 5%）可提升排水效率，避免水流滞留。

对于水沟的断面形状，常见的设计包括对称倒梯形、半倒梯形和矩形等，其具体尺寸应基于水流量、坡度、支护材料及断面形状等因素进行科学计算。为了简化设计过程，相关设计部门提供的技术特征表可作为设计参考。

水沟的盖板设计同样至关重要，尤其是在大巷及倾角小于 15°的巷道中，盖板能够为行人提供便利，确保安全通行。盖板的设计规格及材料消耗应符合相关标准，宽度通常应比水沟净宽增加 150 mm，以确保结构的稳定性和安全性。对于运输设备不经常使用的巷道或倾角大于 15°的巷道，盖板的设置则可根据实际情况灵活决定，以优化资源配置。

整体而言，水沟设计的合理性直接影响矿井的排水效果与安全运营，故在实际应用中应遵循科学的设计原则与标准，确保各项参数的精准与适用性。

（二）巷道管缆布置

巷道管缆布置是保障地下工程安全、提高作业效率的关键环节。其合理配置不仅关乎设备运行的安全性，还对施工及维护的便利性起着重要作用。在这一过程中，必须遵循科学的布置原则，以确保各类管道和电缆的有效功能和安全性。

1. 管道布置

管道布置的设计应充分考虑到安全性与可维护性。在巷道中，管道通常应设置在人行道的一侧，或者在非人行道侧的合适位置。其架设方式可选择管墩架设、托架固定或锚杆悬挂等，确保管道在使用过程中不会对人行通道造成影响。尤其是在管道架设于人行道上方时，其下部与道砟或水沟盖板之间的高度应保持在 1.8 m 以上，以防止因人流或其他物体的碰撞导致的安全隐患。此外，管道与水沟的布置应遵循不妨碍水沟清理的原则，以确保排水系统的畅通。

管道交叉或平行布置时，需确保足够的更换空间，以便日后维修和更换。在平巷顶部架设的管道，亦需考虑其对其他设备维修的影响。因此，设计时应确保管道的布置不会妨碍其他设备的维护及更换工作。

2. 电缆布置

在电缆的布置方面，通信电缆与电力电缆不应设在同一侧，以防电磁干扰对通信信号造成影响。若受限于空间而需同侧布置时，通信电缆应高于电力电缆，保持至少 0.1 m 的垂直距离。同时，电缆与管道的相对位置也需遵循一定标准，以确保电缆悬挂在管道上方，且与管道保持 0.3 m 以上的距离。

电缆的悬挂高度应考虑到矿车运行的安全性，确保当矿车发生掉道时不会撞击电缆，同时也要防止电缆的坠落对轨道及运输设备造成影响。一般情况下，电缆的悬挂高度应设定在 1.5～1.9 m，且悬挂点的间距不应超过 3.0 m。此外，电缆与运输设备之间的安全距离应不小于 0.25 m，以确保在运输过程中不会发生干扰。

高压电缆与低压电缆同侧布置时，二者之间的距离应大于 0.1 m，而高压电缆与高压电缆、低压电缆与低压电缆之间的距离亦需保持在 50 mm 以上，以便于后续的摘挂和维护。在存在煤与瓦斯突出风险的区域，必须严格禁止动力电缆的设置，以保障作业人员的安全。

第二节　煤矿巷道的支护设计方法

在矿井开采工作中，开挖巷道是保证矿井安全的一个关键步骤[①]。支护结构在矿井巷道的设计与施工中起着至关重要的作用，因其能够有效保证巷道的稳定性与安全性。依据巷道断面形状、支护材料以及与围岩的相互关系，支护结构的类型呈现出多样性，支护技术也因此变得复杂而丰富。对于支护结构的分类，常见的方式是根据其与围岩的关系进行划分，这种分类方法简明而实用。

第一类支护结构为完全作用于围岩表面的棚架结构。这类结构包括金属棚、预制钢筋混凝土支架以及混凝土（如钢筋混凝土或料石）拱等。这些结构主要依赖于外部支撑，直接与围岩接触，通过其自身的强度和稳定性来承载围岩的压力。这类支护适用于地质条件较为良好或变形量较小的巷道，能够在有效支撑的同时降低施工成本。

第二类支护结构为主要部分深入围岩内部的锚固结构。这包括锚杆、锚索等支护方式。锚固结构通过将其锚固部分嵌入围岩内部，利用围岩的强度和稳定性来增强支护效果。这种结构能够在较大变形情况下有效控制围岩的位移，适用于较为复杂的地质条件和高风险的巷道环境。

第三类支护结构为前两类结构的结合，即联合支护结构。这类结构如锚喷支护、锚网喷支护等，综合了棚架和锚固的优点，通过将锚固系统与喷射混凝土结合，形成一种更为高效的支护方式。这种结构能够在增强巷道稳定性的同时，提升施工效率，适应不同的地质条件。

在实际应用中，不同类型的支护结构可以根据具体的地质环境、巷道用途和施工技术进行选择与组合，以实现最佳的支护效果。科学合理的支护结构设计，能够有效降低巷道事故发生的概率，提高矿井的整体安全性和经济

---

① 岳勇. 煤矿巷道掘进与支护技术研究［J］. 能源与节能，2024（8）：129-131+138.

效益。

目前，我国地下工程锚杆支护设计方法主要是工程类比法和经验公式计算法。特别是矿山井巷锚杆支护设计，面对岩性和岩体结构变化大、载荷影响因素多、采准巷道维护时间短、支护材料和结构可能选择的范围小等实际情况，在设计时，使用工程类比法和经验公式计算法，设计简单、推广容易、实用性强、效果较好。

一、经验公式计算法

锚杆作为巷道支护的重要组成部分，种类繁多，具有不同的锚固方式和技术特征。依据锚固长度的不同，锚杆可分为集中锚固类和全长锚固类。集中锚固类锚杆在锚固过程中，其装置与杆体仅在局部区域与锚杆孔壁接触。这一类锚杆通常包括端头锚固、点锚固，以及局部腰卷锚固等形式。此类设计通常适用于较为简单的巷道环境，其特点在于施工相对简便且经济。

全长锚固类锚杆则是指在锚固过程中，锚固装置或杆体在整个长度范围内与锚杆孔壁全面接触。这种锚杆包括摩擦式锚杆、全长砂浆锚杆、树脂锚杆和水泥锚杆等。这类锚杆的设计能够实现更为均匀的受力分布，从而显著提高支护的安全性与稳定性，特别适合于复杂地质条件下的巷道支护。

通过合理选择锚杆的类型，能够有效提高支护结构的承载能力和适应性，增强巷道的整体安全性。集中锚固和全长锚固的不同设计方式，为工程师提供了多样化的选择，适应不同地质条件与支护需求。在实际应用中，应充分考虑围岩的性质、巷道的形状及使用功能，以制定出最合适的支护方案，确保巷道的长期稳定与安全运营。

（一）岩巷锚喷支护

锚杆的设计是岩巷锚喷支护的核心。

锚杆的长度（L）通常采用如下经验公式计算：

$$L = N\left(1.3 + \frac{W}{10}\right) \tag{4-2}$$

式中：W——巷道或硐室的跨度（以 m 为单位）；

　　　　N——围岩影响系数，取决于围岩的类别，具体数值可参考相关技术规范中提供的围岩影响系数表，见表 4-1[①]。

表 4-1　围岩影响系数

围岩类别	Ⅱ	Ⅲ	Ⅳ	Ⅴ
围岩影响系数 N	0.9	1.0	1.1	1.2

锚杆间距（M）也须基于锚杆长度进行合理配置，其计算公式为：

$$M \leqslant 0.4L \tag{4-3}$$

此外，锚杆直径（d）的选取应与锚杆长度相匹配，计算公式为：

$$d = \frac{L}{110} \tag{4-4}$$

在锚杆的布置中，应根据不同围岩类别的实际情况，适当调整锚杆长度、间距及直径，以确保支护结构的整体稳定性。对于Ⅳ类围岩条件以下以及受到构造影响和采动影响的巷道，设计中应增加金属网、钢筋梯子梁等支护结构组件，形成以锚杆支护为主体的柔性封闭支护组合结构，从而在承受压力和载荷时，保持支护结构的稳定性。

此外，喷浆的功能和施工工序在锚喷支护设计中同样至关重要。喷浆的主要目的是填充围岩裂隙、封闭围岩并平整巷道轮廓。为实现锚杆支护结构与围岩的密贴接触，推荐采用"先喷后锚"的施工工序，以确保锚杆能够早期、充分发挥其对围岩的加固和支护作用。复喷（除水仓外）厚度不应超过70 mm，以确保支护结构对围岩变形具有良好的适应性，防止喷层过厚导致的开裂和危石现象。

---

① 本节图表引自郭志飚，张国华，石建军. 煤矿巷道设计施工与监测［M］. 徐州：中国矿业大学出版社，2015：117.

在设计过程中，还需对光面爆破提出明确要求。没有光爆要求的锚喷支护设计是不完整的。实施光爆能够有效减少爆破震动裂隙，避免对围岩强度的过多降低，进而促进锚喷支护结构与围岩之间的良好接触。这种良好的接触关系有助于实现各施工工序间的协调配合，从而充分发挥锚杆的支护作用。

（二）煤巷锚杆及网、梁组合支护

煤巷锚杆及其与网、梁的组合支护在煤矿工程中起着至关重要的作用，旨在确保巷道的稳定性和安全性。锚杆支护的设计依赖于一系列的经验公式，用于确定锚杆的主要参数。根据实际工程需求，锚杆的长度（L）可通过以下公式进行计算：

$$L = N\left(1.5 + \frac{W}{10}\right) \tag{4-5}$$

式中：W——巷道的跨度；

$\quad\quad N$——围岩影响系数，这些参数的合理选择直接影响锚杆的有效性与可靠性。

锚杆间距（M）的设计同样关键，其计算公式为：

$$M \leqslant \frac{0.9}{N} \tag{4-6}$$

此外，锚杆直径（d）的选择可通过下式确定：

$$d = \frac{L}{110} \tag{4-7}$$

这些公式的应用确保了锚杆支护的基本几何参数得到合理设置。然而，锚杆支护设计不仅限于这些基础参数的计算，设计者必须全面考虑其他多种因素，以确保支护系统的整体性能。

在锚杆支护设计过程中，锚杆杆体的结构形式及材料选择至关重要。锚杆的结构形式需适应巷道的实际情况，材料的强度、韧性及耐腐蚀性等特性对支护效果有显著影响。锚固剂的类型及其性能、锚固长度、托板和螺母的结构形式和强度等，也都必须经过仔细评估。这些参数的选择关系到锚杆支护力系的合理匹配、支护强度的充分发挥以及支护结构对围岩的有效控制。因此，这些方面常常是设计中被忽视但却不可或缺的要素。

此外，锚杆与网、梁的组合支护形式也是现代煤巷支护技术的重要发展方向。通过结合锚杆与金属网或钢筋梁，能够形成一种复合支护结构，从而增强围岩的整体稳定性与安全性。网、梁与锚杆的协同作用，不仅有助于分散荷载，减小围岩应力集中现象，还可以提升支护系统的抗剪切和抗拉强度。

在设计这些组合支护结构时，应充分考虑各构件之间的相互作用和力学特性，确保支护系统在不同工况下能够有效运作。这种整体考虑的设计理念能够在一定程度上提升煤巷支护的安全性与可靠性，确保工程的顺利实施。

二、工程类比法

在巷道锚杆支护设计中，工程类比法具有重要应用价值，主要分为直接类比和间接类比两种方式。直接类比法通过将已成功开掘的巷道地质条件与待开掘巷道进行比较，在两者条件相似的情况下，依赖工程师的专业经验和分析判断能力，确定待开掘巷道的支护类型和参数。这一过程通过历史数据的积累和对比，提高了工程设计的可靠性和效率。间接类比法则依据现有的支护技术规范，利用围岩分类及支护设计参数表进行支护类型和参数的选择。在这一过程中，理论标准和参数模型为设计提供了科学依据，使得设计具有较高的普适性。

经过长期的技术积累与工程实践，部分矿区结合自身地质特点，发展出了独立的围岩分类体系与锚杆支护设计参数。此类自我建立的标准基于矿区的实际情况，具备更高的针对性和实用性，能够更加准确地反映矿区的地质条件及其对支护系统的需求。这种基于矿区实际情况的标准不仅简明易行，而且提升了支护设计的精准度和效率，有助于锚杆支护技术的进一步优化与推广。

（一）直接类比法

1. 直接类比法的内容

直接类比法在煤矿巷道支护设计中发挥着不可或缺的作用，通过对已成功开掘巷道在相似条件下的分析，为新巷道的锚杆支护设计提供了科学依据。该方法的有效性依赖于对多种影响因素的全面考虑，确保支护设计的合理性与适应性。直接类比的内容如下。

（1）围岩力学性质。煤层巷道的顶板以直接顶为主，研究者需详细了解1～1.5倍巷道宽度范围内的岩石条件。煤层和底板的力学性质直接影响巷道的稳定性，因此，围岩的比较应涵盖这些关键组成部分。在进行岩石力学性质对比时，主要关注单轴抗压强度、分层厚度和层间结合情况，同时还需评估岩石的水理性质，以保证长期维护的稳定性。

（2）地质构造影响程度。矿井地层的区域构造会改变应力的大小和方向，从而对岩体的稳定性产生重大影响。特别是大型断裂构造，可能严重影响岩体的整体性与内聚力。这些地质特征必须在类比分析中被充分考虑，以选择适宜的支护结构和参数。

（3）开采深度。随着开采深度的增加，地应力相应增强，超过 800 m 深度后，煤系地层的岩石往往变得较为软弱，使得巷道维护的难度显著上升。因此，开采深度被视为影响巷道支护设计的关键因素。

（4）煤柱尺寸。煤柱尺寸的比较同样重要，尤其是当采煤工作面布置在采空区侧的巷道中。煤柱的尺寸与支承压力之间存在显著关系，能够直接影响巷道的维护效果。通过对煤柱宽度的分类，可以明确支承压力的变化规律，进而指导支护设计。

（5）巷道断面形状与尺寸。尽管巷道断面形状多样，但以半圆拱形和矩形为主。不同断面形状对围岩受力条件的影响显著，尤其是巷道跨度的大小，将直接关系到巷道的维护效果。

（6）开采时间、空间影响因素。了解巷道的开采边界条件及其与周围煤层的空间关系，可以帮助工程师判断巷道在不同开采阶段的稳定性。通常情况下，采动稳定后掘进巷道所受影响最小，有助于维护工作。因此，直接类比法不仅要求对各种因素的细致分析，还需结合具体的开采环境，以实现巷道支护的最佳效果。

2. 支护结构参数的确定

支护结构参数的确定是煤矿巷道设计中至关重要的环节，直接关系到巷道的安全性与稳定性。采用工程类比法确定锚杆支护结构参数时，必须确保待开掘巷道与已开掘巷道在工程条件上具有相似性，以确保类比的有效性。鉴于完全相同的条件较为稀少，因此，综合分析巷道的各种影响因素，识别待开掘与已开掘巷道之间的差异是至关重要的。这一过程不仅可以基于已有巷道的经验数据，还可以通过调整修正系数来实现针对性的优化设计。

支护结构参数的确定需要基于基本条件进行分析。在这一阶段，需考虑如煤层类型、巷道的几何尺寸及支护结构的基础配置等基本条件。通常情况下，巷道的宽度和高度分别为 4 000 mm 和 3 000 mm，支护面积为 12 m²，且巷道一般采用矩形断面。这些基本条件为后续的参数确定提供了起点，确保在同一框架内进行有效对比。

在确定锚杆支护结构的基本参数时，需考虑锚杆的长度、直径和支护密度等关键指标。常见的基本参数为锚杆长度 2 000 mm，直径 18 mm，支护密度为 2.04 根/m²。此外，锚索的支护密度通常设定为 0.12 根/m²。这些参数为设计的基线，后续的修正将依据具体工程条件进行调整。

影响支护参数的因素可以大致分为以下类别：

（1）采动影响因素，当巷道位置发生改变，例如由煤体侧转移至采空区侧，支承压力的影响显著增强。在这种情况下，锚杆的长度和直径的修正系数通常设定为 1.1，而锚索的支护密度修正系数可达 1.5。这表明在采空区侧的支护需求更为严苛，需要更大的支护力度以维持巷道的稳定性。

（2）地质构造的影响。不同的地质构造，如向斜或背斜，可能会导致巷道所受的构造应力不同，进而影响支护参数的选择。当巷道位于向斜或背斜的近轴心位置时，锚杆长度和直径的修正系数通常为 1.1，而锚索支护密度的修正系数为 1.5。在此情况下，由于地质构造应力的影响，往往需要进行二次支护以确保巷道的长期稳定。

（3）巷道断面及围岩条件。巷道的跨度变化将直接影响锚杆的长度和支护密度。例如，若巷道的跨度缩小至 3.0 m，锚杆长度的修正系数可能降至 0.9，而锚索的支护密度修正系数则可能在 0.5～0.7。相反，若跨度增加至 5.0 m，锚杆长度的修正系数可能上升至 1.2～1.3，锚杆直径的修正系数也需调整至 1.2，表明在宽度较大的巷道中，支护需求显著增加。

（4）围岩条件。若巷道开掘于坚固性系数为 1.5～2.5 的煤层中，围岩条件的类比性较差，此时需对支护参数进行更为严格的修正。按照"三个基本"框架，顶板锚杆长度的修正系数可能在 1.1～1.2，而顶板锚杆直径的修正系数通常为 1.1，支护密度修正系数则在 0.7～0.8。这些调整措施旨在增强巷道在多种围岩条件下的适应性，以实现更高的安全性和稳定性。

（二）间接类比法

1. 间接类比法的内容

在进行间接类比法的应用时，需系统性地分析岩体的结构类型、地质构造的影响程度以及支护技术的规范要求。间接类比法作为一种工程分析工具，旨在通过对已知工程实例的数据和特征的参照，推导出待研究工程的支护结构参数和设计原则。

在岩体结构类型的划分中，需依据其工程地质特征，明确岩体的稳定性和构造影响。根据相关标准，岩体可分为整体状、块状、碎裂镶嵌以及散体状结构等类型。不同类型的岩体在承受外力时，其表现出不同的强度和稳定性特征。为此，准确识别岩体的结构类型和主要特征对于后续的支护设计至关重要。

地质构造的影响程度是决定支护效果的重要因素。在对待开掘巷道进行间接类比时，必须充分考虑地下水的发育状况、软弱结构面的数量及其潜在的危害。例如，针对Ⅲ类和Ⅳ类围岩，若地下水条件较为复杂，通常需根据实际的地下水类型和水量对支护参数进行适度的降级调整。这种降级调整基于对岩体在水分渗透作用下强度和稳定性的深刻理解。

岩石的强度指标和声波指标等物理性质为间接类比法提供了量化基础。支护设计时，针对不同的岩体强度和完整性指标，需选择相应的支护方案，以确保巷道的整体稳定性。

岩体的变形特征为评估巷道的稳定性提供了重要依据。在实际工程中，巷道顶底板的位移量可用于评估围岩的稳定性及维护状况。当位移量小于 200 mm 时，围岩一般稳定，无须进行修护；而当位移量达到 800 mm 以上时，则需进行相应的支护处理。因此，充分理解和运用间接类比法，有助于提高支护设计的科学性和有效性，确保巷道的安全性和经济性。

2. 支护结构参数的确定

在支护结构的设计过程中，支护参数的确定是至关重要的一环。支护结构的有效性不仅影响施工安全，还对长期稳定性起到决定性作用。因此，科学合理地确定支护结构参数对于提升矿山工程的安全性和经济性具有重要意义。

（1）支护结构参数的确定应基于岩体的物理力学性质及其稳定性。通过对围岩的单轴抗压强度、完整性指数和围岩变形量等参数进行综合评估，可以更准确地了解岩体的稳定性。在此基础上，采用模糊聚类分析等方法对围岩进行分类，可以将围岩稳定性分为不同的类别，从而为支护结构参数的选择提供依据。

（2）锚杆的设计参数。在锚喷支护系统中，锚杆的长度、直径及其材料的选择对支护效果有显著影响。锚杆的有效长度通常取决于围岩的性质及开采深度。根据现有研究，长度为 2.0～2.4 m 的锚杆在Ⅳ类及Ⅴ类围岩中表现出良好的支护效果，足以应对较大的地应力和变形要求。因此，锚杆的设计应结合实际的地质情况与使用年限进行综合考量。

（3）在喷射混凝土的应用中，喷层的厚度与支护效果之间存在密切关系。初次喷射混凝土在填充岩体裂隙和增强整体强度方面具有重要作用，但喷层厚度的过度增加会导致喷层开裂，甚至形成危石。因此，一般建议喷层厚度不应超过 100 mm，以确保巷道的安全性和支护材料的耐久性。支护设计中需合理设置喷层厚度，以优化支护结构的性能。

（4）网和锚杆的组合对支护结构的柔性起到重要的支撑作用。钢筋网的直径应适当降低，以便更好地适应深井和受采动影响的巷道。在高应力和动载荷区域，粗钢筋混凝土的适应性较差，修护难度大，因此应优先考虑使用较细的钢筋网与锚杆的组合，以提升整体支护的灵活性和有效性。

（5）针对不同围岩类型和巷道条件，需建立针对性的支护设计规范。依据多年来的实践经验和实测数据，通过对围岩稳定性和支护需求进行全面评估，可以形成一套完善的支护参数推荐体系。这不仅能有效提升支护设计的准确性，也为后续的施工与维护提供了重要参考。

三、锚杆支护结构形式与参数的合理选择

在煤矿巷道支护设计实施的过程中，尽管工程类比法为支护参数和结构的选择提供了理论基础，但设计工作的完成并非终结，而是开启了一个持续优化的动态过程。这一过程要求设计者在实施阶段对施工效果进行系统监控，特别是通过矿压观测和工程支护效果的调查，以确保设计的合理性和适应性。

矿压观测作为关键环节，其数据的真实性和完整性至关重要。这些数据能够有效反映巷道在整个服务期间的矿压变化规律与强度，从而为评估支护设计的有效性提供依据。通过系统分析这些观测数据，可以评判支护设计在实际应用中的表现，及时发现设计中存在的问题并提出改进建议，确保支护

结构始终符合矿山安全生产的要求。

在实施过程中，现场的写实调查也显得尤为重要，应聚焦于锚杆支护结构的实际作用效果，包括破坏部位及其数量、结构缺陷等。通过将这些调查结果与矿压观测数据相结合，能够进行量与形的对照分析，进一步考察巷道支护的安全性和稳定性。此类分析不仅揭示了支护结构中的潜在薄弱环节，同时为后续的改进与优化提供了科学依据。

通过不断地动态监测与评估，支护设计可以在理论指导下，及时调整和优化，确保巷道在不断变化的地质和环境条件下，始终保持其安全性和功能性。此过程不仅提高了支护设计的适应能力，也为矿山的安全生产创造了更为坚实的保障。

（一）锚杆支护结构形式选择

锚杆支护结构的选择对于巷道的安全与稳定性至关重要。在具体选择锚杆支护结构形式时，需对其各自的适用性及特性进行全面评估。

单体锚杆支护作为最基本的支护形式，其结构设计简洁明了，适用于岩石条件稳定且层厚较大的环境中。该支护形式通过个体锚杆的组合，能够有效控制巷道中的弱面发展与危石的脱落，从而在一定程度上提高岩体的整体强度。然而，其护表功能相对较弱，容易受到围岩表层破坏的影响，尤其在围岩条件较差时，锚杆的失效风险显著增加。因此，尽管其施工便捷、工序简单，但在复杂地质条件下的应用受到一定限制。

锚梁结构是通过锚杆与钢筋梯梁或 W 钢带的组合形成的支护结构。这一结构形式能够扩大锚杆的作用范围，有效整合各锚杆的支撑力量，从而实现对巷道围岩的协调加固。锚梁支护在围岩强度较大的条件下表现优异，适用于Ⅱ、Ⅲ类围岩。其施工操作简便，有利于提高施工效率，但在围岩节理发育较为明显的情况下，仍需谨慎评估其有效性。

锚梁网结构是在锚梁的基础上发展而来的，采用金属网覆盖锚梁之间裸露的岩体，进一步增强了护表功能。这一支护形式适用于厚煤层及岩煤交替沉积层，尤其在Ⅳ、Ⅴ类围岩条件下具有良好的适应性和稳定性。虽然其施工复杂性有所增加，但提供了更强的支护效果和岩体加固性能。

锚梁网索结构则是在前者基础上引入锚索，形成更加坚固的支护体系。该结构形式在复杂地质条件下展现出较高的支护强度和安全可靠性，特别适合于断面加大、采空区侧巷道和孤岛开采的工作面。然而，其施工工序复杂，成本相对较高，对施工进度可能产生一定影响。

（二）锚杆支护参数合理选择

锚杆支护参数的合理选择是确保巷道安全与稳定的关键环节，应在系统的理论指导下进行，并通过实践验证其有效性。必须深入分析各项支护参数对围岩承载能力增量的影响程度，以明确其在支护设计中的权重，从而实现科学的参数选择。

锚杆长度是影响围岩承载能力的重要因素之一。增加锚杆长度能够有效提升巷道的承载能力，这是因为更长的锚杆能够更深入地嵌入岩体，增加与岩体的黏结面积，从而提高其抗拔力。研究表明，随着锚杆长度的增加，巷道围岩的承载能力增量呈现正相关关系。此外，锚杆直径的选择同样至关重要，大直径锚杆在相同条件下表现出更强的承载能力增量。因此，在选择锚杆长度与直径时，需充分考虑围岩条件和工程需求，以实现最佳的支护效果。

除了锚杆长度，锚杆的间距与排距也是影响围岩承载能力的重要参数。合理的锚杆间距和排距能够提高锚杆的整体支护效果，增大支护结构的受力范围。研究表明，锚杆间距和排距的减小能够显著提高围岩的承载能力增量。因此，在进行设计时，工程师应根据具体的地质条件和支护要求，精确计算锚杆的布置，以实现最佳的支护性能。

锚杆的承载能力同样是决定支护效果的关键参数。不同类型的锚杆承载能力存在显著差异，普通刚性锚杆的承载能力在一定范围内，可以通过优化其材料和设计，提高其整体性能。这意味着在选择锚杆支护时，必须综合考虑锚杆的强度、长度及其间距与排距等多项参数，以形成一个整体的支护系统。

第三节 煤矿巷道的施工项目及技术

一、煤巷掘进施工技术

在煤矿开采过程中，煤巷的掘进技术具有重要地位。煤巷是指巷道掘进断面中煤层占比达到或超过五分之四的巷道，这类巷道在采区巷道中占据了显著比例。加强生产矿井煤巷岩巷掘进施工组织对提高煤巷掘进施工质量，确保煤矿安全生产，促进煤矿可持续发展具有十分重要的现实意义[①]。现阶段，煤巷掘进的主要技术路径包括爆破掘进和掘进机掘进两种方法，这两种技术在不同的应用场景中具有独特的优势。

（一）钻眼爆破法

1. 钻眼爆破技术

钻眼爆破作为煤巷掘进中最为常用的传统方法，通过有效控制爆破参数来实现煤体和岩层的高效破碎，其核心在于爆破能量的合理释放与巷道断面扩展的精准控制。在钻眼爆破中，钻孔的设计与布置对爆破效果至关重要。常用的掏槽方式包括扇形、半楔形及复式掏槽，针对不同的巷道断面和地质条件进行选择。这些掏槽眼的位置布置需充分考虑掘进面的支护结构与煤层的地质特点，以确保爆破过程中支护的稳定性和煤层的有效破碎。

光面爆破技术的引入进一步提高了钻眼爆破的精度，尤其是在控制欠挖和超挖现象方面表现出显著优势。通过周边眼与轮廓线之间的合理距离控制，以及对装药量的精确调节，光面爆破能够有效避免对围岩的过度破坏。不同煤层的硬度对周边眼的布置有直接影响，硬煤、中硬煤与软煤的松动范围分

---

① 苗建明. 煤矿巷道掘进施工组织实施探讨［J］. 中国高新技术企业，2012（7）：135-137.

别为 150～200 mm、200～250 mm 和 250～400 mm。装药量的减少是光面爆破的关键参数之一，装药量的降低能够减少爆炸对巷道轮廓线以外区域的影响，尤其在软煤层中，减少药卷数量能够有效防止围岩破坏。

毫秒延期爆破技术的应用在提升爆破效率的同时，也提高了施工安全性。全断面一次爆破技术在避免重复爆破和提高掘进速度方面具有显著优势，尤其在瓦斯煤层中，通过对毫秒延期电雷管的精确控制，总延期时间严格限制在 130 ms 以内，以保证施工安全。

在"三软"煤层等复杂地质条件下，传统钻眼爆破技术面临的挑战更加严峻。为应对这一问题，优化后的"三小"钻爆工艺在掘进中得到了广泛应用。通过使用小直径钻孔、小直径药卷和小直径钻杆，爆破能量能够得到更为分散的释放，从而减少对软弱顶板的破坏。特别是在使用 $\phi 38～40$ mm 钻杆和 $\phi 32～35$ mm 煤矿许用炸药时，通过对装药量和钻孔深度的精确控制，可以有效提升顶板的稳定性，降低施工风险。

结合不同地质条件和现场施工需求，钻眼爆破技术的应用应根据煤层硬度、顶板条件以及掘进断面进行优化调整，通过实践不断完善各项参数，确保煤巷掘进的高效性与安全性。

2. 装煤与转载技术

在煤巷掘进中，装煤与转载是实现高效生产的重要环节，装载设备的选择和应用直接影响着掘进的效率与安全性。不同于装岩机，装煤机的设计更注重煤体的连续装载与运输，尤其在瓦斯浓度较高或存在煤与瓦斯突出风险的区域，煤矿安全规程明确禁止使用钢丝绳牵引的耙装机，以确保作业安全。

目前，广泛应用于煤巷爆破掘进的装载设备包括扒爪式装煤机等型号。其中，ZMZ-17 型扒爪式装煤机由于其设计的适应性和高效性在煤巷掘进中表现突出。该装煤机由蟹爪装载机构、可弯曲刮板转运机构和履带行走机构组成，能够实现连续装载，具有较高的生产效率。其每小时可装载煤量达到50 t，行走速度为 17.5 m/min，且刮板输送机可左右旋转 45°，这使其在复杂的作业环境中具备灵活的适应能力。通过履带行走的方式，ZMZ-17 型装煤机能够在巷道倾角较小时保持良好的机动性能，适用于断面积大于 8 m²、净高超过 1.6 m 且倾角小于 10° 的煤巷。

在装载煤炭的过程中，设备的灵活性和装载宽度不受限制，使其能够确保底层清理干净。这不仅提高了装煤效率，也减少了巷道内残留物对后续运输的影响。此外，该装煤机还适用于半煤岩巷道的掘进，在这种情况下，煤体与岩体的分装有助于提高运输效率，并确保装载设备不会因岩石过重而超负荷运转。

为了确保煤巷掘进的顺畅运行，装煤机的操作需与相应的转载设备配合使用。尤其在处理较大断面的巷道时，转载设备的运转效率对整个掘进流程有着直接影响。掘进过程中若使用耙斗装载机装载，则需在确保巷道断面符合装载要求的前提下，合理调配设备，优化装煤与转载的衔接，从而实现装载与运输的同步化作业。

在高瓦斯区域以及煤巷掘进的复杂环境中，装煤设备的选择不仅要满足高效装载的要求，还需兼顾巷道条件与安全规范。因此，结合不同巷道断面的实际需求，优化装煤与转载设备的使用，对提高煤巷掘进整体效率具有重要意义。

（二）掘进机掘进法

掘进机掘进技术已成为煤巷掘进中的重要方法，凭借其高效、连续、机械化作业的特点，逐渐替代了传统的爆破掘进技术。与爆破掘进不同，掘进机通过机械能的连续释放实现煤体破碎与运输作业，无须依赖爆破能量的瞬时释放。掘进机掘进减少了对人工操作的依赖，并提高了生产自动化水平，使其成为适用于大规模煤巷掘进工程的主要技术之一。

掘进机掘进在煤巷施工中展现出多个技术优势，该方法的连续作业能力显著提高了生产效率，尤其适用于长距离巷道的掘进。此外，掘进机在操作中能够保持较高的稳定性和安全性，特别是在需要保持围岩稳定和减少煤体损耗的作业环境下，掘进机的精确操作能够有效控制破坏区域，减少对巷道顶板的影响，进而提高掘进工作的质量和安全性。

掘进机掘进的高效性不仅依赖于设备本身的性能，也与其配套的运输系统密切相关。不同的运输方式在不同的作业条件下，展现出各自的适应性与优势。目前常用的运输系统包括刮板输送机、胶带转载机、可伸缩胶带输送机和仓式列车，这些系统在掘进机截割、装载、转载过程中承担着关键的运输任务。

第一，刮板输送机转运。刮板输送机作为煤巷掘进中较为传统的运输方式，广泛应用于小断面、长度不大的巷道中。掘进机通过截割下的煤岩装载至刮板输送机，随后经刮板输送机将物料转运出掘进巷道。这种方式的优点在于系统结构简单、设备成本相对较低，适用于短距离掘进的煤巷。然而，其主要缺点在于需要频繁接长刮板输送机，每次掘进机向前推进后，刮板输送机都需接长一段，这不仅增加了劳动强度，也影响了掘进效率。尤其当巷道长度增加时，刮板输送机的需求量和操作人员数量随之增加，进一步限制了作业效率。

第二，胶带转载机与刮板输送机转运。相比于单一的刮板输送机转运方式，胶带转载机与刮板输送机相结合的运输方式减少了刮板输送机接长的频次。掘进机截割下来的煤岩先经装载和转载机构转入胶带转载机，再通过胶带转载机卸入下方的刮板输送机运出巷道。这一组合方式提高了物料的转运效率，尤其适用于中等长度的巷道掘进工程。通过减少刮板输送机接长的次数，劳动强度降低，整体掘进效率得到提升。

第三，胶带转载机与可伸缩胶带输送机转运。在需要进行长距离连续运输的巷道掘进中，胶带转载机与可伸缩胶带输送机相结合的方式展现出明显的优势。掘进机截割的煤岩通过转载机构装入胶带转载机，再经由可伸缩胶带输送机运出巷道。此类运输方式的特点在于其能够实现长距离的连续运输，并具有较大的生产能力，适合长巷道和大断面掘进项目。特别是在双向胶带输送系统的应用下，上胶带负责运煤，下胶带负责运料，从而简化了辅助运输系统，进一步提高了运输效率。这一方式不仅可以与普通综掘机配套使用，还可与掘锚一体机组配合，展现出较强的作业灵活性。

第四，仓式列车转运。仓式列车的应用在煤巷掘进中具有独特的优势。掘进机截割下的煤岩通过装载机构转入胶带转载机，再装入仓式列车。仓式列车通过绞车或电机车牵引将煤岩运出巷道。在一定条件下，仓式列车能够将一个截割循环内截落的所有煤岩一次性运走，减少了物料的多次转载操作，提升了运输效率。在工业性试验中，仓式列车配套掘进机使用，最高日进尺可达 21.7 m，班进尺可达 10.4 m，显示出优异的运输性能。

尽管仓式列车具有较大的容积与运输能力，但其最大缺点在于运距增加时对掘进机效能的发挥影响较大。此外，绞车牵引的灵活性相对较差，作业中机动性较弱。在条件允许的情况下，采用电机车牵引仓式列车可以显著提高运输效率和作业灵活性，因此是仓式列车运输系统的优化方向之一。

二、半煤岩巷施工技术

半煤岩巷是指巷道掘进过程中断面积的 1/5 到 4/5 的部分为岩层的巷道类型，广泛存在于薄煤层中的巷道布置中。在半煤岩巷的掘进中，除了与传统煤巷掘进相似的施工方法外，还必须应对破碎岩石的复杂工况。破岩施工包括挑顶与卧底两种方式，分别针对顶板岩石与底板岩石的破碎处理，具有独特的技术要求与操作难点。

半煤岩巷施工中的破岩工艺显著不同于全煤巷道的掘进工作。由于掘进断面中的岩层比例较大，巷道的支护设计和施工策略必须根据岩石和煤体的性质进行优化。这种差异化的设计不仅有助于提高施工效率，还能有效延长巷道的使用寿命，降低巷道维护的成本。

（一）破岩位置的选择

在半煤岩巷的施工过程中，根据巷道与煤层的位置关系，破岩施工通常有挑顶、卧底以及同时挑顶和卧底三种主要形式。选择最优破岩位置时，需综合考虑顶底板条件、煤层特性、巷道的用途以及施工的便捷性等因素，从而确保巷道掘进的安全性和施工效率。

第一，在破岩位置的选择过程中，顶板与底板的稳定性是关键考量因素之一。如果巷道顶板条件良好，能够有效支撑巷道围岩的稳定性，而底板则为软弱岩层，通常应优先考虑采用卧底施工。这种方式能够避免顶板的不必要破坏，减少施工过程中对巷道上部围岩稳定性的影响，确保巷道整体结构的安全性。同时，对于底板软弱的巷道，卧底操作相对较为方便，有利于提高施工效率。

第二，当煤层上部存在假顶或顶板不稳定，且底板较为坚固时，挑顶施工则成为首选。挑顶能够有效避免对底板的破坏，同时通过破碎顶板不稳定岩层，防止后续掘进过程中的顶板坍塌风险。在这种情况下，挑顶不仅有助于增强巷道上部的安全性，还能更好地保证巷道使用期间的长久稳定性，减少维护和修复成本。

第三，巷道的用途。例如，在区段运输巷的施工中，卧底通常被认为是更合适的选择。通过卧底操作，底板的高度可以得到有效控制，便于后续运输设备的安装和运行。相比之下，在区段轨道巷中，挑顶方式则更加适用，尤其当顶板较为不稳定时，挑顶有助于提升巷道的净空高度，为轨道安装和使用提供充足的空间。

第四，从施工便捷性的角度来看，挑顶通常被认为相对更为简便，因其施工过程中的技术要求相对较低，且破碎顶板的效率较高。因此，在顶底板条件允许、巷道用途和施工要求没有特别限制的情况下，挑顶往往是优先选择的破岩方式。

（二）钻眼爆破技术分析

在半煤岩巷施工中，钻眼爆破技术因其适应性强、操作灵活而成为破岩作业的重要方法。钻眼爆破施工通过精确的钻孔布置和爆破设计，来有效破碎煤层和岩石，从而达到掘进巷道的目的。在半煤岩巷中，由于巷道断面内同时存在煤层和岩层，钻眼爆破需要根据煤岩组合的不同特点，灵活调整钻孔和爆破参数，以确保施工效率和巷道的稳定性。

掘槽是钻眼爆破中的核心步骤，其布置和选择直接影响爆破效果和掘进效率。在半煤岩巷掘进中，掘槽眼一般布置在煤层内，以最大限度地利用煤层较低的强度特性，降低钻孔和爆破难度。楔形掘槽，特别是斜眼掘槽，因其能够提供更好的破碎效果，常被应用于半煤岩巷的施工。楔形掘槽能够有效扩大初始爆破的影响范围，从而减小后续爆破的难度，提高整体破岩效率。

在设备选择方面，施工中应根据煤层与岩层的硬度差异合理配置钻孔设备。煤层和岩层强度较低时，煤电钻是一种理想的选择，其操作简单且能快速钻进，适合用于中低强度的煤岩组合。在强度较高的煤岩条件下，凿岩机成为更为有效的工具，其具备较强的钻孔能力，能够应对高强度岩石的钻孔需求。当煤层和岩层的强度存在显著差异时，通常需要配置多种设备，例如同时使用煤电钻和凿岩机，或使用适合高强度岩石的岩石电钻，以确保不同强度材料的破碎效果。

钻眼爆破的技术参数是决定爆破成功与否的关键因素之一。在掘进过程中，爆破参数应根据煤岩特性进行调整，包括钻孔的深度、角度和爆破药量的控制。通常，掘槽眼的布置需要结合煤层和岩层的具体情况，以确保初次爆破的有效性，同时避免过度破坏周围岩层，保持巷道的稳定性。爆破药量的控制也十分重要，过多的装药可能导致超挖和岩层不稳定，而过少的装药则可能导致爆破不彻底，影响后续施工进展。

光面爆破技术在半煤岩巷施工中也得到了广泛应用。该技术能够通过精确的爆破控制，减少超挖和欠挖现象，从而提高巷道成型质量。在煤层与岩层的交界处，光面爆破可以有效控制爆破能量的释放，减少对岩层的过度破坏，确保巷道的整体稳定性。

（三）施工工艺及施工组织

在半煤岩巷的施工中，合理的施工工艺和组织形式对于确保施工质量和效率具有关键意义。由于半煤岩巷同时存在煤层和岩层，施工过程中需要根据具体条件选择适当的工艺流程。半煤岩巷施工的工艺主要分为两类：煤岩不分掘分运、全断面一次成巷和煤岩分掘分运、二次成巷。

煤岩不分掘分运、全断面一次成巷的工艺方法是指施工过程中不区分煤层和岩层，全断面一次性完成掘进。这种工艺类似于常规的岩巷和煤巷掘进，具备工艺简单、施工组织相对容易的特点。由于掘进过程中不需区分煤层和岩层，机械和设备的使用效率得到充分发挥，从而大幅提高巷道掘进的速度。此外，全断面一次掘进避免了复杂的分段操作，施工流程更加简化。然而，该方法在施工过程中不可避免地导致煤层与岩层的混合，煤的灰分增高，煤质损失较大，尤其在煤层较薄、煤质较差的条件下，这种工艺的适应性较好。这种工艺更适合煤层厚度小于 0.5 m、对煤质要求不高的半煤岩巷掘进项目。

相比之下，煤岩分掘分运、二次成巷的工艺则将全断面分为煤层部分和岩层部分，分别进行掘进和运送。这种工艺方法的特点是先掘进煤层部分，后掘进岩层部分，形成台阶式工作面。根据不同的施工要求，巷道的台阶形式可以分为正台阶、倒台阶或正、倒双台阶。卧底巷道为正台阶，而挑顶巷道为倒台阶，既挑顶又卧底的巷道则形成正、倒两个台阶。这种施工方法有助于精确控制煤层和岩层的破碎过程，提高爆破作业的效率。先掘进的煤层部分的炮眼布置方式与全断面一次掘进相似，而后续岩层部分的炮眼布置需要根据煤层部分的巷道高度进行调整。

通常，当煤层部分的高度超过 1.2 m 且凿入岩石的深度不小于 0.65 m 时，岩层部分的炮眼应垂直于巷道轴线布置；如果煤层部分的高度较低，则岩层部分的炮眼应平行于巷道轴线布置。该工艺的最大优势在于能够有效提高掘进出煤的质量，避免煤岩混合造成的煤质损失。此外，通过分段掘进和运输，能够更好地适应不同硬度的煤层与岩层，提高施工的精细度。然而，煤岩分掘分运的施工工艺相对复杂，对施工组织的要求较高。由于需要分别掘进煤层和岩层，工序较为繁琐，掘进速度相对较慢。同时，煤层和岩层分运需要两套独立的运输系统，增加了设备的投入和维护成本。施工中的协调性要求较高，需要合理规划爆破和运输的配合，以保证施工的同步性和稳定性。

在实际施工中，为了实现煤岩部分的同步、协调推进，合理确定循环进尺和爆破参数是关键。爆破参数包括炮眼深度、爆破药量、装药结构等，这些参数的精确设定能够确保爆破的有效性，减少施工过程中的煤岩损耗和巷道围岩破坏。此外，施工的循环进尺也需要根据煤岩的具体情况进行调整，以保证爆破效果和掘进效率的最佳平衡。

三、上、下山施工技术

上山和下山巷道作为采区内的重要倾斜巷道，在矿井开采中发挥着关键作用。上山巷道向上倾斜，服务于上山阶段的生产需求；下山巷道则向下倾斜，服务于下山阶段的开采任务。尽管两者在服务对象上有所区别，但从掘进施工的角度来看，它们的基本施工工艺和方法并无本质差异。无论是上山还是下山巷道，都可以根据具体地质条件和施工需求，选择仰斜掘进或俯斜掘进方式进行作业。

仰斜掘进的优势在于掘进时便于通风排水，减少了施工过程中水淹巷道的风险，也有利于工作面的瓦斯排出。这种方式特别适用于瓦斯含量较高或存在水患风险的巷道。然而，由于设备和材料需要沿着倾斜巷道上运，仰斜掘进对运输系统的要求较高，通常需要配置足够的运输能力以满足作业需求，确保施工过程的连续性和高效性。相比之下，俯斜掘进则具有相对便捷的运输条件，材料和设备可以依靠重力作用向下输送，降低了运输成本和难度。这种方式在无瓦斯突出威胁的巷道中，尤其是下山巷道施工中广泛应用。然而，俯斜掘进时，瓦斯和积水易于向掘进工作面聚集，可能会增加施工过程中的安全风险。因此，俯斜掘进对通风和排水系统提出了更高的要求，需要合理布置通风和排水设施，以确保施工的安全性和有效性。

无论是仰斜掘进还是俯斜掘进的选择，都应充分考虑巷道的地质条件、瓦斯情况、排水需求以及运输方式等因素。合理的施工组织与设备配置是确保巷道掘进顺利进行的基础。在不同的施工环境中，通过优化掘进方式和施工组织，可以有效提高施工效率，保障采区巷道的安全与稳定性。

（一）仰斜掘进

仰斜掘进是上山巷道施工中常用的一种掘进方式，广泛应用于矿井开采的斜巷、上山以及由开采水平向上延伸的巷道中。其独特的施工特性与巷道倾角密切相关，仰斜掘进在设计和实施过程中，不仅需要考虑岩层结构和煤层条件，还必须根据瓦斯、积水等环境因素采取相应的技术手段，以确保施工安全和效率。

1. 破岩与掏槽布置

仰斜掘进过程中，破岩工作需要特别重视底板稳定性和爆破过程中的安全风险。由于巷道向上倾斜，爆破产生的应力易引发底板"上漂"或"下沉"，影响巷道的稳定性和安全性。为了防止这些现象，通常采用底部掏槽的方式，掏槽眼布置于距底板较近的软弱岩层中，确保爆破能量有效释放。同时，炮眼布置时，底眼向底板方向扎入，加大底眼装药量，以增强破岩效果并减少爆破时岩石抛掷带来的安全隐患。掏槽眼的合理布置不仅可以提高爆破效率，还能够减少对支架和周边岩层的破坏，进而延长巷道的使用寿命。

2. 装岩与运输系统

在仰斜掘进的过程中，煤岩的自重为装岩和运输提供了便利条件。根据巷道倾角的不同，可以采用多种装运方式。对于倾角较小的巷道，人工攉煤和刮板输送机的组合常见于施工现场，这种方法适用于倾角小于 25° 的情况。然而，随着巷道倾角的增大，溜槽自溜运输方式逐渐成为主流选择。不同类型的溜槽如铁皮溜槽、搪瓷溜槽等，分别适用于不同倾角范围的巷道。溜槽的使用不仅能够提高煤岩的输送效率，还能通过重力作用减少人工干预，从而降低劳动强度。然而，溜槽自溜过程中会产生大量粉尘和飞滚的煤矸，可能对施工人员造成安全威胁，因此巷道中需要设置隔板，以保护作业人员免受伤害。

对于倾角较大的巷道，尤其是倾角大于 35° 的情况下，沿巷道底板自溜成为最佳选择。通过在巷道一侧设置密闭的溜矸间，确保煤岩沿固定路径下滑，避免影响巷道内其他施工作业。若巷道倾角较小，通常采用装煤机与刮板输送机相结合的方式，尤其在倾角小于 10° 的巷道中，这种组合可以有效提高装载和运输效率。此外，对于长度较长的巷道，绞车牵引矿车的运输方式较为普遍，通过绞车接力提升系统，可以保障矿车在长距离巷道中的顺利运行。

3. 通风与瓦斯管理

在高瓦斯矿井中，由于巷道的倾斜设计，瓦斯容易在工作面聚集，增加爆炸和火灾的风险。为了保障安全，施工过程中通常采用压入式通风系统，确保工作面始终保持良好的通风状态。在多条上山同时掘进的情况下，巷道之间的联络巷道有助于加强通风效果，通过每隔 20～40 m 设置联络巷，可以有效减少瓦斯的积聚，保障施工环境的安全。

在高瓦斯矿井中，仰斜掘进作业需格外重视瓦斯监测与排放。通常情况下，联络巷不仅用作通风设施，还可兼作逃生硐室，以确保在紧急情况下施工人员能够安全撤离。当单巷掘进时，双通风机和双风筒压入式通风系统可有效提高瓦斯排放效率，确保作业环境的安全性。即便在非工作时间或因故停工期间，通风系统也应持续运行，防止瓦斯积聚。如果因特殊原因如检修停电导致停风，所有人员必须立即撤离工作面，直到恢复通风并完成瓦斯检查后，方可继续作业。

在瓦斯浓度较高的矿井中，双巷掘进是一种较为理想的施工方式，每隔 20～50 m 通过联络眼相互贯通，不仅提高了通风效果，还增强了巷道内部的安全管理。在某些情况下，钻孔法可用于辅助通风，特别是在上部回风巷已掘进完成的情况下，钻孔法能够有效解决通风问题。对于未完成回风巷掘进的情况下，俯斜掘进可能成为更为合理的选择，以减少瓦斯积聚的风险。

（二）俯斜掘进

俯斜掘进作为矿井开发中不可或缺的掘进方式，通常应用于由开采水平向下的斜巷。与仰斜掘进相比，俯斜掘进具有独有的特征和挑战，尤其在装岩、运输、排水以及安全管理等方面。对此，俯斜掘进的特性将对矿山作业的整体效率和安全性产生深远影响。

1. 破岩、装岩及运输

在俯斜掘进的过程中，破岩作业需注意底板的稳定性，以防止底板"上漂"现象的发生。这种现象可能会导致巷道结构不稳定，从而影响后续的装岩与运输工作。与仰斜掘进类似，俯斜掘进中采用的爆破技术需确保施工作业的安全性和有效性，破岩效果的良好与否直接关系到后续装岩的效率。

由于俯斜掘进的特性，装岩过程通常较为困难，装岩时间在循环作业中占据约 60%。为提高装岩效率，机械化装岩成为必要手段。耙斗装载机是目前俯斜掘进中主要的装岩机械，采用时需确保装载机的稳固安装，以防止因倾斜而导致的下滑事故。为此，必须充分利用装载机自带的卡轨器，并额外设立大卡轨器以增加安全系数。此外，装载机与工作面之间的距离不应超过15 m，以提升工作效率和安全性。

在煤（矸）运输方面，俯斜掘进通常使用绞车牵引矿车、箕斗运输或刮板输送机。运输方式的选择取决于巷道的倾角和具体工况。通常情况下，刮板输送机适用于倾角小于 25°的巷道，而矿车运输则适用于倾角小于 30°的情况。对于倾角大于 30°的巷道，箕斗运输是一种更为合适的选择，因其装卸简便、提升安全可靠，尤其是当使用大容积箕斗时，能显著提高掘进速度。然而，箕斗提升需要设立卸载仓，对于较小断面的巷道则不太适用。因此，在选择适合的运输方式时，需综合考虑巷道的设计和使用条件。

2. 排水管理

在俯斜掘进的施工中，排水管理是保证施工顺利进行的重要环节。由于工作面通常会因自然水流或其他原因而积水，严重影响施工效率和安全。因此，采取有效的排水措施是至关重要的。

排水的有效性取决于水源和出水点的特性。对于来自上部平巷水沟的漏水，应及时进行封堵；而对于下山高位置的出水点涌水，则可将水流截引至相应的水仓。此外，若工作面附近的出水点水量较大，注浆封堵则是常用的有效措施。在实际施工中，应使用水泵及时排出积水。对于小于 6 m³/h 的涌水量，可以采用潜水泵将水排入矿车或箕斗内一并处理；而对于大于 6 m³/h 的涌水，通常需在施工巷道内设立小水仓，通过水泵接力排出。

近年来，QOB-15N 气动隔膜泵由于其吸程大、扬程高、噪声小和安全性高等特点，成为煤矿井下排水的常用设备。通过合理配置潜水泵与喷射泵，可以有效应对不同涌水量情况下的排水需求。喷射泵利用高压水喷射产生的负压吸水，适合小空间作业，且在爆破作业期间不会对其造成影响。

第五章　煤矿立井井筒设计与施工

第一节　立井井筒结构与施工设计

立井开拓作为矿山工程设计的核心形式，适用于多种复杂的地质环境和矿层条件。特别是在矿层埋藏深、倾斜角度较大、表土层厚度增加以及水文地质条件复杂的情况下，立井开拓显得尤为重要。这一方法不仅为矿井的生产和管理提供了必要的基础设施，同时也有效地提高了资源的开采效率。

立井井筒作为矿井的主要进出口，承载着多重功能，包括提升煤炭和矸石、运送人员和设备、通风以及排水等。由于立井井筒在整个矿山生产过程中起着至关重要的作用，因此其设计必须充分考虑到矿井的地质特征和实际运营需求。科学合理的立井井筒设计不仅能够提高矿井的生产效率，降低运营成本，还能增强矿井的安全性。

一、立井井筒结构及装备

立井井筒在矿井的整体设计中扮演着至关重要的角色，其作为通达地面的主要进出口，其结构的合理性直接关系到矿井的生产能力和建设速度。因此，立井井筒的设计与计算应依据其具体用途进行优化，以确保矿井的高效运营。立井开拓的矿山通常设有两个或多个井筒，依据各自的功能不同，井筒可分为主井、副井和风井三种类型。

主井，是专门用于提升矿物的井筒，通常设有箕斗，因此也被称为箕斗井。主井设计时需要充分考虑其承载能力和提升效率，以保证矿物的顺利运送至地面，进而提高矿井的生产效率。此外，主井内设有梯子间，以满足井下人员的安全通行需求，这一设计也是确保井下作业安全的重要因素。

副井，则主要用于升降人员、设备和材料，并负责提升矸石，因此被称为罐笼井。副井内通常设置罐笼，以及梯子间和管路间，以支持多功能的运营需求。副井不仅服务于日常的人员和物资运输，还兼作矿井的主要进风井，以确保井下良好的通风条件。在一些特大型矿山中，副井可能设计为专门提升矸石的矸石井，这种多功能性要求副井在设计中具备更高的灵活性与适应性。

风井，则主要作为通风井筒，通常作为出风用，同时也是矿井的安全出口。风井的设计同样需要设置梯子间，以便在紧急情况下提供安全的逃生通道。风井的通风效果直接影响到矿井内的作业环境，良好的通风系统能够有效降低瓦斯浓度，减少事故发生的风险。因此，在风井的设计中，应充分考虑风量和气流分布，以确保井下环境的安全和健康。

（一）井筒结构形式

井筒结构的合理设计是确保矿井安全和高效运营的关键因素。立井井筒由井颈、井身和井窝三部分构成，这些组成部分各自承担着特定的功能，并对整体结构的稳定性与承载能力产生重要影响。在某些特殊地层条件下，井筒的适当部位还需要设置壁座，以增强其承载能力和稳定性。

1. 井颈

井颈作为井筒的最上端部分，其深度通常在 8～15 m，具体取决于表土层的厚度和地层条件。井颈的设计需考虑其所承受的较大地压和地表荷载，尤其是在松散的含水层或破碎的风化岩层内，井颈的受力情况尤为复杂。由于井颈附近有井架和生产井塔的基础，其设计需综合考虑这些构筑物的自重和提升矿物时的最大荷载。因此，井颈的支护必须加强，通常要求井颈最上端的厚度达到 1.2～1.5 m，称为锁口，并向下逐渐减小，这种设计有助于分散地表荷载和井内动态荷载对结构的影响。此外，由于不同用途的立井可能在井颈部分留有孔洞，这在一定程度上削弱了井颈的强度，设计时需考虑相应的增强措施。

2. 井身

井身是井筒的主干部分，连接着井颈与井窝，承载着重要的提升和运输功能。井身的设计需综合考虑井内的矿物提升、设备运输及安全通行等多重需求。在井身结构中，通常需要设置罐梁、管道、梯子间等附属设施，以满足井下作业的便利性和安全性。井身的构造与材料选择需充分考虑其承载能力，以应对在提升和运输过程中产生的动态荷载。

3. 井窝

井窝位于井筒的底部，是车场及装载水平以下的部分。井窝的设计深度主要依据清理撒煤的方式来确定。井窝的结构形式通常为凹陷状，以确保提升设备的稳定运行并防止煤粉散落。在提升人员的罐笼井中，井窝的深度设计需要在井底车场水平以下设定托罐梁，以提供必要的支撑，同时留出适当的水窝深度以满足安全要求。

4. 壁座

壁座的设置对于井筒的稳定性也具有重要作用，通常在立井施工时分段进行，壁座用于支撑正在砌筑的井壁，且能够有效防止围岩的坍塌和涌水问题。壁座的设计通常假设井壁与围岩之间没有结合力，其重量完全由壁座传递至围岩，这一假设在实际情况中可能存在偏差，因此需要进一步探讨其合理性。壁座不仅提供施工段的支撑，还能在一定程度上封闭涌水、减少下部井壁围岩的破坏风险。

在我国的立井建设中，广泛采用双锥形壁座，这种设计能够有效提高壁座的承载能力。壁座的尺寸设计应遵循一定的经验公式，其高度通常不小于壁厚的 2.5 倍，宽度也应适度增大，以确保壁座在承受荷载时具备良好的稳定性。对于坚固的岩层，其壁座的宽度一般取 0.6～0.7 m，而在普通岩层中可取 1.0～1.2 m，若岩石坚固性较差，宽度不应大于 1.5 m，以避免影响施工的便利性。

（二）立井井筒装备

井筒装备是确保矿井安全高效运行的重要组成部分，其在井深范围内所构成的空间结构物承担着多种功能，具有重要的工程意义。井筒装备主要包括罐梁、罐道、各水平和井底金属支承结构，以及过卷装置、托罐梁、梯子间和管路等。为了实现井筒的功能性与安全性，必须对这些结构物的相互位置关系进行精心设计，以适应井筒的各种运行条件。

井筒断面通常可根据装备的需求划分为提升间、管路间和梯子间，这种划分为各个功能区提供了合理的空间分配和使用。提升间专门用于矿物的提升和运输，管路间则用于流体的输送，而梯子间则确保人员通行的安全与便捷。这样的结构划分，不仅提高了井筒的空间利用率，也增强了各功能区域之间的协同作用，确保矿井整体作业的高效性与安全性。

合理的井筒装备设计，能够有效提高矿井的生产能力和安全水平，同时为未来的技术创新和改进提供良好的基础。在矿山开发日益复杂的背景下，持续优化井筒装备的设计与实施，将成为保障矿山安全与提高生产效率的关键环节。

1. 提升间装备

提升间装备的设计与配置直接影响到提升作业的安全性与效率。一般而言，主井和副井均设有提升间，负责提升矿物的运输。在这一空间中，罐道作为提升容器的导向装置，起着至关重要的作用。罐道的合理设置可以有效控制罐笼或箕斗的上下垂直运行，并减少横向摆动，从而提高提升系统的稳定性与安全性。

（1）罐道梁。罐道梁是提升间装备中不可或缺的部分，通常沿井筒纵向设置，构成水平梁格。其主要功能是固定罐道以及其他相关结构，如管路和梯子。罐道梁的材料选择上，金属、木质和钢筋混凝土是常见的选择。钢罐梁因其优良的强度与耐用性而在矿山中得到广泛应用。虽然钢材的使用会增加成本并需采取防腐措施，但其长久的使用寿命和占用较小的井筒断面空间使其成为提升间设计的优选材料。

（2）罐道。罐道的种类通常分为刚性和柔性两大类，前者包括木罐道和金属罐道，后者主要以钢丝绳罐道为主。

木罐道的使用已经逐渐减少，主要由于其强度不足和易腐朽的缺点，然而在一些小型矿井中仍可见其应用。金属罐道，特别是采用 38 kg/m 钢轨制成的罐道，是目前矿山中最常用的选择，其能够提供良好的导向作用，同时承受较大的动态荷载。

钢丝绳罐道作为一种新兴的柔性罐道设计，其结构简单，安装便捷，且在提升容器的运行过程中能有效减少井筒内的阻力。这种罐道在提升系统中引入了一定的柔性，能够改善提升容器的运行稳定性，减少冲击，提高提升速度的安全性。

钢丝绳的设计和布置必须符合一系列安全标准，以确保在矿井深度增加及提升速度提升的情况下，依然能保证提升作业的安全与高效。

罐道的设计需考虑提升系统的各项参数，包括提升终端荷载、提升速度、井筒深度等。设计者需在综合考虑罐道绳的拉紧力、刚度和磨损等因素的基础上，合理确定罐道绳的直径及其布置形式。这一过程不仅涉及对材料的选择与计算，还包括对矿井整体工程结构的优化，确保在实际运行中各个部分能够协调运作。

提升间装备的整体设计与配置，反映了现代矿山工程设计的科学性与技术性，旨在为矿井的高效、安全生产提供保障。有效的提升系统不仅提升了矿井的生产效率，也为矿山作业的安全提供了坚实的基础。因此，提升间装备的优化设计，必须在不断发展与更新中，适应矿山工业的技术进步与安全需求。

2. 梯子间装备

梯子间装备在矿井的结构中扮演着重要角色，尤其是在坡度大于 45° 或作为安全出口的井筒中，其设计直接关系到矿工的安全与作业效率。梯子间的基本组成包括梯子、梯子梁和梯子平台，其结构设计应遵循安全性与实用性的原则，确保在紧急情况下能有效疏散人员。为了提升安全性，梯子间通常用壁板与提升间和管路间隔开，从而降低了提升设备和管路的影响对人员通行的干扰。

在梯子间的设计中，梯子的安装斜度不得超过 80°，以确保人员能够安全、稳定地上下。此外，梯子间相邻两个平台之间的最大垂直距离应限制在 8 m 以内，以便于人员在必要时能够迅速到达相邻平台而不增加安全风险。梯子孔的设计也是重要的安全考虑，其宽度应满足人员通过的需求，通常孔口的左右宽度不得小于 0.6 m，前后宽度不得小于 0.7 m。上下层孔口的错开设计旨在进一步增强安全性，避免在紧急情况下因拥挤而造成的危险。

在材料选择上，当前梯子间装备主要分为金属梯子间和木梯子间。金属梯子间因其优越的耐久性和安全性而被广泛采用，通常采用扁钢作为梯子架，角钢作为踏脚，平台则使用花纹钢板，以增强其承载能力和防滑性能。梯子间隔板通常采用网孔为 45 mm×50 mm 的金属网，有助于通风和减轻结构重量。

木梯子间虽然在过去被广泛使用，但由于其使用寿命较短和维护成本高，目前已逐渐被金属梯子间所取代。木材的腐朽和磨损将导致安全隐患增加，给维修工作带来额外的复杂性。因此，现代矿井设计趋向于采用金属材料，以提高整体结构的稳定性和耐久性。

梯子间的设计不仅要考虑结构的合理性与安全性，还需结合矿井的整体布局进行优化，以便于管路和电缆的检修和维护，确保矿井作业的高效运行。在进行梯子间设计时，需充分考虑到矿工的安全需求以及设备维护的便利性，以达到安全与功能的最佳平衡。这样的设计思路将为矿井的安全生产提供更为坚实的保障，推动矿山工程的可持续发展。

3. 管路间装备

管路间是矿井结构中不可或缺的组成部分，主要用于布置各种管路系统，包括排水管、压风管、供水管以及充填管和煤水管等。其合理的设计和布局对于矿井的正常运营至关重要。为方便检修，管路间通常设置在副井内，并与梯子间相结合布局，以提高空间利用率并增强操作的便捷性。管路间的设计原则是将管路尽量靠近梯子间主梁，并与罐笼长边平行布置，从而为维护人员在罐笼顶上进行检修或更换管卡提供方便的工作环境。

在管路间的主要设施中，排水管占据了重要位置，通常也布置在副井中，其具体位置依据井下中央水泵房的设置而定。排水管的数量应根据井下涌水量的大小进行合理配置，通常不得少于两条，其中一条作为备用。在排水管的安装中，若管道长度小于 400 m，其下端应支撑在托管梁上的固定管座上；当管道长度超过 400 m 时，每隔 150～200 m 应设固定直管座，并在其下端安装伸缩器。这一设计不仅有助于稳定管路的固定，还能有效缓解因水锤效应产生的冲击力。因此，托管梁的设计在承载管路重量的同时，也需考虑水锤引起的动态荷载，通常选用大型工字钢或组合工字钢作为支撑材料，以确保结构的安全与可靠性。

压风管和供水管的布置亦通常设置在副井中。根据压风机房的具体位置，为了降低管路中的压风损失，压风管可能会考虑布置在风井中。这种布置策略能够在一定程度上优化风力的输送效果，确保矿井内的通风系统保持高效运行。

在固定管路时，采用管卡将管路固定在专用的管子梁或罐梁上，以保证管路的稳定性。对于直径较小的压风管和供水管，亦可直接用管卡固定在井壁上，这样的设计在节省空间的同时，也能简化安装流程。此外，井内的动力和通信、信号电缆应通过电缆支架进行卡挂，支架应固定在靠近梯子间的井壁上，以方便电缆的进出线和维护。为了确保电缆的安全与有效性，通信和信号电缆应分别布置在梯子间的两侧；若在同一侧布置，则应保持不小于0.3 m 的间距，以降低电磁干扰的可能性。

二、立井井筒施工图设计

立井井筒施工图是矿井设计中的重要组成部分，其主要包括井筒横断面图和纵断面图。这些图纸不仅反映了井筒的结构特征，还为施工提供了必要的技术依据。在绘制施工图时，井筒断面各部分的尺寸应经过精确计算，以确保施工的顺利进行。通常情况下，井筒横断面施工图会按 1∶20 或 1∶50 的比例尺进行绘制，这一比例选择旨在在一定的空间内清晰地呈现井筒的各项装备及其布置情况。

井筒横断面图中，除了需标明提升容器与井筒装备的各项尺寸外，还需清晰标注井筒的方位角、井口标高以及坐标。这些信息对后续施工及维护具有重要参考价值。井筒方位角的确定依据相关标准，若井筒内配备了提升设备，则方位角与提升方位角一致；若无提升设备，则应依据通风机道中心线或梯子间主梁中心线进行测量。准确的方位角不仅影响到施工的定位精度，也直接关系到井筒在地下资源开采中的功能发挥。

井筒纵剖面施工图则主要用于反映井筒装备的内容，通常包括提升中心线和井筒中心线的方向平面图。在此图中，应详细表达井筒装备的结构尺寸及构件的安装节点，确保施工单位能够直观理解每一构件的安装要求和技术参数。这种全面的表达形式旨在为施工现场的实际操作提供指导，降低因误解图纸而导致的施工风险。

此外，施工图设计还应包括罐道梁、罐道及梯子间的结构图，以及井筒内罐梁及梁窝的布置图和井筒壁座图等。这些结构图的绘制应遵循相关工程规范，确保设计的合理性和可行性。每一部分的设计不仅要考虑施工的便利性和安全性，还要关注后期的维护与检修，进而实现井筒系统的长期稳定运行。

第二节 立井凿井设施与布置

立井井筒施工是矿井建设工程中技术要求高、施工难度最大的工程，需要专用的凿井设施。随着我国煤炭资源的开发，凿井技术有了很大的发展[①]。

一、立井凿井井架和工作盘

（一）立井凿井井架

立井凿井井架作为立井及井内悬吊设备和管路的主要承载结构，其设计与性能直接影响矿井的施工安全与效率。经过多年发展，国内凿井井架已形成了针对不同井型的定型结构，以适应多样化的施工要求。在实际工程中，井架的选择必须依据井筒的深度和直径，并在特殊施工条件下进行必要的承载分析。

凿井井架通常包括天轮房、天轮平台、卸矸台、扶梯和基础等多个部分。

天轮房的设计不仅要保护天轮免受外界环境影响，还需满足防雷要求，因此其结构需具备良好的抗风能力和承载能力。

天轮平台则是提升和悬吊设备的重要支撑，其设计应能承受所有提升物料的荷载。平台的构造一般由正方形框架和若干支撑梁组成，梁的截面通常为工字形，以应对较大的垂直和水平荷载。天轮平台的布置需精确，以确保与提升设备的合理对接，并避免摩擦和碰撞，保证施工过程的流畅性。

卸矸平台的功能在于高效处理井下开挖的矸石，其设计应考虑到溜槽的倾角与下缘的高度，以确保矸石能够顺利卸载并运输。

扶梯的设计则要满足人员在不同平台之间的便捷流动，通常由轻便的材质构成，以提高安全性和稳定性。

---

① 戴良发，谭杰. 我国煤矿立井特殊凿井技术的应用与发展 [J]. 煤炭工程，2013，45（S2）：9-12.

基础部分的设计至关重要，其一般为截锥形结构，使用混凝土浇筑，底面积需依据地基土的承载力进行设计，以确保井架的稳固。

整体而言，立井凿井井架的各个组成部分在设计时需综合考虑载荷、稳定性、施工效率等多方面因素。随着井筒深度的增加和施工机械化程度的提高，井架的设计与制造也在不断进步，以满足现代矿井建设日益复杂的需求。对井架的合理配置与科学设计，不仅提高了施工安全性，也促进了矿井建设的高效发展。

（二）立井凿井工作盘

立井凿井工作盘是确保立井施工安全与高效的重要设施，涵盖了封口盘、固定盘、吊盘和稳绳盘等多个关键组成部分。这些工作盘主要由钢结构制成，具备高度的强度与稳定性，确保在复杂的施工环境中能够承受施工作业带来的各类荷载。

第一，封口盘。封口盘设置于井口地面，既是安全防护的屏障，又是施工过程中升降人员和设备的工作平台。其设计通常为正方形平台，采用钢木复合结构，能够有效防止工具或杂物掉落，同时提供足够的承载能力。封口盘的标高需高于当地洪水位，并适当高出地面，以避免水侵入。在设计过程中，需对其主梁和副梁的强度进行详细验算，确保其在施工荷载和自重的作用下，保持结构的安全性和稳定性。

第二，固定盘。固定盘位于井筒内，通常设于封口盘下方4～8 m处。其主要功能是接长井下悬吊管路、设置激光定向仪并保障施工安全。固定盘的结构一般为圆形，其面板上除管线通过孔外，其他部分需铺设钢板以确保操作的平稳和安全。尽管固定盘的荷载较小，但其设计同样需要根据实际工程经验合理选择梁的截面，以确保稳定性。

第三，吊盘。吊盘是井筒内最重要的工作平台，具有多种功能，包括井壁砌筑、提升稳绳及悬挂抓岩机等。吊盘的设计通常采用双层钢结构，能够承受较大的施工荷载，包括施工人员、设备和材料的重量。吊盘的梁格结构由主梁、次梁和圈梁组成,主梁一般采用完整的工字钢,圈梁则为闭合圆弧梁,需根据施工要求合理布置。同时,吊盘的设计也需确保通过孔口的安全性,防止作业过程中物体的意外掉落。

第四,稳绳盘。稳绳盘在吊盘下方设置,主要作用是减小吊桶的横向摆动,为保证吊桶的稳定运行而提供张紧力。稳绳盘的构造较为简单,通常为单层圆形结构,其位置设置需与掘进工作面协调,以提供额外的安全保护。稳绳盘的存在与否取决于具体的施工作业方式,在长段平行作业中必须设立稳绳盘,而在混合作业中则可由吊盘承担其功能。

整体而言,立井凿井工作盘的设计与功能相辅相成,合理的结构设计不仅能提升施工效率,还能保障作业安全。在实际应用中,各种工作盘的设计和配置应根据具体的工程要求和施工环境进行优化,以实现高效、安全的施工目标。

二、立井凿井设施的布置

立井凿井设施的布置是一项具有高度复杂性的技术任务,涉及在有限的井筒断面和井口周围空间内,科学合理地配置各类凿井设备。该布置不仅需满足井筒施工的基本要求,还需综合考虑矿井建设在不同阶段的多样化施工需求。合理的设施布置对提高施工效率与保障作业安全至关重要,因此,需遵循一系列基本原则与优化设计方法。

(一)立井凿井设施的布置原则

立井凿井设施布置的原则是确保施工效率与安全性的关键,涉及井内设备、凿井盘台以及地面提升和稳绞设备的合理配置。布置方案应根据矿井建设的不同阶段,综合考虑凿井、开巷和井筒永久设施安装的需要,以最大限度地减少设施改装的工作量和时间成本。

第一,在井口凿井设备与井内凿井设备的布置协调上,必须确保两者的相互配合及与邻近井筒的协调施工。这种协调性不仅能优化施工流程,还能有效降低因设备配置不当而导致的安全隐患。设备和设施之间必须保持安全距离，以防止在施工过程中出现的意外事故，确保工人的安全和设备的正常运作。

第二，盘台结构的合理设计。设备布置应确保悬吊设备的钢丝绳与施工盘台梁之间的错开，避免对卸矸和地面运输造成不良影响。有效的结构设计能够提升设备的作业稳定性，并降低因设备受力不均而引起的故障风险，从而提升整体施工的安全性和经济性。

第三，地面提绞设备的布置应当注重井架的受力平衡。绞车房及其他临时建筑的设置，必须避免对永久建筑物的施工产生妨碍，确保整体作业的顺利进行。合理的设备配置不仅可以提高施工效率，还能有效降低施工过程中的安全隐患。

第四，施工设备的布置应重点关注提升吊桶、天轮平台及井内悬吊设备的合理配置。井内设备以吊桶的布置为主，确保井上下设备的合理协调，同时地面与天轮平台之间的关系也应当优先考虑天轮平台的合理配置。为实现这一目标，施工团队可借助纸质模板进行设备布置的初步模拟和调整，反复优化直至找到最佳方案。在方案确定后，依据相应的比例绘制井筒断面布置图（如 1∶20 或 1∶25），为后续施工提供科学依据。

立井凿井设施的布置原则在于通过科学合理的设计与调整，提升矿井施工的整体效率与安全性，保障矿井建设的顺利推进。

（二）立井井内设备的合理布置

立井井内设备的合理布置是确保施工顺利进行和提高施工安全性的重要环节。该布置不仅影响设备的运行效率，还对提升系统的稳定性及施工流程的协调性产生深远影响。各类设备的布局需遵循特定的原则，以适应复杂的施工环境和技术要求。

第一，吊桶布置。提升吊桶作为立井凿井设备的核心，其布置需遵循多个技术要求。吊桶的位置不仅确定了提升机房和井架的相对位置，也将影响井内其他设备的配置。布置时，需考虑吊桶与提升机之间的距离，使其偏离井筒中心，更靠近提升机一侧，以方便天轮平台及其他设备的协调布局。确保两套相邻提升的吊桶间距离不小于 450 mm，吊桶间隙应满足不小于 0.2 + $H/3\,000$ m（H 为提升高度，m）的安全标准，以避免设备间的干扰和冲突。

第二，临时罐笼的布置。当施工转入平巷阶段，需将吊桶提升改为临时罐笼提升。临时罐笼与井壁之间的安全间隙不得小于 350 mm，以确保作业安全。在进行布置时，应以井筒中心为圆心，结合安全间隙设定临时罐笼的外围布置界限，这种方法有助于减少改绞工作量。

第三，抓岩机的合理布置。抓岩机的合理布置需与吊桶的配置保持协调，以确保抓岩作业的有效性。抓岩机的位置应靠近井筒中心，且外缘应与井筒中心保持 100 mm 以上的距离，从而扩展抓取范围，防止因设备偏重而导致的运行问题。

第四，吊泵的布局。吊泵的布局应靠近井壁，但需与井壁保持 300 mm 以上的间隙，以保证正常运行。对于深井，吊泵与吊桶之间的间隔需增至 500 mm，以避免因空间不足而影响设备性能。井筒深度超过 400 m 时，吊泵与吊盘孔口的间距应不小于 50 mm，以确保设备的正常安装与操作。

第五，井筒凿岩钻架的布置。井筒凿岩钻架的布置需遵循安全间隙要求，确保环形钻架与吊桶之间留有 500 mm 以上的距离。为保障施工的顺利进行，钻架的悬吊点应避免与吊盘圈梁重合，从而减少潜在的安全隐患。

第六，安全梯及管线的布置。安全梯应靠近井壁悬吊，避免与设备的交叉，确保紧急情况下的人员疏散顺畅。管路和电缆的布置应合理集中，以减少对提升和卸矸过程的影响。为提高施工效率，部分管线可考虑采用井壁吊挂的方式，以减少井内悬吊管线的数量。这种方法在深井施工中尤为有效，可以节省绞车和钢丝绳的使用，简化整体布置。

（三）立井井口设备的合理布置

立井井口设备的合理布置是确保井口施工顺利进行的关键环节，其设计与配置直接影响到提升系统的效率及安全性。井口设备的布置涉及天轮平台、卸矸台以及提绞设备的合理布局，这些布置必须与井内设备相适应，以保证整个施工系统的协调性与有效性。

1. 天轮平台的布置

天轮平台的布置应遵循力学原理，确保井架受力均衡。在布置过程中，必须保证天轮平台中间主梁的轴线与凿井提升中心线相互垂直，以使提升过程中的动态荷载均匀传递到井架上。主梁的设计应考虑与井筒中心线的相对位置，通常建议主梁向提升吊桶的反方向错动，最大错动距离控制在 450 mm 以内，从而避免设备在提升过程中的干涉。此外，天轮的布置应根据井内设备的配置、绳索落点以及井架受力状态进行优化，以确保钢丝绳的出绳方向与井架中心线平行，减少摩擦和磨损，进而提高设备的使用寿命。

2. 卸矸台的布置

卸矸台的布置形式应根据吊桶的数量与配置类型进行合理设计，常见的布置方式包括单侧单钩、单侧双钩等。卸矸台的高度应保证其具有足够的容积，以适应卸矸作业所需的存储空间，并确保卸矸溜槽的坡度通常设定在 36°～40° 之间，以保证矸石的顺利卸载。同时，操作平台的设计要留有管线和设备通过的空间，并设置安全护栏，以保障操作人员的安全。

3. 地面提绞设备的布置

地面提绞设备的布置需充分考虑施工阶段的变化，以便在凿井和开巷期间不影响整体施工效率。提升机的设置应与井筒间的技术参数相匹配，包括最大绳弦长度、绳偏角和出绳仰角等，以确保提升过程中设备的安全性与稳定性。在布置时，提升机与井筒的距离需在合规范围内，以避免因设备间距不当导致的提升效率下降和潜在的安全隐患。对于凿井绞车，其配置应满足安全距离的规定，确保相互之间和与其他地面设备之间的安全间隙，以降低操作风险。

通过上述设计原则的实施，立井井口设备的合理布置不仅可以优化施工效率，还能显著提升作业安全性。针对井口设备的布置，合理的工程设计将为未来施工的可持续性和经济性提供坚实基础。

第三节　立井井筒基岩段施工技术

立井基岩施工是一个复杂的过程，通常包括钻眼爆破、装岩排矸和井壁支护等多个工序。为确保施工的快速、安全与高效，合理地组织和管理施工过程至关重要。正规循环作业的实施，成为当前立井施工实践中的一项关键策略。该方法通过在规定的时间内，依据作业规程和任务要求，合理配置人力与设备，确保各施工工序的顺序与节奏一致，从而实现施工进度的稳定推进。

一、立井钻眼爆破技术

钻眼爆破作为立井施工的核心工序之一，对施工效率、施工安全及工程质量均有显著影响。其在整个施工周期中占据了约25%的时间，足以证明其对整体施工进程的重要性。近年来，随着施工技术的不断进步，采用了伞形钻架、大斗抓岩机及整体金属模板等先进设备，使得炮眼深度普遍达到3.5～4.5 m，较以往的浅眼多循环方式实现了显著提升。

在立井施工中，由于穿越岩层的变化复杂，爆破器材的选择及爆破参数的合理设定显得尤为关键。有效的爆破可以显著提高岩石的破碎效率，进而加速施工进度，降低施工风险。当前，爆破技术参数的确定尚未形成完善的理论计算方法，通常依赖于具体的岩层特征与施工条件，结合工程类比及经验进行合理设定。这一过程要求工程师具备较强的判断能力和丰富的实践经验，以确保爆破作业的成功与安全。

（一）钻眼作业技术

在立井施工过程中，钻眼作业占据了整体钻眼爆破工序中最长的工作时间。因此，提升钻眼效率、增加炮眼深度以及提高机械化程度成为该工序改进的主要方向。当前，国内立井施工普遍采用手持式凿岩机与伞形钻架进行钻眼作业。

第一，手持式凿岩机。手持式凿岩机以其操作简便性在软岩和中硬岩层中广泛应用，其钻孔直径一般在 39～46 mm，炮眼深度约为 2 m。然而，在增加炮眼直径和深度时，钻进速度通常显著降低。为此，施工中常通过增加作业台数来缩短钻眼时间，通常在每 2～4 m² 的工作面上布置一台凿岩机。尽管这种方式在小井筒和较软的岩层中表现出色，但其劳动强度大、眼孔质量难以控制的缺点限制了其在深孔爆破和快速施工中的应用。20 世纪 70 年代初，我国研发的中频和高频凿岩机将立井钻眼深度提升至 2.5 m，而外回转重型凿岩机的引入使得钻眼深度进一步达到 4～5 m，显著提高了经济效益。

第二，伞形钻架。伞形钻架作为一种新型钻眼设备，因其机械化程度高和钻速快而受到青睐。该设备由中央立柱、支撑臂、运动臂、推进器、操作阀以及液压与风动系统组成，具备风、液联动的特性。伞形钻架在打眼前需通过提升机将其垂直吊放至工作面中心，然后连接风水管道，并调节油泵以固定钻架。该系统中配置的高频凿岩机具有独立的冲击与回转结构，能够根据不同的岩石条件调节冲击力和钎杆转速，适应性强，且卡钎事故发生率低。

在使用伞形钻架进行钻眼作业时，需注意多个操作细节。必须保证井口留出足够的空间以便于吊运和移位，同时需专人负责吊挂钩的作业，确保安全。支撑臂的角度应合理设置，以不影响吊桶和吊泵的升降，并在支撑完成后保持吊挂状态，以防止意外倾倒。此外，吊桶在钻眼作业时需保持适当位置，确保操作的顺畅性。

尽管伞形钻架的操作包含架设、收拢和提升等工序，进而占用一定工时，其高机械化程度、快速钻进能力及对硬岩和深孔的适应性，使其在现代深井施工中展现出明显优势。随着钻眼技术的不断进步和创新，未来的立井施工将更具效率与安全性，推动整个行业向更高水平发展。

（二）立井掏槽爆破技术

立井掏槽爆破技术是确保有效爆破的重要施工手段，其设计与实施直接影响到整个施工过程的安全性与经济性。在立井施工中，井筒通常采用圆形断面，炮眼的布置方式一般为同心圆形，包括掏槽眼、崩落眼和周边眼。掏槽眼在自由面条件下起爆，通常布置在井筒的中心位置，数量为5～9个，其设置深度相较于崩落眼和周边眼一般需加深200 mm，以提升爆破效果。

掏槽眼的圈径设计是该技术的关键参数之一，具体取值需依赖于岩石的坚固程度和施工的实际需求。在采用直眼掏槽技术时，圈径应为1.2～1.6 m，眼数为5～7个；在使用机械化钻架时，圈径可适当增大至1.6～2.0 m；采用锥形掏槽时，圈径应在 1.8～2.0 m。这些参数的设置应综合考虑井筒的实际地质条件和爆破工艺要求，以实现最佳的爆破效果。

锥形掏槽爆破方式在技术应用上具有特定的适用条件和优势。其圈径一般设定为1.8～2.0 m，炮眼倾角为70°～80°，并且装药系数通常在0.7～0.8之间。为防止爆破抛掷过高，中心处可设置空眼，深度为槽眼的2/3，适用于眼深在3 m以下的情况。这种方式能够有效降低因爆破产生的飞石风险，同时提升爆破效率。

直眼掏槽爆破方式则更为灵活，适用于不同深度的爆破需求。一阶直眼掏槽主要用于浅眼爆破，其圈径和装药系数均需依据岩石的坚固性系数进行合理设置。随着眼深的增加，二阶和三阶直眼掏槽的设计也应随之调整，圈径和装药系数可适度增大，以适应更复杂的岩石环境。这种逐层掏槽的方式不仅有助于提高爆破的稳定性，还能够有效控制岩石的破碎程度，确保作业安全。

根据多年来的研究和实际施工经验，在空间较小的立井中，圆锥形掏槽的应用往往受到限制，且可能导致井筒内设备的损坏。因此，直眼掏槽技术，尤其是二阶直眼掏槽，已成为主要的施工方法。这一形式能够支持多台凿岩机同时作业，提升爆破效率，确保岩石块度均匀，且抛掷高度较小，从而降低对吊盘及井下凿井设备的损害风险。

（三）井筒掘进爆破参数设计

井筒掘进爆破参数设计是提升爆破效率、降低施工成本及确保施工安全的关键环节。该设计涉及多个重要参数，包括炮眼深度、药包直径、炮眼直径、抵抗线、眼距、装药系数、炮眼数目以及炸药消耗量等。这些参数的合理确定需要综合考虑地质条件、岩石性质、施工机具和爆破材料等多种因素，以确保在复杂环境下实现最佳爆破效果。

1. 炮眼深度的确定

炮眼深度的选择直接影响爆破效果和施工进度。应根据岩石的力学性质、凿岩机具的性能及施工方案确定合适的炮眼深度。一般而言，当采用人工手持钻机作业时，炮眼深度应控制在 1.5～2.0 m；而在使用伞形钻架时，为了更好地发挥设备性能，炮眼深度可设定在 3.0～4.5 m。随着技术的进步，中深孔爆破日益受到重视，钻眼设备的选择将趋向于能够实现 4 m 深度的高效设备。在进行月进度计划时，炮眼深度可依赖于单项工程的施工组织设计中规定的立井进度指标进行计算，以此确保施工的连续性和稳定性。

2. 药包直径与炮眼直径的选取

药包直径和炮眼直径的选择需考虑炸药种类及其爆炸性能、凿岩机具的类型、钻孔深度等因素。炮眼直径必须保证药包能够顺利装入，药包外径的公差应控制在＋2.0 mm，因此炮眼的最小直径应比药包直径大约 5 mm。在深孔爆破作业中，选择直径为 55 mm 的炮眼可以有效容纳直径为 45 mm 的药卷，同时，周边眼的药卷直径应遵循光面爆破的要求，通常选用直径为 35 mm 的药卷。炮眼直径的合理设计不仅影响爆破效率，也对岩石的破碎程度产生重要影响。

3. 立井崩落眼及周边眼参数的确定

崩落眼的布置对扩大掏槽体积、促进岩体崩落及提高周边眼爆破效果至关重要。崩落眼的圈距应综合考虑岩石性质、炸药性能及药卷直径等，通常情况下，崩落眼的最小抵抗线为 700～900 mm。在崩落眼的设计中，眼距的确定可以通过炮眼密集系数与圈距相结合进行计算，通常取值范围在 1.0～1.2。装药系数的选取亦需要根据岩石性质、炸药性能及药卷直径进行合理调整，一般保持在 0.45～0.6。对于周边眼的设计，其作用是确保井筒轮廓成形规整，避免因炮震导致的岩帮裂缝。周边眼的布局应尽量靠近井壁，眼距一般在 400～600 mm，且应根据岩层的坚硬程度进行合理调整。

4. 炸药消耗量

炸药消耗量的计算应根据不同类型炮眼的装药量分别进行，并最终汇总得出循环总装药量。掘进每一循环的总装药量计算公式为：

$$Q = Q_1 + Q_2 + Q_3 \qquad (5\text{-}1)$$

式中：Q_1——掏槽眼的装药量；

$\quad\quad Q_2$——崩落眼的装药量；

$\quad\quad Q_3$——周边眼的装药量。

在进行单位岩体的炸药消耗量计算时，应将炮眼深度、井筒断面积及炮眼利用率等因素纳入考虑，以确保炸药使用的经济性和有效性。

5. 立井炮孔装药结构

炮孔装药结构设计应依据不同炮眼的爆破条件选择合适的炸药类型及装药结构。掏槽眼和崩落眼应选用威力较高的炸药，而周边眼则应采用低威力但能够保持稳定爆轰的炸药。装药结构可分为无间隙和有间隙两种形式，其中有间隙装药结构的设计可以通过不耦合装药等方式调整爆轰波的传播效果，进而改善爆破效果。立井掘进中，需根据不同岩石的硬度和爆破效果要求，合理确定装药系数，以实现最佳的爆破效果。

（四）立井爆破网络技术

立井爆破网络的设计与实施在立井掘进过程中至关重要，涉及起爆顺序、间隔时间、网络形式以及起爆电源的选择等多个方面。这些参数的合理配置直接影响到爆破效果与施工安全，需综合考虑地质条件、井筒设计及施工工艺等因素。

1. 起爆顺序与间隔时间

立井掘进爆破的起爆顺序通常以掏槽眼为起点，随后依次进行崩落眼和周边眼的起爆。起爆间隔时间的设定主要依据经验，缺乏严格的理论依据。对于直眼掏槽，间隔时间一般设置在 50～100 ms，特别是在眼深较大的情况下，应取上限；而圆锥掏槽时，为了克服按顺序使用短延期雷管可能导致的抛掷距离过大，通常采用每隔 3～4 段使用短延期雷管，间隔时间设置在 75～500 ms。此外，崩落眼之间的起爆也建议使用短延期雷管，以保证岩石破碎效果的集中性，减少岩石的无序堆积。周边眼的起爆应同时进行，以确保爆破的整体性和稳定性。

2. 爆破网络的选择

在立井爆破中，井筒掘进断面较大，雷管数量众多，且工作面通常处于淋水状态，这些因素均为爆破网络的设计带来了挑战。常见的爆破网络类型包括串联网络、并联网络以及串并联网络。其中，串联网络在立井中使用较少，因其容易发生拒爆；而并联网络，尤其是闭合反向并联网络，因其网络电流分布均匀且起爆可靠，成为实际应用中最为普遍的选择。反向并联虽布线简单，但电流分布均匀性较差，仍可在一些特定情况下采用。串并联网络的设计要求良好的电流平衡，以减少拒爆的可能性。

在立井爆破的导爆管起爆网络设计中，由于井下环境电磁干扰严重，《煤矿安全规程》要求在装药连线之前必须切断所有电源，这可能影响井筒的工作照明，进而导致装药质量的下降。采用非电导爆管雷管可以在不切断电源的情况下进行爆破作业，有效提高了作业的安全性与效率。非电导爆管雷管的优良抗干扰能力能够防止在连线过程中因电流干扰引起的爆破事故。

3. 起爆电源

立井掘进爆破过程中，因炮眼数量较多，通常采用 220 V 或 380 V 的交流电源进行起爆。地面设立专用的开关箱，并在井筒内敷设专用的放炮电缆，工作面采用裸铝线或镀锌铁丝作为连接线，以保证电流的稳定性。采用并联或串并联的雷管爆破网络时，由于串并联网络易发生拒爆，因此在放炮母线截面足够大时，宜优先采用并联网络。闭合反向并联网络能有效确保雷管的电流分布均匀，但需逐个检测雷管的电阻，以便根据阻值进行合理分组。在并联网络中，放炮母线和连接线应具有足够的断面，以确保起爆电流不少于1.5 A。

二、装岩排矸技术

装岩排矸技术在立井掘进施工过程中扮演着至关重要的角色，涉及高效、安全地将开采过程中产生的矸石装入提升系统并运送至排矸场。该技术的有效实施不仅能够提升作业效率，还能够降低安全风险，改善工作环境。因此，深入探讨装岩排矸技术的各个方面，对于优化立井施工流程，提升整体施工效率具有重要意义。

（一）装岩设备

装岩设备是实现装岩排矸的重要工具，主要包括抓岩机、提升设备以及辅助装置等。当前，国内立井施工中广泛使用的设备种类繁多，主要有中心回转式抓岩机、环形轨道式抓岩机和长绳悬吊式抓岩机等。这些设备在设计和功能上不断进行优化，旨在提升装岩效率和作业安全性。例如，中心回转式抓岩机因其结构紧凑、操作灵活和维护方便等特点，广泛应用于煤矿立井施工中，其抓斗容积通常达到 0.6 m³ 以上，能够有效提升装岩的生产率。

（二）装岩生产率

装岩生产率是评估装岩技术水平的重要指标，受到多种因素的影响，包括设备类型、操作技术、岩石特性等。通过实测数据可知，不同类型的抓岩机在相同条件下，其装岩生产率差异显著，通常可以通过公式进行估算。装岩生产率的提高，可以通过技术培训、设备维护、合理选择爆破参数和提升能力等手段实现。例如，合理的工时利用率和抓斗的装满系数可以显著提高生产率。当压气压力从 0.5 MPa 增加至 0.6 MPa 时，装岩生产率可提升 7%～8%。

（三）排矸方法

在装岩排矸过程中，矸石的处理和排放方式直接关系到施工的效率和安全。翻矸装置的应用能够有效地将矸石卸出，常见的翻矸方式包括人工翻矸和自动翻矸，其中自动翻矸装置以其高效、安全的优势逐渐成为主流。以座钩式翻矸装置为例，其通过重力和偏心原理，实现对吊桶的倾倒和卸矸，极大地减轻了人工操作的劳动强度，并缩短了卸矸时间。

在地面排矸环节，随着机械化程度的提高，矸石的处理能力也得到了显著提升。设置大容量的矸石仓能够有效缓解卸、排能力不均衡的问题，从而保证装岩和提升过程的持续性。此外，地面排矸的方式越来越多地采用装载机进行二次装载，以提高效率并减少人工干预。这种方法不仅加快了出矸速度，还优化了资源的使用效率。

三、井筒支护技术

井筒支护技术是立井施工过程中的重要环节，其质量与安全性直接影响到整个施工过程的效率与安全。井筒在向下掘进至一定深度后，必须进行支护作业，以承受地层压力、固定井筒设备、封堵涌水以及防止岩层的风化与破坏等。因此，井筒支护技术的选择与应用至关重要。

（一）井壁临时支护

井壁的临时支护技术在长段掘砌作业中得到了广泛应用。近年来的施工实践表明，锚喷支护是一种高效的临时支护方式。该方法能够实现随掘随喷，通过喷射混凝土及时封闭岩层，确保了施工的安全性。此外，锚喷支护还可以根据岩层条件的变化，灵活调整喷射作业的段高，以适应不同的施工要求。这种灵活性在松软、破碎岩层的支护中尤为重要。随着施工技术的不断发展，立井快速施工逐渐实现了井筒随掘随支，减少了临时支护的工艺步骤，直接进行永久支护，这一进展大幅提高了施工效率。

（二）永久支护模板

永久支护技术通常采用混凝土井壁作为支护结构。在永久支护过程中，金属模板的使用至关重要。金属活动模板被广泛应用于短段筑壁作业，能够有效地与掘进出矸工序交替进行。在工作面掘进至一个模板高度后，即可启动筑壁工作，完成后则进行模板的拆除与清理，为下一轮的筑壁作业做好准备。此外，近年来发展出的液压滑升整体模板，为长段掘砌作业和冻结井筒的内壁浇注提供了高效的解决方案。这种模板在实际应用中展现出较快的筑壁速度和高效的施工质量，尤其适合不同围岩条件下的支护作业。

（三）混凝土的输送方式

井筒内的混凝土可以通过溜灰管或底卸式吊桶进行输送。无论采用哪种方式，持续、稳定的混凝土输送是确保施工安全与质量的关键。使用溜灰管的方式具有操作简单、施工连续等优点，但需特别注意管道的清洁与维护，以防止堵塞现象。吊桶输送混凝土则适用于较大的混凝土容积，虽然速度相对较慢，但其在混凝土质量控制方面表现出色。

（四）混凝土浇注

井壁混凝土的浇注施工时应严格控制立模的垂直度与圆度，以确保井壁的设计要求得到满足。浇注过程中，要采用分层浇注的方式进行捣固，以提高混凝土的密实度，避免出现漏水等质量问题。井壁接茬的质量管理也是不可忽视的方面，接缝的处理将直接影响井壁的整体强度与密封性能。

四、立井涌水处理技术

立井涌水处理技术是确保矿井施工安全与高效的重要措施之一。在立井开采过程中，井筒涌水不仅影响掘进速度，还可能导致施工质量下降、工人安全隐患增加等问题。

（一）水的导引与截留技术

立井涌水的处理技术可分为水的导引与截留技术。

有效的导水技术能够在施工过程中及时排除涌水，降低水对施工质量的影响。例如，针对集中涌水的地质条件，可以在施工前埋设导水管，通过导管将涌水引流至安全区域。这种方法的成功实施依赖于对涌水量和地质条件的精准评估。导水管的直径、数量及埋设深度等参数需基于现场实际情况进行优化，以确保导水效果达到最佳。

挡水技术也在涌水处理中占据重要位置。设置挡水板可有效阻止上方涌水对正在浇筑混凝土的影响，进而提高施工质量。挡水板的材料选择和结构设计应考虑其抗压强度与耐腐蚀性，确保其在各种施工条件下均能发挥作用。此外，挡水板的固定方式与临时支护的结合也需要经过严谨的工程计算，以确保其在施工过程中不发生位移或损坏。

在处理持续性涌水方面，壁后注浆技术显得尤为重要。通过注浆封水可以有效阻止水的渗透，保持施工环境的干燥。根据工程实际，注浆材料的选择、注浆压力及注浆时间都应进行合理设计，以最大限度提高封水效果。

（二）钻孔泄水技术

钻孔泄水技术为涌水管理提供了新的思路。在进行井筒的钻探时，设置专用的泄水孔能够将多余的水及时排出，避免对掘进作业造成干扰。为确保泄水孔的畅通，需采取措施保护孔道，防止因岩石和泥沙堵塞导致泄水效果下降。实践中，及时对泄水孔进行检查和维护是保证其长期有效运行的关键。

（三）井筒排水系统

井筒排水系统的设置是涌水处理技术中的一个重要环节。吊泵和潜水泵等排水设备应根据井筒的深度与涌水量进行合理配置，确保在涌水量增大时能够迅速响应。当前，多种型号的吊泵已被广泛应用于立井排水中，其设计充分考虑了立井特有的施工环境。合理的泵房设置与备用泵的配置能显著提高排水效率，确保施工过程中的安全和顺利进行。

第四节　斜井工程及其安全施工技术

斜井开拓在矿山建设中以其工期短、投资省、速度快和效率高的特点，成为现代矿业工程中的重要组成部分。这种开拓方式在煤矿等多种类型矿山中得到广泛应用，尤其是在具备适宜条件的情况下，大、中、小型矿井均应优先考虑采用斜井开拓。这种技术不仅适应性强，而且能够有效缩短矿山的建设周期，降低初期投资，使其在资源开采行业中扮演着不可或缺的角色。

随着矿山设备的不断升级和施工技术的提升，斜井开拓的优势愈加明显。特别是长距离钢丝绳带式输送机的研制与应用，使得斜井的物料输送效率显著提高。这种设备不仅提升了矿山生产的整体效率，还进一步强化了斜井开拓在矿山建设中的地位。通过优化运输系统，斜井能够实现更快速的物料和人员运送，从而满足矿山不同水平生产的需求，为矿山的综合管理提供了更高效的解决方案。

一、斜井井筒设计

根据斜井井筒内采用的提升方式不同，斜井可分为矿车串车斜井、箕斗斜井和带式输送机斜井。设计时需依据斜井的不同用途来确定断面大小和设施布置。斜井井筒是矿井的主要通道，其服务年限通常较长，断面形式多以拱形为主，支护材料可选用料石砌筑、锚喷支护或浇注混凝土支护。为确保有效合理地利用井筒的所有空间，减少井筒工程量，提升安全生产及井筒的维护与设备检修等，斜井断面布置时必须遵循以下原则：

第一，井筒内的提升设备与管路、电缆之间，以及设备与支护体之间需保持安全间隙。这不仅要考虑提升运输的安全性，还应考虑到生产期间升降设备的最大可能尺寸。

第二，设计应有利于生产期间井筒的维护和设备检修，确保人员通行的安全。井筒内应设置人行道，其宽度不应小于 700 mm。通常考虑到人行道一侧布置的电缆及巷道变形的影响，宽度设计为 760～900 mm，高度不应小于1.8 m。

第三，针对矿车或提升容器发生掉道或跑车事故的情况，设计应尽量减少对井内各类管线及其他设备的破坏程度。

第四，作为兼作通风用途的斜井井筒，其有效断面必须满足通风要求，以确保矿井的通风系统能够正常运作。

（一）斜井断面布置

斜井断面的布置是确保矿井安全高效运行的关键因素，其设计需综合考虑各类提升方式的特点及相应的空间配置。

对于矿车串车斜井而言，其断面布置通常包括轨道、人行道、水沟及管线等各要素，设计时应关注不同布置方式的优缺点。例如，水沟与管路的重叠布置在提升系统中较为常见，此种配置可在人行道一侧或另一侧进行。其主要优势在于空间利用率高，管路架设于水沟上方，便于检修，减少了断面的占用。然而，该布置方式在安全性上存在隐患，尤其在人行道一侧时，可能影响安全躲避通道的有效性，进而增加了出入时的困难。在管路设置于非人行道一侧时，矿车掉道或跑车事故可能导致管路的损坏，造成更大的经济损失。因此，在实际工程中，水沟与管路的分开布置成为了另一种常见选择，尽管此时井筒需适度加宽，以适应未来可能的生产扩展和大型设备的运输需求。

在箕斗斜井设计中，其断面尺寸主要由箕斗的大小及其合理布置所决定。此类斜井主要用于矿物的提升，通常不设管路与电缆，也不承担通风任务，仅配备水沟和检修道。由于箕斗的容量大且提升速度快，井筒的断面需根据箕斗的特点进行优化，以确保提升过程的高效与安全。

胶带斜井采用带式输送机进行矿物运输，因其运输方式的连续性、运量大和安全性而受到广泛应用。为了满足检修需求，设计时除需设置带式输送机外，还需铺设检修道和人行道。人行道的布置通常位于带式输送机与检修道之间，以确保操作人员的通行安全和工作效率。

（二）斜井井内设施

斜井井内设施是矿井安全高效运营的重要组成部分，涵盖了水沟、行人台阶与扶手、躲避硐、管路与电缆、轨道等关键要素。各项设施的合理设计与配置不仅确保了矿井的正常运作，也为矿工的安全和检修工作提供了保障。

水沟的设计对于斜井的排水系统至关重要。井筒内的涌水需通过水沟有效排走，且水沟的坡度应与斜井的倾角相匹配，以保证水流顺畅。考虑到水流速度较快以及井筒的长期使用要求，水沟通常采用混凝土浇注工艺。在井筒轴向设置主水沟的同时，还应在含水层下方和井底车场连接处设置横向水沟，以截流井内流水，并将其引至相应的水仓内。设计胶带斜井和箕斗斜井时，应确保上、下开采水平的水沟互不连通，以减少井底排水量和清理工作量。

行人台阶及扶手的设置是为了确保矿工在检修和日常行走时的安全便利。根据斜井的坡度，设计规定明确了行人台阶和扶手的设置要求。当斜井坡度在 7°～15° 时，需设扶手；坡度在 15°～30° 时，需设台阶和扶手；而坡度大于 45° 时，则需要设置梯子间。台阶的材料可为料石或混凝土预制块，亦可整体浇注，以提高结构的稳固性。若条件允许，优先利用水沟盖板作为行人台阶可有效节省材料并优化空间利用。

躲避硐的设置是为了在提升过程中保障检修人员的安全。根据安全规程要求，在矿车串车或箕斗提升的斜井中，行人不得随意通过。为应对实际生产中的检修需求，每隔 30～50 m 需设置一个躲避硐，其标准尺寸为宽 1.0 m、高 1.6～1.8 m、深 1.0～1.2 m。这一设计有效降低了检修期间的安全风险。

管路与电缆的布置应避免设置在繁忙的提升通道内，以防止因提升容器掉道或跑车而造成的损坏。理想情况下，这些设施应安排在副斜井中，以减少对主提升通道的干扰与潜在安全隐患。

斜井轨道的设计需要根据提升容器类型、提升速度及每次提升量进行选型。轨道在提升过程中受到的下滑力是设计中的重要考虑因素，该力的大小与斜井倾角、提升速度及提升重量密切相关。应采取适当的力学方法进行估算，以确保轨道在频繁下滑力作用下的安全性。为防止轨道因下滑力而发生位移，设计中通常采用固定钢轨法，通过在井筒底板上每隔 30～50 m 设置混凝土防滑地梁或其他固定装置，保障轨道的稳定性与运行安全。

（三）斜井井口布置

斜井井口的布置对于矿井的安全和运营至关重要，要求在设计时充分考虑地质条件、功能需求和安全措施。井口结构一般采用加厚的井颈设计，由筒壁和壁座构成，以确保结构的稳定性和防护能力。

在冲击层中的斜井井颈部分，自井口至坚硬岩层之间的区域需进行砌碹处理，并延伸至岩层内至少 5 m，以增强支护效果。井颈的支护高度应超过地表，并需高出当地最高洪水位至少 1.0 m，以防止水害对井筒的影响。此外，为了降低火灾风险，井颈内应安装坚固的金属防火门，确保在突发情况下能够有效阻隔火焰蔓延。人员安全出口、通风道、压气管、排水管以及电缆沟应合理设置在防火门下方，以便与井筒相接通，形成有效的基础设施布局。

对于斜风井，井口的设计同样需特别考虑，通常包括井筒、风硐、人行道或安全出口及防爆门。根据所采用的通风机类型，风硐的布置方式会有所不同。为了降低通风阻力，风硐与井筒之间的夹角应控制在30°～35°，以兼顾施工要求和通风效率。同时，为避免风流短路，人行道内需设置两道风墙，并装配向相反方向开启的风门，以确保风流的合理引导和安全通行。

在风硐入口处设置铁栅栏是安全规程的一项重要要求，以确保人员上下的安全。此外，防爆门的设置应正对井筒风流方向，这样能够有效保护通风机免受外部冲击，从而提高整个通风系统的安全性与可靠性。通过精心设计井口及其相关设施，能够显著提升矿井的安全管理水平，确保生产活动的顺利进行。

（四）斜井硐室工程

斜井硐室及串车车场作为斜井工程的核心组成部分，对矿山的生产能力和安全性具有直接影响。其设计的合理性不仅影响了矿物的运输效率，还关系到井下作业的安全与顺畅。

在箕斗斜井和带式输送机斜井的每一个开采水平上，需设置翻车机硐室、矿仓与装载硐室，以确保各水平的井底运输车场与斜井井筒的有效连接。矿仓的布置有倾斜与直立两种形式，现代大型矿仓普遍采用直立设计，以提高空间利用效率和矿物储存能力。在胶带斜井的设计中，矿仓与装载硐室的布局与箕斗井相似，但配备了输矿机，能够实现矿物的连续运输，进一步优化了运输流程。

矿仓的结构尺寸至关重要，其主要功能是储存一定数量的矿物，以调节井下生产、运输与提升之间的平衡。矿仓的容量应根据井下运输串车的容量和井筒的提升能力进行设计，目前的行业标准要求，针对中型矿井，矿仓的有效容量应至少为提升设备 1 h 的提升能力,而对于大型矿井则需达到 1～2 h 的提升能力。这一容量设计理念旨在确保在生产高峰期,矿仓能够满足连续作业的需求。

矿仓的位置通常设置在运输水平的下部,以便于卸矿作业,其结构形式可采用圆筒仓或方形筒仓,设计需确保矿物能够自由下滑,避免堵塞现象的发生。一般情况下,矿仓的垂直高度应保持在 10～20 m,且大型矿仓的高度可适度增加,以提高其存储能力。装载硐室的设计较为简洁,其宽度与井筒相同,并在矿仓下口处略作增高,以方便装载设备的安装和操作,具体尺寸应依据运输设备的规格进行调整。

(五)串车车场设计

采用矿车提升的斜井,要使矿车从斜井井筒顺利地过渡到各水平的井底车场,必须在井筒与车场水平之间设置一组完整的轨道线路系统,这就是串车斜井车场。根据串车斜井井筒与井底车场巷道的连接形式不同,主要分平甩车场、斜甩车场和斜井吊桥三种类型。

通常不需要延深的斜井与井底车场的连接部采用平甩车场;中间提升水平或需要延深的斜井与车场连接部则采用斜甩车场或吊桥。

1. 平甩车场

平甩车场在斜井运输系统的设计形式主要取决于井筒的结构特征和矿山的实际运输需求。通过合理的设计,平甩车场不仅提升了矿物运输的效率,还保障了作业的安全性。

在煤矿的应用场景中,当井筒和运输大巷均位于煤层内时,通常会将井筒内的轨道线路变平,随后绕道与运输大巷的轨道相连。这种设计特别适用于井筒倾角较大的情况,有效地减少了煤矿的运输阻力,提升了煤的装卸效率。

在井筒倾角较小的情况下,设计方案会在接近井底水平时调整倾角,使其与矿层底板掘进相接，进一步实现与运输大巷的连接。这种设计策略不仅保证了运输的平稳性，也提高了矿物的运输效率。

对于井筒沿矿层底板或穿越岩层直至井底的设计，直接过渡至车场巷道的形式在某些情况下是可行的。在线路变平后，建议在一定距离处设立弯道或阻车装置，以防止因斜井跑车而造成的矿车过快冲入车场，从而引发安全事故。这种设计在井筒与大巷距离较远时尤为适用。

针对大型矿井，平甩车场的设计通常会采用在井底水平后，将空车与重车分开并与大巷轨道相连的形式。这种配置能够有效分流运输，提高装卸效率，满足大规模运输的需求，从而进一步优化矿山的生产流程。

2. 斜甩车场

斜甩车场是矿山斜井系统中重要的车场形式，尤其在多水平开拓和斜井延深工程中，通过在某一水平引出线路，连接井底车场内的轨道，构成了高效的运输通道。此种设计不仅提高了矿物运输的效率，还促进了整体矿山的安全生产。

斜甩车场的布局通常包含多个道岔和不同的线路形式。在此过程中，设计首先考虑到斜井的结构特征，形成一组三维线路，从井筒中的主要道岔开始，通过分车道岔及相关的曲线和存车线，最终达到存车道岔。这种复杂的结构不仅能有效管理运输流量，还能最大限度地减少矿车在转换方向时的倾斜风险。

在不同的斜甩车场形式中，第二号道岔的分岔方向具有显著影响。若其向远离斜井的轨道外侧分岔，重车的提升过程中将产生横向分力，这种情况需要特别注意，以防止重车掉道或倾倒。由于重车在起钩点到道岔的行驶大致为直线，能够提供较为有利的运行条件。与此相对，若道岔朝向斜井方向，则空车的运行会更加平稳，但重车提升时需经历多次方向改变，容易导致不稳定性。因此，在设计上需选用较小的岔角并确保低速起步，以提高安全性。

此外，增加斜面曲线或延长插入段的方式也在某些情况下被采用，以将摘钩和挂钩地点移至交叉点之外。这种设计虽然增加了工人的行走距离，但在岩层稳定性较差时，此方式能有效减小交叉点的宽度与长度，有利于维护。

3. 斜井吊桥

斜井吊桥作为一种有效的连接形式，在多水平开拓与串车提升的小型金属矿山中得到了广泛应用。此设计通过吊桥的起吊与下放功能，使矿车能够顺利进入特定开采水平，或沿井筒轨道过渡至下一个开采水平，从而优化矿物运输的流程。该结构的核心优势在于其灵活性和高效性。吊桥的设计允许在不影响矿井其他部分操作的前提下，便捷地进行矿车的进出。这种连接形式不仅提高了矿车的通行效率，还有效减少了因轨道转接而可能造成的运输延误和安全隐患。吊桥的使用可以在不同的作业水平之间实现快速转运，促进整体矿山的作业效率。

二、斜井表土段施工设计

斜井施工首先要穿过表土层。由于表土层一般都土质松软，稳定性较差，多数有涌水，地质条件变化较大，斜井过表土的距离相对较长，因此安全快速地通过表土层尤其重要。斜井表土施工，一般采用明槽开挖的方法。应用该法时，最好要避开雨季，以免给施工带来困难。

（一）井口的明槽开挖施工

当斜井井口位于地形平坦地区时，一般均采用明槽施工。由于表土层较厚，稳定性较差，顶板不易维护，为了安全施工和保证掘砌质量，通常将井颈段一定深度的表土挖出（即大揭盖），形成明槽，待永久支护砌筑完成后，再回填夯实。

1. 明槽几何尺寸的设计

在明槽施工之前，应根据具体的地质条件、土层状况、斜井倾角、地下水位、施工设备等条件确定斜井井口明槽的有关尺寸。

（1）明槽边坡角。当表土层较薄，或者表土层虽厚但具有自立性时，明槽侧壁可以是竖直的。但端壁和侧壁的上部，为防止滑塌可做成仰坡。

当表土层厚且不稳定时，明槽应有一定的坡度。明槽的坡度根据开挖方式和土层的物理力学性质，即土层的内摩擦角、黏聚力、湿度、容重等参数来确定。当土层具有天然湿度，构造均匀，水文地质条件较好，无地下水时，明槽的坡度可依土层的稳定性在 45°～75° 范围选取。

（2）明槽的深度。根据几何关系可估算如下：

$$H_1 = \frac{(h_1 + H)}{\sin(\alpha_1 + \alpha)} + \frac{h_2}{\sin(\alpha_1 - \alpha')} \tag{5-1}$$

式中：H_1——明槽斜深，m；

h_1——顶板安全厚度，取 2～4 m，不稳定表土取 6～8 m，规定 $h_1 > 2$ m；

H——斜井井筒掘进高度，m；

α_1——明槽边坡角，（°）；

α——斜井井筒倾角，（°）；

α'——斜井井口的地面坡度，（°）；

h_2——耕作层厚度，视 α' 角大小取 0.15～0.5 m。

（3）明槽的长度。明槽底长度 L_1 和上口长度 L_2 计算如下：

$$L_1 = H\sin(\alpha_1 - \alpha') / \sin(\alpha + \alpha') \tag{5-2}$$

$$L_2 = H\sin(\alpha_1 + \alpha') / \sin(\alpha + \alpha') \tag{5-3}$$

（4）明槽宽度 B_1、B_2。由于明槽段井壁厚，为便于井壁永久支护的砌筑，槽底宽度 B_1 比斜井的掘进宽度增加 0.6～1.0 m 即可。

明槽上口宽度 B_2 为：

$$B_2 = B_1 + 2H_1\cos\alpha_1 \tag{5-4}$$

（5）明槽底坡度 α。明槽底的坡度应与斜井的倾角相同。

明槽的几何尺寸还与地层水和掘砌速度有关，在水的影响下，明槽周围土体的物理力学性质发生了变化，土体稳定性显著恶化，此时应将明槽的槽壁坡度变缓。

2. 明槽的防水和排水

为了确保斜井井口明槽的施工安全与环境稳定，防水与排水措施的有效实施至关重要。为防止地面雨水流入明槽，建议在明槽四周开挖环形排水沟，形成一个有效的排水系统。特别是在雨季进行明槽开挖时，考虑在明槽上部搭设防雨棚显得尤为必要。此外，针对汛期可能出现的洪水风险，建议在明槽周围修筑土堤，以进一步增强防水能力。

主排水沟的设置通常应位于施工区边缘或道路两旁，在施工过程中，保持排水沟的畅通是关键措施之一。必要时，可以设置小涵洞，以确保水流顺畅，避免排水堵塞。

在明槽开挖过程中，如槽底面低于地下水位，地下水的渗入将对施工条件产生不利影响。为应对这种情况，应根据具体水文状况采用井点降水及槽内排水的方法。明槽作为临时性挖方边坡，其挖掘速度应尽量加快，维护时间应尽量缩短，以保障周围土体的稳定性。

在明槽坡面若出现局部渗水现象，建议在渗水位置设置过滤层，以防止砂土的流失。此外，为了排出明槽中的积水，槽底两侧应设置排水沟，前端可设集水坑，通过水泵将积水排出，并引入主排水沟。

在土体稳定性较差、明槽开挖较深且地下水丰富的情况下，为防止流砂现象的发生，可以采用井点降水法，使地下水位降至明槽底面以下，从而保持土体的稳定性。通过综合的防水与排水措施，能够有效保障斜井井口明槽的施工安全与环境稳定。

3. 明槽临时支护措施

明槽的挖掘作业通常依赖于人工或机械设备，其边坡支护的设计与实施是确保施工安全的关键环节。现代工程实践中，支撑加固法成为主流选择。这一方法涉及在明槽两侧的槽壁及门脸上部设置横向支撑或斜撑，以增强其结构稳定性。

在具体的支护实施中，台阶木桩法作为有效的技术之一，通过按台阶式开挖并在侧壁打入短木桩，插板维护的方式确保边坡稳定。这一方法尤其适用于表土层不够稳定或夹有流砂层的情况，采用 45°的台阶式开挖，能够降低坍塌风险。

明槽正脸的稳定性对于斜井口的开口工作至关重要，防止顶帮坍塌现象的发生是支护设计的核心。在土质坚硬且稳定的情况下，可以利用挡板护住井口上部边坡，并通过斜撑固定挡板，以防止片帮或滑坡的发生。针对土质松软且易冒落的情况，则需采用抬棚及木垛进行支护，并用草袋填充木垛与土帮之间的空隙。

明槽的深度设计也应确保井筒掘进断面顶部与耕作层或堆积层之间保持至少 2 m 的距离，以保障井筒顺利穿过表土层。在施工过程中，斜井井筒通常需要进行砌碹，建议采用短段掘砌法。在井筒自明槽向表土层掘进 5～10 m后，应由内向外进行永久支护，直至地表，并对明槽进行分层夯实。

为确保斜井表土施工的顺利与安全，应遵循若干重要原则。明槽施工应尽量避免在当地雨季进行，以防止边坡支护困难。施工前，应在井口周围修筑排水沟，引导水流至场外。在渗透性较大的土壤中，水沟的构造应采用砖砌筑并抹上砂浆，山区则应加设防洪沟。冬季施工时，为防止开挖土壤冻结，需采取保温措施，如将土壤翻耕耙松，深度不低于 0.3 m。土方和材料的堆放应确保距明槽边坡上缘 0.8 m 以上，弃土堆置高度应限制在 1.5 m 以内。

（二）斜井深表土的暗挖施工

在斜井施工过程中，当表土层较厚时，施工不仅局限于明槽的开挖，还需进入深表土进行暗挖作业。表土层的稳定性通常受到其地质分布、土质结构、含水量和渗透性等多种因素的影响，这些因素在不同地域甚至同一地域内都可能存在显著差异。在稳定性较好的表土层中，斜井施工相对简单，通常可采用普通法进行施工。

当斜井的掘进宽度小于 5.0 m 时，适合进行全断面一次掘进的短段砌筑施工；当掘进宽度大于 5.0 m 时，则可采取中央导硐或两侧导硐法进行施工，以有效保证施工质量和安全性。

面对不稳定性表土层，特别是由砾石、砂、粉砂等松散物质构成的地层，施工方法需更加谨慎。对于埋深超过 10 m 的不稳定表土层，常采用板桩法；在涌水量较大的情况下，施工需结合工作面超前小井降水和井点降水等综合措施。当含水砂层的埋深在 20 m 以内时，可以采用沉井法进行施工，处理复杂的涌水和流砂问题时，混凝土帷幕法则是一种有效的解决方案。

暗挖施工中，注浆法也可用于处理深厚不稳定表土，尽管冻结法在斜井施工中的应用较少，主要是由于其技术复杂性和经济性劣于立井冻结。然而，随着冻结技术的发展及其在实际工程中的逐步推广，斜井的冻结法施工有望得到更广泛的应用。

在深厚表土斜井施工中，永久支护形式的选择多样，包括料石砌碹、混凝土砌碹、钢拱架及锚网喷支护等，具体应根据斜井所在区域的表土层地质条件进行合理配置。这些支护措施将为深表土中的斜井施工提供必要的安全保障与技术支持。

三、斜井基岩段施工设计

斜井基岩段施工主要采用钻眼爆破掘进和锚喷支护技术。20 世纪 80 年代，我国的斜井快速施工已形成了具有中国特色的机械化作业线和设备配套方式。作业方式和劳动组织进一步优化，工效进一步提高，施工技术取得较大发展。

（一）斜井井筒掘进的钻眼爆破工作

斜井井筒掘进的钻眼爆破工作与平巷掘进基本相似，当斜井坡度小于 8°～10° 时，其钻眼爆破方法与水平巷道相同；当其坡度大于 35° 时，其钻眼爆破方法则与下向垂直巷道（如立井井筒和暗井等）相同；坡度大于 35° 的向上巷道（如反井和上山等）同反井施工相同。坡度介于 8°～35° 的斜井（或下山），掘进爆破具有自身的特点，以下仅讨论这种类型。

1. 斜井掘进钻眼爆破的技术特征

斜井掘进中的爆破作业通常采用小孔径的钻眼爆破，钻眼直径范围为 $\phi 25～55\ mm$，虽然其打眼、装药、堵塞和爆破等操作与平巷作业相似，但仍具备独特的技术特征。

斜井掘进过程中所使用的机具与平巷相同，且钻爆工序亦保持一致。由于爆破介质在破碎过程中受到重力的影响，导致斜井爆破的药量相对较大，这一特点有助于形成有效的抛掷爆堆。

在炮眼排列方面，斜井工作面与平巷类似，采用的掏槽方式同样适用。然而，由于斜井工作面为倾斜面，各个炮眼需设置一定的角度，因此钻眼的质量相较于平巷难以得到充分保证。斜井作为矿井的关键通道，其服务年限较长，对以锚喷技术作为井筒永久支护的斜井而言，对钻眼爆破的质量要求尤为严格。必须确保井筒坡度符合设计标准，断面达到光爆的要求，同时爆破后的岩石块度应均匀，以便后续的装岩运输。

在斜井掘进中，由于瓦斯沿井筒上升，通风条件相对较好，但运输和排水系统则相对复杂。井筒工作面常会出现积水，因而需选用具备防水性能的爆破器材。此外，由于斜井工作面附近难以存放大量矿车，调车和运输工作也面临一定挑战，因此在布置爆破底眼时，眼底应安置于底板设计线以下，以防止出现丢底现象。

在开凿斜井时，由于所穿岩层的变化频繁，爆破介质呈现不均质性，因此爆破参数需根据实际情况进行动态调整。目前，斜井出矸仍主要依赖于耙斗装岩机，而钻眼设备多采用单体气腿式凿岩机，导致斜井施工的机械化水平提升受到一定制约，液压台车和侧装机的机械化作业线难以广泛推广。

在大直径斜井井筒爆破中，通常会在地面设立动力起爆电源，而对于暗斜井或小直径深斜井，则依然采用放炮器进行起爆。这一系列技术特征不仅影响了斜井的施工效率，也对整体的安全性与经济性产生重要影响。

2. 斜井爆破参数设计的关键要素

斜井爆破参数的设计涉及多个关键要素，包括单位岩体炸药消耗量、炮眼深度、药卷直径、炮眼直径、炮眼数量及装药量等。各项参数的合理确定应综合考虑斜井施工过程中地质条件、岩石性质、钻眼机具以及爆破材料等多重因素。

单位岩体炸药消耗量的合理设定受到多种因素的影响，包括岩石的物理力学性质、断面大小、炸药性能、炮眼的直径与深度等。这一参数的精确计算相对复杂，现有的理论或经验公式往往只能提供近似值，因此需要通过实验进行必要的调整。通常情况下，斜井爆破的单位耗药量略高于平巷，设计时可以参考斜井掘进的经验数据和预算定额。

炮眼装药系数的选择同样至关重要。在采用斜眼掏槽的情况下，装药在槽腔内较为集中，以工作面为自由面时，装药长度系数可设定为 0.4～0.6。对于直眼掏槽，由于通常超量装药，装药长度系数一般在 0.7～0.8，此时掏槽眼的装药量在总炸药量中占比较大。光面爆破时，周边眼的装药量相对较少，通常控制在 100～200 g/m，采用定向断裂爆破时光爆层的单耗一般控制在光面爆破的一半到三分之二。

炮眼直径与装药直径的选择对钻眼效率、全断面炮眼数量、炸药消耗量及爆破后岩石块度与围岩平整度均有显著影响。设计时需综合考虑斜井断面的大小、循环进尺、块度要求、凿岩机具的类型以及炸药的性质与爆炸性能等因素。为了确保药卷能够顺利装入炮眼，炮眼直径应相应大于装药直径，一般可设定为装药直径加 4～6 mm。在软岩条件下进行巷道掘进时，建议采用小直径装药与炮眼，以有效保护围岩免受爆破冲击。

炮眼深度直接影响到每个掘进循环中的钻眼与装岩工作量、循环进尺以及每班的循环次数。合理的炮眼深度应基于实现高速、高效、低成本和便于组织正常作业的原则进行设定。炮眼深度的确定方法与平巷相似，需根据在特定时期内所需完成的斜井掘进任务进行计算。这些参数的合理配置不仅优化了施工流程，还提升了施工的安全性与经济效益。

3. 斜井爆破设计的技术要点

斜井爆破的掏槽技术在原理上与平巷爆破相似，通常可以参考平巷的相关技术进行设计。由于斜井断面较大，常采用斜眼楔形掏槽或直眼掏槽。在实际应用中，倾斜角度对抛碴的影响必须得到充分考虑，因此在向下掘进时应适度增加装药量，而在向上掘进时则可适量减少装药量。

在斜井爆破设计的过程中，炮眼位置的布置至关重要。在钻眼之前，需在斜井断面上准确测定炮眼位置，首先测量中线和腰线，随后根据设计要求在断面岩石上标记出孔口的位置。实施中深孔抛碴爆破时，辅助眼的角度应适当调整，确保其倾角比斜井的倾角大 5°～10°。此举能够有效增强底眼的爆破效果，建议将底眼加深 200～300 mm，并使眼底位置低于井筒底板 200 mm，从而增加底眼的装药量。

在周边眼布置时，原则上应遵循设计轮廓线，尽管为了便于打眼，通常需要向外或向上偏斜一定角度。偏斜角的调整应依据炮眼深度，通常设置在 3°～5°之间。对掏槽眼和底眼的装药系数应适度增加，并减少炮眼与药卷之间的间隙，以避免管道效应的出现。在底眼装药时，需正确选择防水炸药或防水套，以防止拒爆现象的发生。

中深孔爆破中可能出现的拒爆现象常与"间隙效应"有关。为降低拒爆风险，可以采取多项措施，例如改变装药结构，当炮眼内装药多于六卷时，将起爆药卷放在中间位置进行起爆，或者减少炮眼与药卷之间的间隙。此外，采用爆速较大的炸药也是一种有效的解决方案。

在光爆密集系数方面，应控制在 0.8～1.0，周边眼的装药量建议为每米眼深 120～150 g，而掏槽眼的装药量应为眼深的 50%～70%。在装药过程中，毫秒雷管的间隔时间通常设定在 50～100 ms。所有炮眼的装药和堵塞工作应严格按照爆破说明书进行，周边眼可用炮泥进行封口，而其他炮眼的堵塞长度不应少于 40 cm。斜井的深孔掏槽形式以直眼掏槽为主，炮眼深度不受井筒断面尺寸的限制，其布置也可以根据炮眼深度的变化而灵活调整，这为实现机械化打眼提供了便利。

（二）斜井掘进中的装岩排矸机制

在斜井掘进作业中，通常采用自上而下的掘进方式，装岩排矸作为核心环节，其重要性不容忽视。此环节不仅占据了掘进循环时间的 60%～70%，还直接影响掘进的整体速度。因此，提升装岩排矸的机械化水平及设备配套的综合能力已成为国内外斜井施工的重点关注领域。

当前的掘进施工普遍采用中深孔光面爆破技术，这种技术能够有效提高岩石破碎的效率，进而促进后续的装岩作业。装岩过程中，耙斗装岩机被广泛应用，其结构设计能够高效地从工作面收集破碎的岩石。此外，矿车或箕斗的排矸系统则在运输效率上提供了保障，使得挖掘出的矿石能够迅速移离施工现场。

在进行装岩排矸时，工作面直接排水以及锚喷支护也是关键施工工序。通过合理的排水措施，可以有效降低工作面水位，从而改善施工条件，减少水对掘进作业的不利影响。锚喷支护技术则在确保边坡稳定性方面发挥了重要作用，为整个施工过程提供了必要的安全保障。

1. 耙斗装岩机

斜井施工通常采取自上而下的方式，耙斗装岩机成为该工艺的主要设备之一。该机型专为适应倾角小于 30° 的斜井设计，在倾角达到 17° 及以上时，要求耙斗机与工作面之间保持 5～15 m 的有效距离。这种距离配置不仅有助于确保装岩效率，还能减少设备操作风险。

在斜井施工中，耙斗装岩机的固定方式依据斜井的倾角大小而异。当倾角小于 25° 时，即使设备自身配备有四个卡轨器，仍需在机身后增设两个额外的卡轨器以确保稳定性。对于倾角大于 25° 的斜井，安全措施更为严格，需设置防滑装置。具体实施时，可在巷道底板上钻孔，以楔入圆钢或铁道橛子并利用钢绳固定耙斗机，进而防止在工作过程中出现摆动或翻斗的危险。

在使用耙斗装岩机的过程中，必须严格遵循相关安全规范。设备上应装配金属挡绳栏杆以及防止耙斗出槽的护栏，且耙斗绞车的刹车装置必须保持可靠运行。锚桩的固定也需稳固，应根据实际岩性条件选择合适的安装方法，确保工作面作业区配备良好的防爆照明设施。

装岩前，必须对耙斗机进行全面检查，确保机身固定可靠，所有连接部件均处于良好状态。严禁在耙斗运行范围内进行其他作业或有行人通行，当斜井倾角大于 20° 时，司机前方应设立护身柱或挡板，以进一步增强安全保障。在操作过程中，禁止手扶或碰撞运行中的钢丝绳，若需利用耙装机自拉自移，必须制定专门的安全措施。

2. 箕斗提升排矸

斜井掘进中，箕斗提升排矸技术在高效作业中占据重要地位，作为设备配套的关键环节，其设计与应用直接影响到掘进效率与安全性。当前，我国主要采用无卸载轮前卸式箕斗，这种设计相较于传统的后卸式和前卸式箕斗，具备更显著的优势。

无卸载轮前卸式箕斗通过去除箱体两侧突出的卸载轮，避免了在运行过程中与管缆或设备人员发生碰撞的风险。这一设计不仅提升了箕斗的有效装载宽度，增加了井筒的断面利用率，还简化了结构，易于制造和维护。此外，配备的回转式卸载装置能够实现快速卸载，有效提升作业效率，特别是在需要排泥水的情况下表现优异。

尽管无卸载轮前卸式箕斗具有诸多优点，仍存在一定的不足之处。卸载装置依赖自重复位，造成卸载时的回转距离较短，仅为 0.5 m，这可能限制其在特定作业中的适应性。为确保安全，操作者需具备熟练的操作技能，同时提升机应配备可靠的行程指示装置，以防止卸载时因过负荷造成的设备损伤。此外，卸载过程中牵引力的增加，可能引发提升机的负荷骤增及卸载架的变形风险，这对设备的长期稳定性构成挑战。

3. 矸石仓储技术

在斜井施工中，矸石的有效管理与储存对地面运输效率的提升至关重要。为协调箕斗提升与地面排矸的能力，临时矸石仓的建设显得尤为必要。当前的设计要求是矸石仓的容积至少能够容纳一个循环排出的矸石量，以保障施工流程的连续性和高效性。

国内已研发出装配式的 40 m³ 矸石仓及其配套的栈桥，这种仓储设施采用斗状钢结构，通过螺栓连接的方式进行装配。这种设计不仅使得结构紧凑，还便于拆卸和搬运，具备良好的多次复用性。根据实际需求，矸石仓的容量可灵活调整至 32 m³、24 m³ 和 16 m³，进一步增强了其适应性和实用性。此外，矸石仓能够支持中面和双面排矸的作业方式，满足不同施工环境的需求。

配套的栈桥结构由支架和托梁组成，其桥面设计与斜井的倾角保持一致，确保了物料运输的平稳性与安全性。栈桥同样具有良好的装拆方便性和复用性，能够在不同的施工场合中发挥作用。这种灵活的设计理念与结构优化，不仅提高了斜井口的物料管理效率，还促进了施工过程的整体协调性与安全性。

（三）斜井排水技术

在斜井施工过程中，井筒涌水的流向始终指向掘进工作面，因此对涌水量的有效管理直接关系到施工质量与安全。根据不同的涌水情况，采取相应的防治措施是保障作业条件的关键。当单层涌水量超过 10 m³/h 时，应优先考虑采用工作面预注浆封堵措施以防止水流影响施工。对于涌水量较小的情况，实施工作面直排措施则是更为简便有效的选择。

在具体排水方案的制定中，当工作面涌水量小于 5 m³/h 时，可以使用潜水泵进行排水，而当涌水量在 5～30 m³/h 时，喷射泵则成为排水的合适工具。对于涌水量超过 30 m³/h 的情况，则需要配置离心泵，具体的排水措施将依据斜井的长度与倾角进行单段或双段的安排。

在掘进过程中，井筒穿越含水层、断层或裂隙涌水地段时，应采取分段截水和排水措施，以有效阻止上段水流向工作面，确保施工安全。截水方法可通过在涌水段下部轨道中央挖掘临时水窝的方式进行，依据涌水量的大小可设置 1～2 台喷射泵进行排水。此外，也可在涌水段下方靠近井帮的一侧挖掘水窝，配置卧泵将水排出。

（四）斜井支护技术

近年来，斜井施工中的支护技术不断发展，锚喷支护已成为其主要形式。与平巷施工相比，斜井喷射混凝土的施工设备通常采取集中固定的布置方式，集中设置于井口，并通过远距离管路进行物料输送。因此，确保斜井支护的安全生产，需重点解决喷射站的工作风压、管路堵塞以及输料管的磨损等关键问题。

在工作面延长的过程中，喷射机的风压需要相应提高，以确保物料能够正常输送到工作面。通常情况下，喷射机的最大工作风压为 0.6 MPa。在风压不足的情况下，应在管路中途增设辅助风管，以提升输送效率。管路堵塞主要发生在出料弯管、输料管和喷枪口。施工时，除了提高管路的质量外，喷射机操作人员应密切关注压力表的变化，及时发现异常情况，如压力突升，并立即停止供料和供风，以防止堵管事故的扩展，减少后续的处理难度。

输料管的磨损主要集中在弯头及管路连接处，因此，在管路的敷设质量上需保持平直且坡度一致。建议尽量采用法兰盘连接，以降低接口处的磨损风险。通过优化这些技术要点，能够有效提升斜井支护的整体效率和安全性，为施工的顺利进行提供保障。

四、斜井工程安全施工技术

在斜井掘进过程中，由于矿车或箕斗的频繁提升，安全隐患显著增加，尤其是跑车事故的发生频率较高。因此，采取有效的防跑车措施是确保施工安全的关键。跑车事故不仅可能对设备造成损害，更重要的是对施工人员的人身安全构成威胁，亟须对此进行深入分析与改进。

斜井施工的特点决定了矿车在运输过程中面临较大的重力和倾斜角度的影响。在施工初期，井筒的坡度设计和矿车的运行速度必须进行合理配置。通过对坡度、速度及载荷的动态监测，可以在一定程度上降低事故发生的概率。为此，在设计井筒坡度时，应优先考虑矿车的稳定性，设定合理的坡度范围以确保矿车在行驶过程中不会失控。

在斜井施工的开口处，设置有效的防护措施至关重要。具体来说，在上口平坡位置设置阻车器，以此防止矿车因惯性滑动而导致的意外事故。此外，上口坡点下方 20 m 处应配备挡车器或挡车栏，这一措施能够进一步降低矿车失控带来的风险。掘进工作面上方的坚固遮挡设置，则是针对可能的物体坠落或其他突发情况所采取的必要防护手段。

（一）跑车事故类型及预防措施

在斜井施工中，跑车事故的发生往往与多种因素密切相关，其中断绳跑车、脱钩跑车及辅助设备失灵等类型的事故是最为常见的。这些事故不仅直接影响施工进度，还可能导致重大的安全隐患。因此，对这些事故类型进行深入探讨及相应的预防措施显得尤为重要。

断绳跑车的发生主要是由于提升钢丝绳的磨损、锈蚀及疲劳等因素。在提升过程中，钢丝绳承受的变载作用及超负荷使用，会加速其断裂的概率。为此，合理选择和使用提升钢丝绳至关重要。采用耐磨性强的材料，并在使用过程中定期进行润滑防锈，可以显著延长钢丝绳的使用寿命。此外，应建立严格的检验机制，对钢丝绳的状态进行定期检查，并及时更换出现明显磨损或疲劳的钢丝绳，以确保其在施工中的安全性。

脱钩跑车则主要源于斜井串车提升过程中，连接绳卡的滑脱或钢轨铺设质量的不足。有效防止此类事故的关键在于采用高强度、便于操作的连接装置，并严格把控连接器的规格和插入深度。此外，提升轨道的质量直接影响车辆的运行稳定性。因此，确保重轨铺设的精确性及提高固定轨距拉杆的强度，能够有效减少串车或箕斗运行中的不稳因素，进而降低脱钩跑车的发生率。

对于因辅助设备失灵或误操作而导致的跑车事故，这类事故占据了全部跑车事故的显著比例。为了有效防止此类事故的发生，首先需确保辅助设备的正常运行，定期进行维护与检修，以避免设备因老化或故障而失灵。同时，在操作过程中加强人员培训，提升操作工的安全意识，确保每一项操作都符合规范，尤其是在钩工操作环节，避免因疏忽而导致的安全事故。

在应对跑车事故的整体策略中，建立完善的安全管理体系至关重要。这不仅涉及到设备的定期维护与检修，还需要加强现场的安全监测，确保施工人员时刻保持警觉。通过实时监控和数据分析，能够在事故发生前预警，降低安全风险。此外，施工现场应营造良好的安全文化氛围，鼓励所有参与者积极参与安全管理，形成全员、全过程、全方位的安全防护体系。

（二）斜井井口防跑车装置

在斜井施工过程中，井口防跑车装置的设置至关重要，旨在防止因摘钩不慎等原因导致的矿车或提升容器意外滑入井内。这类安全装置包括井口逆止阻车器、安全挡车板及绳压式防跑车装置等，具有结构简单、可靠性高等优点，广泛应用于多个矿区。

1. 井口逆止阻车器

井口逆止阻车器是一种常见的防跑车装置，其结构设计采用两根等长的弯轨焊接在同一根横轴上，并通过轴承固定在轨道下部的道心槽内。这种设计使得弯轨在平常状态下保持水平，能够有效地挡住矿车的轮轴，防止跑车。当矿车经过时，操作工踏下联动踏板，使弯轨头部倒下，允许矿车顺利通过。此装置在施工现场的应用极为便捷，不仅能有效阻止矿车意外滑入井内，还具备操作简单、维护方便的特点。

2. 安全挡车板

安全挡车板设计原理在于通过活动闸的重心变化来控制矿车的通过。当矿车挂钩时，销子插入孔内，使活动闸的长端翘起并水平维持。当摘钩后，活动闸的重心使其长端垂直向下，从而阻止矿车通过。这一装置需在每个矿车上安装，要求活动闸的灵活性以及挡车板周围环境的清洁，以确保其正常工作。这种挡车板在保障施工安全方面发挥了积极的作用，同时也需注意矿车的运行方向，以防止误操作。

3. 绳压式防跑车装置

绳压式防跑车装置采用提升钢丝绳的张力来维持防护功能。在正常提升状态下，提升钢丝绳拉紧，使可上下移动的绳轮保持压下状态，抬起设于井口的挡车门。然而，一旦发生摘钩不慎或断绳事故，提升钢丝绳的松弛将导致挡车门因自重落下，迅速关闭井筒，阻止跑车的发生。这种装置在应对突发情况时表现出良好的自动化特性，能够有效提升整体安全性。

（三）斜井井下防跑车装置

在斜井掘进过程中，井下防跑车装置的设置至关重要，旨在防止由于提升容器断绳或掉钩而引发的意外事故。这些安全装置主要分为手动和自动机械设施两大类，涵盖可移动挡车器和固定式挡车器，以确保在井筒工作面上方设有有效的防护机制。

1. 井下可移式挡车器

井下可移式挡车器通常设置于斜井或下山掘进工作面上方 20～40 m 处，主要包括钢丝绳挡车器、型钢挡车器和钢丝绳挡车帘三种类型。钢丝绳挡车器由直径为 25～32 mm 的废钢丝绳构成，其设计为环状结构，并通过绳卡进行固定。这种结构的绳环在正常状态下通过手动操作保持抬起位置，以便提升容器安全通过。若发生跑车事故，绳环将迅速落下，挡住提升容器，进而起到有效的阻挡作用。型钢挡车器则以刚性结构为主，通过型钢或钢轨构成门式挡车框，平时借助自重保持关闭状态。此装置能够在矿车或箕斗通过时，通过信号工的指示被拉开，保证提升容器的安全通行。钢丝绳挡车帘则采用钢管作为支撑，通过编织的钢丝绳形成帘子结构，提升容器通过时可手动抬起帘子，放松悬吊绳后帘子则自动落下，有效防止矿车的意外下滑。

2. 井筒内固定式挡车器

在井筒内的固定式挡车器通常用于较长的斜井，这些设备一般设置在井筒中部。悬吊式自动挡车器的结构设计包括在井筒断面顶部安装的横梁，其上固定的小框架与摆动杆的结合，使其在正常状态下保持在轨道中心线的位置。当提升容器以常速运行时，摆杆不会受到干扰，但在发生跑车事故时，提升容器的高速运行将撞击摆杆，从而打开与挡车钢轨相连的横杆。这一设计利用自重迅速落下的钢轨形成阻挡，确保提升设备不能继续下滑，达到有效的防护效果。为确保此种防跑车装置的可靠性，在安装和使用时必须严格控制摆杆与挡车轨之间的距离，以保证在提升容器达到阻车点之前，挡车轨能及时落下。此外，安装后的装置需经过超速放车试验，以验证其性能和有效性。

第六章 煤矿生产组织与控制管理

第一节 煤矿生产系统与生产管理

一、煤矿生产系统

煤矿生产系统是一种集成化的组织体系，旨在通过输入、转换和输出过程实现煤炭的有效生产与管理。这一系统不仅包括煤矿的生产功能，还涵盖销售、设计、交货等相关职能，体现了其在整个煤炭产业链中的重要地位。根据国际生产工程学会的定义，生产系统应具备综合功能，并提供相关服务的研究与开发能力。

（一）煤矿生产系统的组成

煤矿生产系统的核心在于其对生产要素的有效整合与运用。生产要素一般包括人力资源、知识、机械设备、原材料、工艺方法、资金、能源及生产信息等。在煤矿生产系统中，人力资源的组织与配置至关重要，确保各类专业人员能够高效协作，最大化生产效率。知识的应用与技术的创新则推动生产流程的优化，进而提升产品质量和生产效益。机械设备的配置与运作直接影响到生产能力和效率，而原材料的采购与管理则关系到成本控制和生产连续性。

在煤矿生产系统中，转换过程是实现生产目标的关键环节。该过程涉及生产的空间与时间组织、劳动分工与协作，以及按预定工艺流程进行的产品生产。通过科学的管理，煤矿企业能够有效控制质量、成本、库存及设备维护，确保生产的高效与稳定。这一过程不仅关注单一产品的生产，还需要综合考虑整个生产链条的协同与优化，提升整体运作效率。

输出环节是煤矿生产系统的最终目标，主要包括煤炭产品的交付和相关服务的提供。在社会主义市场经济条件下，煤矿生产系统的设立目的在于实现价值增值，满足国家经济建设的需要，提升用户满意度，并实现企业利润的增加和职工福利的改善。为了达成这一目标，煤矿生产系统必须强调效益性，努力确保输出大于输入，追求高效益和可持续发展。

在煤矿生产系统中，外部环境对其运作具有显著影响。物质、能量和信息在系统与外部环境之间不断进行转换。为此，煤矿生产系统必须具备灵活应变的能力，及时适应外部环境的变化，同时加强内部协调与管理，以提升系统整体运作的顺畅性。信息反馈机制的建立使得生产管理能够实时调整与优化，从而保证生产出符合市场需求的高质量煤炭产品和相关服务。

（二）煤矿生产系统的属性

煤矿生产系统被视为一个复杂的人造系统，具备多个显著的属性，这些属性共同构成了其高效运作的基础。

第一，集合性。煤矿生产系统的集合性体现在其由多种要素有机结合而成的特征。该系统包括人力资源、知识、机械设备、原材料、工艺方法、资金、能源和信息等各类生产要素。这些要素在系统内相互作用，协同工作，以实现预定的生产目标。这种集合性使得各个要素不仅各司其职，还能够在系统内形成有效的互动和配合，从而增强整个系统的效率和效益。

第二，相关性。相关性反映了系统内各个要素之间的内在联系和相互作用关系。在这一系统中，单一要素的变化可能会影响到其他要素的运作，形成一种相互依赖的关系网络。因此，仅仅将若干单元组合在一起并不足以构成一个完整的系统，只有当这些单元之间存在有效的相互关系和作用时，才能被视为一个有机整体。这种相关性不仅提升了系统的灵活性，也确保了在面对外部环境变化时的应对能力。

第三，目标性。煤矿生产系统的目标性是其存在和运作的核心驱动力。每个系统的设立都有其明确的目的，煤矿生产系统同样不例外。目标性要求在系统的设计与实施过程中始终保持明确的方向，确保各项生产活动围绕着预定的目标展开。这种目标导向的属性不仅提高了资源利用效率，还增强了系统的凝聚力和向心力，使各个要素能够协调一致，共同朝着目标努力。

第四，竞争性。煤矿生产系统具有内在的竞争性，体现在其对技术、管理和市场环境的适应能力。要保持竞争优势，系统自身必须不断创新和改进，以适应不断变化的市场需求和技术发展。这种竞争性促使煤矿企业在生产效率、产品质量和成本控制等方面持续优化，进而提升其在市场中的竞争力。这一属性促使煤矿生产系统在激烈的市场环境中保持活力与前瞻性。

第五，环境适应性。系统必须能够有效应对外部环境的变化，包括政策、市场需求、技术进步等多种因素。环境特性的变化往往会引发系统特性的调整，因此，煤矿生产系统需要具备灵活的调整机制，以确保在外部环境变动中能够持续保持最优运行状态。这种适应性不仅反映了系统对外部变化的响应能力，还增强了其在不确定性条件下的生存和发展能力。

（三）煤矿生产系统的结构

煤矿生产系统的结构是其构成要素及其相互关系的综合体现，构成了实现生产功能的基础。煤矿生产系统的构成要素复杂多样，通常可分为结构化要素和非结构化要素。

1. 结构化要素

结构化要素是指构成煤矿生产系统的物质形式和硬件，以及它们之间的相互关联。这些要素在系统中起着基础性作用，主要包括以下方面：

（1）生产技术。生产技术是指煤炭生产过程中所采用的工艺特点、技术水平以及设备的技术性能。生产技术的优劣直接影响到煤矿生产系统的效率和效果，决定了生产过程中的各项技术参数和工艺流程，体现了整个生产系统的技术先进性。

（2）生产设施。生产设施是指煤矿生产过程中所设置的各种设备和装置的构成、规模及其布局。设施的合理布置能够优化生产流程，提升生产效率。生产设施不仅包括机械设备，还涉及配套的基础设施，如通风、排水和电力等系统，这些设施的相互联系和作用关系构成了煤矿生产系统的重要框架。

（3）生产能力。生产能力是指煤矿生产系统内各类设备的技术性能、数量和组合关系所决定的能力。生产能力的强弱直接反映了煤矿的生产潜力与效率，是评估生产系统运作水平的重要指标。提升生产能力可以通过优化设备配置和提高技术水平来实现，从而满足不断增长的市场需求。

（4）生产系统的集成。生产系统的集成性反映了煤矿生产系统内部各要素的协调与协作能力，包括纵向集成与横向集成。纵向集成指的是从原材料采掘到成品运输的整个生产过程的无缝对接，而横向集成则涉及与外部市场和相关行业的联动。这种集成关系能够提升煤矿企业在整个产业链中的竞争力和协同效应。

结构化要素为煤矿生产系统提供了物质基础，其投资成本较高，建立后调整的难度也较大。因此，在决策时需要充分考虑各种因素，以确保各要素能够高效协作，最大化系统效益。

2. 非结构化要素

非结构化要素则是在已有的结构化要素框架下，支撑和控制生产系统运行的要素，通常以软件形式存在。其主要包括以下方面：

（1）人员组织要素。人员组织要素涵盖了人员素质、工作设计、人事管理制度、组织结构和激励政策等方面。这些要素从人力资源的角度出发，确保生产系统能够顺利运作。有效的人力资源管理和组织设计能够提升员工的工作效率和积极性，从而促进整体生产效率的提高。

（2）生产计划要素。生产计划要素包括煤矿生产计划的类型、编制与实施控制。生产计划是确保煤矿生产系统高效运行的核心，合理的生产计划能够有效配置资源，优化生产流程，确保各项任务的顺利完成。

（3）库存控制要素。库存控制要素涉及煤矿的库存类型及控制方式。有效的库存管理能够确保生产系统的持续运作，降低资金占用和库存成本，直接影响煤矿生产系统的经济效益。科学的库存控制方法能够确保原材料和成品的及时供应，从而维持生产的流畅性。

（4）质量管理要素。质量管理要素包括煤矿质量标准的制定、质量控制及质量保证体系的建立。这些要素为煤矿生产系统的正常运作提供了保障，确保生产过程中各环节都符合质量要求，从而提高产品的市场竞争力和用户满意度。

二、煤矿生产管理

煤矿生产管理是将管理的基本原理有效地应用于煤矿生产系统，以确保在资源消耗最低的情况下，按时、按质地生产所需的产品，从而实现最大化的投入产出比。这一过程不仅涉及对资源的有效配置与利用，还包括对整个生产环节的精细化管理，以提高煤矿企业的整体经济效益。

（一）煤矿生产管理的核心功能

在煤矿生产管理中，主要包括两个核心功能：计划功能与控制功能。

1. 计划功能

计划功能是煤矿生产管理的基础，涵盖了编制详尽的生产计划。这一功能涉及对劳动力的合理组织及生产前各项技术准备工作的协调与安排。通过科学的计划制定，可以确保生产资源的高效配置，合理安排各个生产环节，并为后续的生产过程奠定坚实的基础。生产计划的制定应充分考虑市场需求、资源供应和生产能力，以确保生产过程的顺畅和高效。

2. 控制功能

控制功能则是围绕完成生产计划展开的监督与检查活动。该功能的主要内容包括对生产准备、生产过程、产品质量、安全、物资消耗、生产成本以及库存和资金占用等多个方面的控制。通过实施有效的控制措施，能够及时发现并纠正生产过程中出现的问题，确保生产活动的安全、经济与高效，从而提升整体生产管理水平。

（二）煤矿生产管理的基本要求

为实现高效的生产管理并提高企业经济效益，煤矿生产管理应贯彻以下基本要求：

第一，市场竞争导向。市场竞争导向是煤矿生产管理的出发点和落脚点，强调企业在生产过程中需紧密结合市场需求。这一导向不仅符合社会主义市场经济的基本要求，也是提高煤矿企业竞争力的关键所在。通过关注市场动态，煤矿企业能够更好地调整生产策略，以应对激烈的市场竞争。

第二，讲求经济效益。在煤矿生产管理中，经济效益是核心目标，具体体现在实现生产数量多、产品质量高、交货及时及成本低等多个方面。通过优化生产流程、提高资源利用效率以及加强成本控制，煤矿企业可以有效提升经济效益，实现可持续发展。

第三，均衡生产。均衡生产要求煤矿企业在生产过程中有计划、按比例地组织各项生产活动，以消除盲目生产、克服前松后紧等现象。通过均衡生产，可以确保生产系统的稳定性，提升生产效率，降低资源浪费，从而增强企业的整体竞争力。

第四，科学管理。科学管理强调尊重客观规律，推行符合现代化大生产的制度与方法。通过实施科学管理，煤矿企业能够在生产过程中更加合理地配置资源，提升生产效率和安全性。同时，科学管理也为企业创新与发展提供了坚实的理论基础。

第二节　矿井生产过程组织与调度工作

一、矿井生产过程组织

矿井生产过程组织是指在煤矿生产活动中，为确保煤炭产品的高效、安全和持续生产而进行的系统性管理和协调。该过程涵盖从生产准备阶段开始，到煤炭产品最终出厂为止的所有环节。通过对矿井生产过程的科学组织，可以优化资源配置，提升生产效率，降低生产成本，并确保生产安全。

（一）矿井生产过程的环节构成

矿井生产过程由多个相互关联的环节构成，主要包括生产环节、工序、作业、操作和动作五个层次。这种层次化的结构为矿井生产的精细化管理提供了理论基础。每个生产环节在整个生产过程中都有其特定的功能与定位，例如基本生产环节直接参与煤炭的生产，而辅助生产环节则为基本生产提供必不可少的支持。生产服务环节则在整个生产活动中起到支持和保障的作用。

在各个环节内部，工序、作业和操作的合理组织与协调是实现高效生产的关键。工序的设置不仅要考虑单个环节的效率，还需兼顾与其他环节之间的协作关系，从而形成一个有机的整体。在此基础上，作业与操作的细化管理能够进一步提升作业效率，减少无效劳动，提高劳动生产率。

（二）矿井生产过程组织的任务

矿井生产过程组织的主要任务包括确保安全生产、提高采掘工作面的单产单进、提升经济效益、实现均衡生产及提高回采率等。

第一，安全生产。安全生产是矿井生产过程组织的首要任务。通过严格执行安全操作规程和工程质量标准，确保所有井下作业人员的安全。矿井各级管理人员应对安全生产负责，保障安全管理措施的有效实施，以防止事故的发生，维护生产的稳定性。

第二，提高采掘工作面的单产单进。提高采掘工作面的单产单进是现代煤炭工业生产的重要方向。这不仅能有效提升矿井的生产能力与产量，还能简化运输和通风系统，节省设备占用和人力成本，从而优化生产效率。

第三，提高经济效益。在煤矿生产管理中，提高经济效益是根本目标。通过合理组织生产和提高劳动生产率，煤矿企业能够在资源有限的情况下，最大化地实现经济效益。合理的生产过程组织可以减少资源的浪费，实现物资的高效利用。

第四，组织均衡生产。均衡生产是指在完成生产计划的前提下，确保生产过程的稳定性，避免产量波动和突击生产。通过合理的生产安排，能够有效平衡设备与人力的负荷，确保生产活动的持续性与稳定性。

第五，提高回采率。提高回采率是煤炭资源管理中的一项重要任务。通过优化开采方法和改善采掘工艺，矿井可以在不增加投资的情况下，提升煤炭的产出量，并减少因煤炭资源浪费所引发的安全隐患。

（三）矿井生产过程组织的要求

矿井生产过程组织需遵循生产过程的连续性、均衡性、比例性和平行性等基本要求。

第一，生产过程的连续性。煤矿的生产过程必须保持连续性，从采掘工作面落煤开始，经过装煤、运输等环节，确保生产活动无间断地进行。提高生产过程的连续性不仅能够提升生产效率，还有助于保障矿井的高产稳定。

第二，生产过程的均衡性。生产过程的均衡性体现在各个环节在相同时间段内实现稳定的产量。通过合理安排生产计划，能够有效防止产量波动，确保生产活动的有序进行。

第三，生产过程的比例性。在各个生产环节和工序之间保持合理的比例关系，是实现生产连续性和均衡性的必要条件。各个环节的协调运作能够确保生产活动的顺利进行，减少资源的浪费。

第四，生产过程的平行性。生产过程的平行性是指各个生产环节尽可能实现平行交叉作业，以缩短生产周期并提高资源利用率。通过合理安排工序和作业的平行进行，能够有效提升矿井的整体生产效率。

二、矿井生产调度工作

矿井生产调度工作是确保煤矿日常生产顺利进行的重要环节，其主要任务在于对矿井内各类生产活动的有序组织和有效指挥。调度工作在煤矿生产中占有十分关键的作用，做好调度工作对煤矿安全、生产及各项工作的顺利进行发挥至关重要的作用[1]。在复杂的地下环境中，生产条件时常多变，矿井的作业环节和工作地点呈现高度分散的特征，这使得矿井生产调度面临诸多挑战。因此，矿井必须建立一个有效的调度系统，以保证安全、均衡地完成生产任务。

（一）矿井生产调度的内容

矿井生产调度的内容涉及多方面的工作，这一过程包括对日常生产的全面指挥与组织，确保各个基层单位能够按计划执行作业。调度人员需要及时检查和评估作业进展，解决生产中出现的问题，从而维持正常的生产秩序。此外，调度工作还包括召开生产会议，分析生产动态，协调各生产环节之间的关系，确保资源的合理配置与高效利用。在事故发生时，调度中心须迅速作出反应，组织紧急处理措施，以尽快恢复安全生产秩序。

（二）矿井调度工作的要求

为了实现高效的矿井生产调度，要求调度工作具备计划性、及时性和全面性。调度人员需以周密的生产计划为依据，预见潜在的生产问题，努力消除事故隐患，以保持生产的连续性和稳定性。及时、准确地掌握生产动态是

---

① 梁晓礁. 综合生产调度在矿井生产中的实践与应用［J］. 科技传播，2013，5（16）：204+173.

调度工作成功的关键，这样才能在出现问题时迅速做出合理的判断与处理。同时，调度工作应从整体上进行安排，关注各个生产环节的协调与平衡，以促进整体生产效率的提升。

矿井生产调度工作的成功还依赖于集中的指挥和协调。通过集中统一的调度指挥，可以有效消除各生产环节之间的隔阂，避免重复和遗漏。调度工作应坚持有令必行的原则，确保所有指示和命令通过调度中心进行传达，强化调度部门的权威地位。为了实现这一目标，矿井需要建立科学的调度组织架构，确保各级调度人员明确职责，互相协作，以形成合力。

（三）矿井调度工作的组织

矿井调度工作组织是矿井生产系统中的核心管理机构，其职责在于统筹协调各类生产活动，确保矿井的生产过程高效、安全、连续进行。调度工作机构的设置形式和组织方式直接影响调度工作的效率与效果。当前，矿井调度工作组织采取三级调度制，即由省一级煤业集团、矿务集团及矿和井（区）级调度组成统一的调度网络。这样的组织形式能够有效实现调度工作的集中、迅速、灵活和全面的指挥，确保各生产环节的协调性与一致性。

矿井调度组织的设置有两种主要形式：一级调度和二级调度。一级调度通常是指在矿井层面设立一个综合性调度室，负责对全矿生产过程的各个环节进行统一指挥和组织。其功能涵盖生产部门与生产环节之间的协调，确保信息流通和资源的合理调配，统一指挥整个矿井的生产运行。一级调度的优势在于其指挥的集中性和全面性，使得矿长和总工程师能够直接监督和领导整个生产过程，确保决策的及时性与执行的高效性。二级调度则是在矿井调度室的基础上进一步分设井口调度或车间级调度室，以处理更为具体的内部调度事务。这种设置方式能够提高对生产一线的指挥响应速度，细化管理，确保各独立生产单位的调度与矿井整体生产调度的有效衔接。二级调度室主要负责本部门的内部调度工作，但仍受矿调度室的领导，以实现全矿生产的统一管理。

根据业务性质，矿井调度工作可以分为专业调度和综合调度。专业调度针对特定业务领域，如运输、机电、供应等，进行专门的指挥和协调，以确保各专业领域的正常运行。综合调度则涵盖整个矿井的生产流程和各部门的调度事务，由综合性调度室统筹负责。综合调度的作用在于集中协调矿井内部各个生产环节之间的关系，从而保证全矿生产的有序进行。

矿井调度组织实行双重领导制，即各级调度室在执行行政命令时，既受上级行政管理的领导，也需遵循上级调度室的业务指导。这种双重领导制有助于确保各调度室在执行具体工作时能够兼顾行政要求与专业技术标准，增强调度工作的规范性与专业性，从而提升调度工作的整体效能。

第三节　煤矿生产劳动组织与生产计划

一、煤矿生产劳动组织

煤矿生产劳动组织是指在煤矿生产过程中，按照生产过程或工艺流程科学地组织劳动者的分工与协作，使之成为协调的统一整体，合理地进行劳动。这包括正确处理劳动者之间以及劳动者与劳动工具、劳动对象之间的关系，不断调整和改善劳动组织的形式，创造良好的劳动条件与环境，以发挥劳动者的技能与积极性，提高劳动效率。

（一）煤矿生产劳动组织的主要形式

煤矿生产劳动组织作为确保矿井生产活动顺利进行的核心管理活动，其重要性不言而喻。这一组织形式的根本目的在于通过科学、合理的劳动分工与协作，提高劳动效率，保障矿井生产的连续性和安全性，进而实现企业的可持续发展。

1. 经营性劳动组织

经营性劳动组织是煤矿企业中一种富有创新性和激励性的劳动组织形

式。它基于承包合同，将煤炭生产任务（包括产量和质量）明确分配给职工。职工在完成或超额完成既定目标后，将依据合同条款获得相应的经济收益。这种劳动组织形式的核心在于将个人收益与生产业绩紧密挂钩，从而有效激发员工的积极性和创造性。

（1）激励机制。经营性劳动组织通过经济收益的直接激励，使员工更加关注生产效率和产品质量。员工在完成生产任务的过程中，会主动寻求创新和改进，以提高生产效率，从而获得更高的经济收益。

（2）主观能动性。该组织形式鼓励员工在工作中发挥主观能动性，通过自主学习、技能提升和团队协作等方式，不断优化工作流程，提高生产效率。

（3）管理灵活性。经营性劳动组织在合同框架下，赋予员工一定的自主权，使其能够根据生产实际情况灵活调整工作计划，提高生产过程的灵活性和适应性。

2. 经济责任制

经济责任制是煤矿企业中另一种广泛应用的劳动组织形式。它通过明确设定经济指标和责任目标，将员工的个人收入与其对企业经济效益的贡献直接挂钩。这种制度的实施，对于强化员工的成本意识和效益意识，提高管理透明度和效率具有重要意义。

（1）成本意识。经济责任制使员工更加关注生产成本，通过优化工作流程、减少浪费等方式，降低生产成本，提高经济效益。

（2）效益意识。员工在追求个人收入的同时，也会关注企业的整体经济效益。这种关注促使员工在工作中追求高效率和高质量，以确保企业经济效益的最大化。

（3）管理透明度。经济责任制通过明确的经济指标和责任目标，使管理过程更加透明和公正。员工可以清晰地了解自己的收入与贡献之间的关系，从而更加积极地参与企业管理。

3. 全员奖励制度

全员奖励制度是一种集体激励机制，旨在通过分享企业利润来激发全体员工的积极性。当企业完成或超过年度生产和利润目标时，员工将根据企业的盈利情况获得奖励。这种制度有助于增强员工对企业的归属感和团队合作精神。

（1）归属感。全员奖励制度使员工感受到自己是企业大家庭的一员，从而更加关注企业的整体发展。员工会主动为企业的发展贡献自己的力量，提高工作积极性和忠诚度。

（2）团队合作精神。该制度鼓励员工之间的团队协作和相互支持。员工在追求个人收益的同时，也会关注团队的整体表现，从而形成良好的团队合作精神。

（3）激励效果。全员奖励制度的激励效果具有长期性和稳定性。员工在获得奖励的同时，也会更加珍惜自己的工作机会和职业发展前景，从而更加努力地工作。

4. 岗位计件工资制

岗位计件工资制是一种根据员工完成的工作量来支付工资的劳动组织形式。在这种制度下，员工的工资与其生产的产品数量或完成的工作量直接相关。这种劳动组织形式有助于激发员工的工作积极性，提高生产效率。

（1）多劳多得。岗位计件工资制遵循"多劳多得"的原则，使员工更加关注个人工作效率和产量。员工通过提高个人工作效率来增加收入，从而实现个人与企业的双赢。

（2）灵活性。该制度为企业提供了一种灵活的劳动力管理方式。企业可以根据生产需求灵活调整员工的工作量和工作计划，以适应市场变化和生产需求。

（3）公平性。岗位计件工资制通过明确的工资标准和计算方法，确保员工的收入与其工作量成正比，从而维护了员工的公平感和满意度。

5. 自主管理

自主管理是煤矿企业中一种较为先进的劳动组织形式。在这种形势下，员工在完成规定的生产任务的同时，还被赋予了一定程度的自主权，包括任务分配、进度控制和质量监督等。这种劳动组织形式有助于提高员工的参与感和责任感，促进员工在工作中发挥更大的主动性和创造性。

（1）参与感。自主管理使员工更加关注企业的生产过程和决策过程。员工通过参与任务分配、进度控制和质量监督等工作，提高了对企业的认同感和归属感。

（2）责任感。自主管理赋予员工更多的责任和义务。员工在承担工作任务的同时，也需要对任务的完成情况和质量负责。这种责任感促使员工更加认真地对待工作，提高工作质量和效率。

（3）主动性和创造性。自主管理为员工提供了更多的自主权和决策权。员工可以根据自己的经验和判断来优化工作流程、提高工作效率和产品质量。这种主动性和创造性有助于企业不断创新和发展。

（二）煤矿生产劳动组织的结构

煤矿生产劳动组织作为煤矿企业高效运营的核心体系，其结构设置对于保障生产安全、提升生产效率、优化资源配置具有至关重要的作用。一般而言，煤矿生产劳动组织通常包括决策层、管理层和执行层三个层次，每个层次承担着不同的职责和任务，共同构成了煤矿生产劳动组织的完整框架。

1. 决策层

决策层是煤矿生产劳动组织的最高领导机构，负责制定企业战略、经营方针和重大决策。这一层次的人员通常包括矿长、副矿长等高级管理人员，他们具备丰富的行业经验和战略眼光，能够准确把握市场动态和行业发展趋势，为煤矿企业的长远发展提供科学指导。

企业战略制定。决策层需要根据国家政策法规、市场需求、资源状况等因素，制定符合企业实际情况的发展战略，明确企业的发展方向和目标。

经营方针确立。在战略框架内，决策层还需确立具体的经营方针，包括生产计划、销售策略、成本控制等，以确保企业各项工作的有序开展。

重大决策制定。对于涉及企业生死存亡的重大问题，如投资决策、技术创新、人才引进等，决策层需要充分调研、科学论证，并作出明智的决策。

2. 管理层

管理层是煤矿生产劳动组织的中间环节，负责实施决策层的战略和方针，对矿井的各项管理工作进行组织和协调。管理层通常由生产、技术、安全、财务等多个部门组成，各部门各司其职，共同推动企业的稳健发展。

（1）生产计划制定与执行。生产部门需要根据决策层的战略方针，制定详细的生产计划，并负责组织实施。同时，还需对生产进度、产品质量等进行实时监控和调整。

（2）技术支持与研发。技术部门负责提供技术支持和研发服务，包括设备选型、工艺优化、技术创新等，以提高生产效率、降低成本、提升产品质量。

（3）安全管理与监督。安全部门负责煤矿生产过程中的安全管理和监督工作，包括制定安全规章制度、开展安全教育培训、进行安全检查等，以确保生产安全。

（4）财务管理与监督。财务部门负责企业的财务管理和监督工作，包括预算编制、成本控制、资金运作等，为企业的稳健发展提供财务保障。

3. 执行层

执行层是煤矿生产劳动组织的基层单位，负责具体实施管理层下达的任务和职责。这一层次的人员通常包括班组长、操作工人等一线员工，他们直接参与煤矿生产活动，是保障生产安全、提升生产效率的关键力量。

（1）生产任务执行。班组长和操作工人需要按照生产计划和工作流程，认真执行生产任务，确保生产进度和产品质量。

（2）现场管理与协调。班组长还需负责现场管理和协调工作，包括人员调配、设备维护、物料管理等，以确保生产活动的顺利进行。

（3）安全操作与防护。操作工人需要严格遵守安全规章制度，正确佩戴和使用安全防护用品，确保自身和他人的安全。

（4）技能提升与创新。在执行生产任务的同时，班组长和操作工人还需不断提升自身技能水平，积极参与技术创新和工艺改进，为企业的发展贡献力量。

二、煤矿生产计划

煤矿生产计划是确保煤矿安全生产和高效运营的重要基础，它通常包括多个方面的规划和安排。以下是一个概括性的煤矿生产计划框架，具体内容可能因煤矿的实际情况和外部环境而有所不同。

（一）生产目标设定

在煤矿企业的运营管理中，生产目标的设定是至关重要的一环。它不仅直接关系到企业的经济效益，还涉及企业的社会形象和可持续发展。生产目标设定主要包括产量目标、质量目标和安全目标三个方面，下面将逐一进行详细阐述。

1. 产量目标

在煤矿企业的生产经营活动中，产量目标的设定是一个关键的战略决策，它直接影响到企业的经济效益和市场竞争力。产量目标的设定需要基于煤矿的储量、开采条件、设备状况和人员配置等多个方面的综合考量。

（1）煤矿储量。一个煤矿的可开采年限和生产潜力与其地质储量密切相关。在设定产量目标时，必须充分评估煤矿的实际储量，以确保长期的生产持续性和产量目标的科学性。煤矿的地质评估和资源勘探工作为产量目标的设定提供了基础数据和支持。

（2）开采条件。地质构造、煤层厚度、倾角等自然条件，以及开采方法、设备选型等技术条件，都会对煤矿的产量产生显著影响。例如，厚煤层可能允许更高的开采效率，而复杂的地质构造可能需要额外的技术支持和更长的开采周期。因此，合理评估开采条件对于制定现实和可行的产量目标至关重要。

（3）设备状况。先进的开采设备和高效的运输系统可以显著提高煤炭的产量和质量。在设定产量目标时，必须考虑现有设备的运行状态、维护计划和更新换代的需求，以确保设备能够满足生产需求并支持既定的产量目标。

（4）人员配置。高效的团队协作和合理的人员配置对于提高产量至关重要。在设定产量目标时，必须评估员工的数量、技能水平、培训需求和发展潜力。通过提供持续的培训和发展机会，可以提升员工的工作技能和生产效率，从而更好地实现产量目标。

2. 质量目标

质量目标是确保煤炭产品的质量符合市场需求和行业标准。煤炭产品的质量不仅关系到企业的市场竞争力，还直接影响到消费者的使用体验。

（1）灰分控制。灰分是煤炭中的重要质量指标之一。过高的灰分会降低煤炭的发热量和使用价值。因此，在设定质量目标时，必须严格控制灰分的含量。

（2）水分控制。水分也是影响煤炭质量的重要因素。过高的水分会导致煤炭的热值降低，并增加运输和储存的成本。因此，在设定质量目标时，需要合理控制煤炭的水分含量。

（3）硫分控制。硫分是煤炭中的有害元素之一。高硫煤在燃烧过程中会产生大量的二氧化硫等污染物，对环境造成严重影响。因此，在设定质量目标时，必须严格控制硫分的含量，以满足环保要求。

3. 安全目标

安全目标是煤矿企业运营中的重中之重。设定明确的安全目标，并制定相应的安全措施和应急预案，是保障员工生命安全和企业稳定发展的重要保障。

（1）零事故目标。零事故是煤矿企业的理想安全状态。在设定安全目标时，应将零事故作为首要目标，并致力于通过加强安全管理、提高员工安全意识等方式，实现这一目标。

（2）零伤亡目标。零伤亡是煤矿企业安全生产的最终目标。在设定安全目标时，必须确保员工的生命安全得到最大程度的保障，避免任何形式的伤亡事故发生。

（3）安全措施与应急预案。为了确保安全目标的实现，煤矿企业需要制定一系列的安全措施和应急预案。这些措施和预案应涵盖生产过程中的各个环节，包括设备维护、人员培训、安全检查、灾害预警等方面。同时，还需要定期组织演练和培训活动，提高员工的应急反应能力和自救互救能力。

（二）开采计划制定

在煤矿生产过程中，科学合理的开采计划制定是确保生产效率和安全性的关键。开采计划的制订需细致考虑煤层赋存条件、开采技术条件、设备能力以及市场需求等多种因素。

第一，开采方法的选择。根据煤层的赋存特性、地质构造、煤层厚度及倾角等自然条件，结合现有的开采技术和设备能力，可以选择炮采、机采或综采等不同的开采方法。选择合适的开采方法能够最大化资源回收率，同时确保开采过程的安全性和经济性。例如，对于厚煤层，可能倾向于选择综采或放顶煤开采，而对于薄煤层或地质条件复杂的区域，则可能选择炮采或机采。

第二，开采顺序的安排。合理的开采顺序能够确保开采工作的连续性和稳定性，同时减少对环境的影响。在安排开采顺序时，需考虑煤层之间的相对位置、开采的技术难度以及对地表和附近建筑物的潜在影响。例如，对于近距离煤层群，合理的开采顺序能够减少采空区对下层煤层开采的影响。

第三，工作面的布置。根据开采方法和开采顺序，工作面的布置需确保开采效率和工作面的安全性。这包括工作面的长度、宽度、支护方式以及通风和运输系统的布局。合理的工作面布置能够提高煤炭的开采效率，降低开采成本，并确保矿工的安全。

（三）生产计划执行

在煤矿企业的运营管理中，生产计划的执行是一项系统性工程，它涵盖了日常生产组织的精细化管理、设备维护与检修的严格把控以及人员配置与培训的科学实施。这些环节相互关联，共同决定了煤矿生产的效率和安全性。

1. 日常生产组织的合理性

日常生产组织的合理性要求对采煤、掘进、运输、通风、排水等关键环节进行细致的计划和协调。采煤环节需要根据地质条件和市场需求，合理安排开采进度和产量，同时确保作业的安全性。掘进工作是煤矿生产的基础，它为采煤工作提供必要的空间和通道，因此掘进计划的制定必须考虑到地质条件的复杂性和工程的难度。运输环节则涉及煤炭从工作面到地面的整个流程，包括输送机、卡车或矿车等运输工具的调度和管理。通风和排水系统是保障矿井内空气质量和工作环境的关键，它们的有效运行对于保障矿工的健康和安全至关重要。

2. 设备维护与检修

煤矿设备在使用过程中会受到磨损和损坏，定期的维护和检修可以预防设备的突发故障，减少生产中断的风险。这包括对设备的常规检查、润滑、更换易损件以及对关键部件的监测和维修。同时，随着技术的进步和生产需求的变化，煤矿企业还需要对设备进行更新换代和技术改造，以提高生产效率和安全性。这不仅涉及新设备的引进和旧设备的淘汰，还包括对现有设备进行技术升级和功能扩展。

3. 人员配置与培训

合理的人员配置可以确保生产任务的顺利完成，而必要的培训和教育则可以提高员工的安全意识和操作技能。这包括对新员工进行岗前培训，对在职员工进行定期的技能提升和安全教育。通过这些培训活动，员工可以更好地掌握操作规程，提高对潜在危险的识别和应对能力，从而降低事故发生的风险。此外，人员配置还需要考虑到不同岗位的特殊要求，如对管理人员进行决策能力和团队协作能力的培养，对技术人员进行专业技能和创新能力的提高。

第四节　采掘工作面正规循环作业

一、采掘工作面正规循环作业的标准

在煤矿企业的采掘工作面管理中，实施正规循环作业是确保生产效率和安全性的关键措施。正规循环作业要求采掘工作面按照既定的作业规程和循环图表进行操作，以实现生产过程的规律性和节奏性。为此，必须制定科学的作业规程和循环图表，并确保完成规定的正规循环率，这是衡量采掘生产组织管理水平的重要指标。

第一，正规循环作业的实施需要一个科学的、切实可行的作业规程和循环图表。这些规程和图表应详细规定作业的每个步骤，包括采煤、掘进、支护、运输等环节，以及相应的时间和顺序。通过这些规程和图表的指导，采掘工作面能够按照预定的计划和节奏进行作业，从而提高生产效率和安全性。

第二，为了确保正规循环作业的有效性，必须完成作业规程规定的技术经济指标。这些指标通常包括产量、进度、材料消耗、能源消耗等，它们是评估采掘工作面生产效率和经济效益的重要参数。通过严格监控这些指标，可以及时发现生产过程中的问题，并采取相应的措施进行改进。

第三，工程质量。工作面的工程质量必须达到规定的标准，这包括巷道的成形、支护的牢固性、设备的安装和维护等。同时，机电设备的完好率应保持在 80% 以上，以确保生产的连续性和稳定性。事故率应控制在 2% 以下，以保障矿工的生命安全和身体健康。

第四，安全生产。通过实施正规循环作业，可以有效地预防和减少事故的发生，从而实现安全生产。这需要采掘工作面严格遵守操作规程，加强安全管理，提高矿工的安全意识和技能。

正规循环率的计算公式为：全月实际完成的正规循环数与计划正规循环数之比。这个比率反映了采掘工作面完成计划任务的能力，是评价采掘生产组织管理水平的重要指标。全月实际完成正规循环个数是根据正规循环图表的要求，逐日累积到月末的总个数，不得用月末累计总进尺来反算。全月工作日数是指全月日历日数减去因工作面外部因素而影响的日数。

二、采煤工作面正规循环作业组织内容

（一）循环要素

在煤矿开采过程中，循环要素的有效管理是确保采掘作业高效与安全的核心。循环要素包括循环内容、循环进度和昼夜循环次数，这些要素共同构成了采煤作业的规范流程。

第一，循环内容。循环内容定义了一个完整采煤循环中的各项工序，尽管不同采煤技术和工艺导致这些工序有所不同，但总体来说，它们涵盖了破煤、装煤、运输、支护及采空区处理等关键环节。一个采煤作业的成功完成，意味着这些工序都已高效实施。不同采煤方式下，标志性工序的完成时间也

不尽相同，这反映了各工艺的独特性和特点。

第二，循环进度。循环进度是指在完成一个采煤循环后，工作面向前推进的实际距离。固定的工作面长度和采高使得循环进度的设定对各工序的工作量和最终产量有直接影响。影响循环进度的因素多种多样，包括顶板稳定性、设备特性及运输能力等，合理的落煤进度也需与支架排距相协调。

第三，循环落煤次数。循环落煤次数是一个重要指标，表明采煤机在一定时间内完成的截割或移架次数。这一指标在不同采煤方法中有所差异，但其核心仍是基于顶板稳定性和矿山压力的考量。确保选定的循环进度与日产量需求相符是至关重要的，进而影响生产计划的达成。

第四，昼夜循环次数。昼夜循环次数直接决定了工作面的日产量，通过优化各工序及引入先进设备，可以有效增加循环次数。实际应用中，循环时间的计算需综合各非平行工序的时间，确保生产节奏与劳动组织的协调。不同采煤技术和工艺要求也促使循环时间计算方法的多样化，形成了单循环、双循环及多循环等不同形式，促进了整体作业效率的提升。

（二）作业形式的选择

在煤矿采煤作业中，作业形式的选取对生产效率和安全性具有直接的影响。作业形式主要包括采煤班与准备班的配合方式，常见的形式有两采一准、三采三准、两班半采煤半班准备、三采一准及两采两准等。

两采一准形式允许专门的准备班有效保障放顶安全及设备的检修，尤其在长壁式采煤法中表现突出。三采三准则是在三个班次内均进行采煤，尽管日产量较高，但由于采煤与放顶工作的相互影响，设备检修的时间受到限制，适合机电设备较少的环境。两班半采煤半班准备的形式则适用于顶板条件较好的情况下，专业人员在半个班内集中完成相关工作，适合综采作业。三采一准形式则通过增加出煤时间，提高了整体产量，确保了准备工作的顺利进行。两采两准形式则提供了较长的准备时间，有利于设备的检修，但出煤时间相对减少。

在作业形式的选择过程中，矿井的工作制度是首要考虑的因素，其次是昼夜循环次数以及准备工作的量和复杂性，最后应综合考虑各作业形式的技术经济指标，力求在安全的基础上最大化出煤时间，从而提升工作面单产和劳动效率。

（三）循环工序的安排

在煤矿采煤工作面的循环作业中，循环工序的合理安排是提升作业效率与安全性的根本所在。工序的安排需遵循系统性原则，以实现时间和空间上的协调，充分利用有限的资源。

第一，必须确保主要工序的有效实施。主要工序通常为工作量较大、持续时间较长的环节，而次要工序则应围绕主要工序进行协调，以减少停工和窝工现象。因此，应优先完成与主要工序相关的次要作业，如打眼爆破、开缺口等，确保主要工序顺利展开，并紧密衔接后续的清浮煤、挂梁支柱等工序，以实现整体工序的流畅。

第二，促进平行交叉作业的组织。在工作面的不同区域同时进行多道工序，能够最大化地利用工作空间，提高工时的利用效率。但需遵循安全规程，考虑顶板的稳定性、设备特性及采煤工艺的要求，确保在空间上保持适当的安全距离，保障作业人员的安全。

第三，严格遵循安全规程和技术政策。每日作业安排中都应包括机电设备的检修时间，确保设备运行的稳定性与作业的安全性。此外，工作现场的环境监控和安全措施的落实，都是提高作业安全的重要环节。

第四，采用时间横道图法进行工序的科学安排。时间横道图能直观展示各工序的时间安排和相互关系，便于识别决定循环周期的关键路线与次要路线。网络图法同样适用，通过明确各工序的时间占用及相互关系，为科学合理地安排工序提供了基础依据。在网络图中，主要路线如割煤准备、割煤、进刀打回头等工序显得尤为关键，而次要路线如支护线、放顶线、做缺口线等则与主要工序平行进行。此种安排确保了工作面的均衡生产，使正规循环作业能够按时、按质、按量地完成。

（四）劳动组织的确定

劳动组织的确定是一个复杂而精细的过程，它依据生产发展的实际需求、生产特性及具体环境条件，科学地规划劳动分工与协作，旨在优化劳动力配置，采用先进的劳动组织形式，从而有效激发劳动者的积极性，持续提升劳动生产率。

在劳动分工与协作方面，这一机制通过细致划分生产任务，确保每个或每组工人专注于特定任务，以提升专业性和效率。同时，通过组织工人形成协作集体，共同完成一项或多项任务，保证生产过程的连贯性和有序性。合理的劳动分工与协作需综合考虑工艺过程的独立性、复杂程度、工人技术熟练度以及工作量大小等因素。随着技术进步和生产流程的优化，原有的分工模式可能需适时调整，以适应更紧密的工序联系和工人技术水平的提升。例如，在机械化程度较高的煤矿企业中，综合工序的引入有助于工序间的有效衔接和工时的充分利用。

针对采煤工作面的劳动组织，其涵盖工人配备、作业组形式及作业形式的确定。工人配备需依据循环工作量和劳动定额精确计算，确保人力资源的合理配置。作业组形式则包括专业作业组和综合作业组，前者侧重于单一工序的高效率执行，后者则强调多工种间的协同作业。作业组的作业形式则体现了空间上的配合关系，如顺序作业、分段作业和分段移动作业，这些形式的选择需紧密结合回采工艺、循环方式及工序安排等实际情况。

（五）循环作业图表的编制

循环作业图表体系是煤矿生产管理中一项至关重要的工具，它系统地展示了采煤工作面的循环作业模式、作业形式的具体安排、工序的精细布局以及劳动组织的科学配置。该体系主要由循环作业图、工人出勤图表以及技术经济指标表三大核心组件构成，共同为煤矿生产的高效运行提供有力支撑。

循环作业图，作为一种坐标式的时空计划图，其设计精妙地捕捉了循环周期内各道工序在时间与空间维度上的动态变化与相互关联。横坐标精准地划分了一昼夜的工作时间，而纵坐标则清晰地描绘了工作面长度的实际情况。图中的每一道工序均通过独特的符号进行标识，并依据各班次工序的具体时空要求精心绘制，从而直观地展现了生产流程的全貌。

工人出勤图表则采用了横道图的形式，直观明了地展示了各工种在不同班次中的出勤情况，以及各班次所需工种的详细配置。这一图表不仅清晰地反映了工作面人员的具体分工，还准确地记录了出勤人数的动态变化，为生产调度和人力资源管理提供了宝贵的参考信息。

技术经济指标表则是对采煤工作面特征、循环特征以及产量、劳动效率、材料消耗、成本、质量等关键经济指标的全面汇总与深入分析。该表格通过一系列精确的计算公式，如工作面长度、采高、倾角的测量，循环进度的计算，以及产量、劳动效率等经济指标的推导，为煤矿生产的成本控制、效益评估以及持续改进提供了坚实的数据基础。

三、掘进工作面正规循环作业组织

在煤矿掘进作业中，实施科学化的管理模式对于提高工作效率与安全性至关重要。正规循环作业作为一种有效的管理方式，经过多年的实践验证，已成为提升掘进效率的重要手段。循环进度是衡量生产效率的核心指标，其计算不仅涉及炮眼深度和利用率，还与岩层的性质密切相关。在不同硬度的岩石中，适当调整炮眼的深度与利用率能够有效促进工作面的推进速度。此外，循环进度需与支架间距相匹配，以确保每次推进的距离均为支架间距的整倍数，从而实现稳定的作业节奏。

循环时间的合理计算对于提升作业效率同样不可忽视。各工序所需时间的准确估算，包括准备、打眼、装运、支护等环节，能够优化整个循环的流畅度。特别是在三班工作制下，确保每个班次的作业时间合理分配，避免跨班循环，不仅提高了计量的便利性，也增强了组织工作的高效性。在此模式下，设定昼夜三循环的策略，使得掘进作业能够在较短时间内完成，达到高效作业的目标。

工序安排及劳动组织的优化是实现高效掘进的重要环节。通过实施多工序平行交叉作业，掘进速度得到了显著提升。钻眼、爆破、装岩及支护等关键工序的合理安排，能够有效缩短作业时间，进而提高整体劳动生产率。在这一过程中，除了必须遵循的安全规程外，各工序应尽可能实现平行作业，以确保高效完成各项任务，最大程度地提高资源的利用率。

在劳动组织方面，综合工作队的形成及多工序的平行交叉管理模式，为掘进工作提供了强有力的支持。这一组织形式通过明确岗位责任，确保每位工作人员都能高效地完成各自任务，形成固定的人员、设备、任务和时间制度。这种"五固定"管理模式为掘进工作创造了稳定的作业环境，使得循环作业的每一个环节都能顺利进行。

循环作业图表作为管理的重要工具，能够为掘进工作提供清晰的指导。通过详尽的掘进工作计划、工人出勤指示及技术经济指标的记录，管理者可以实时监控掘进过程，及时发现并解决潜在问题。这些科学的管理工具不仅提高了作业的可控性，也为矿企的安全运营提供了保障。

第七章　煤矿安全生产管理体系探索

第一节　煤矿安全培训计划与日常管理

一、煤矿安全培训计划

煤矿安全培训可以增强从业人员的安全知识，改变其安全态度，提高其安全意识，增强其安全技能，可以有效地改变其安全习惯，达到期望的安全行为表现，从而提高安全生产现状，从根本上预防事故的发生。

（一）年度培训计划的编写

年度培训计划编写的依据是煤矿从业人员安全培训教学计划大纲，根据煤矿所有从业人员岗位制定全矿安全生产管理人员、班组长、特种作业、一般工种和专项培训计划。

1. 年度培训计划制定的原则

在煤矿企业的安全教育培训中，制订合理的培训计划是保障员工安全、提升安全意识的重要环节。为了实现这一目标，必须遵循基本原则，以确保安全教育的有效性和针对性。

（1）可行性原则。煤矿企业在制订安全教育计划时，需全面考虑企业的生产经营状况、员工的安全意识、现有的安全教育实际情况以及安全教育的需求与经费等多种因素。只有将这些因素统筹兼顾，制订出切实可行的安全教育计划，才能确保培训计划的顺利实施，使安全教育真正落到实处。若忽视实际情况，制订出来的计划可能难以执行，进而影响安全教育的整体效果。

（2）重点与全面相结合原则。在安全教育培训的实施过程中，煤矿企业需要在培训对象的选择上做到重点与全面的有机结合。对于特种作业人员、新员工，以及涉及新材料、新设备等方面的知识更新，都应给予优先关注。与此同时，也必须兼顾全员教育，确保所有员工都能及时接受到最新的安全教育。这种综合性的培训方式能够有效防止安全教育中的盲区，确保每一位员工都能够在生产过程中具备必要的安全知识和技能。

（3）系统性原则。在制订安全教育计划时，企业需根据自身的实际情况，对全体员工进行全面、有条理、有连续性的教育。这意味着安全教育的内容应具有系统性，涵盖安全理论、安全知识以及安全操作技能等各个方面。通过系统的教育，员工才能形成完整的安全知识体系，从而在面对实际工作时能够迅速反应并采取有效的安全措施。

（4）针对性原则。在煤矿企业的生产过程中，常常会出现各种安全隐患和问题，针对这些问题进行有针对性的安全教育显得尤为重要。与系统性原则不同，针对性原则更强调的是在实际生产中发现的具体问题，通过教育提升员工的安全意识和应对能力。这种针对性教育不仅能够提高员工的安全素养，还能在一定程度上减少事故发生的概率。

2. 年度培训计划的制订

年度培训计划的制订需基于详尽的培训需求调研，其目的在于识别和解决员工在安全知识和技能方面存在的不足。为此，应成立专门的项目组，负责开展全面的安全培训需求调研，并编制详尽的调研报告。报告中需阐明调研的目的、对象、方法、时间以及所采用的调研工具和提纲。

调研报告应包含对企业当前状况的深入分析，包括员工的基本素质、对培训的认知程度、培训资源条件等。通过对调研数据的科学对比和分析，项目组需识别出企业在安全生产方面存在的主要问题，并提出相应的解决策略。

特别是，需对员工的岗位技能差距进行深入分析，探究其原因，并找出通过培训能够解决的能力差距。

在调研方式上，可以采用问卷调查、访谈、抽样、座谈或电话访谈等多种方式，以确保调研结果的全面性和准确性。调研过程中收集的所有数据和信息都应被认真记录，并用于填写安全培训需求调研计划书。该计划书需经过主管领导的审核，并最终存入企业的培训教学管理档案中。

年度培训计划应涵盖企业中的不同层级和职能的员工，包括主要负责人、安全生产管理人员、班组长、特种作业人员、一般工种员工、新入职工人以及需要专项安全培训的员工。培训计划的内容应详细列出培训的科目、时间、方式、负责人以及预期的培训效果。通过制订和执行这样的培训计划，企业能够提升员工的安全意识和操作技能，从而为企业的安全生产提供坚实的人才支持。

（二）安全培训方案的编写

安全培训方案的编写不仅是为了提升员工的安全意识和操作技能，更是确保矿井安全生产的基础。编制这样的方案应当综合考虑多个维度，包括培训的目的、目标、对象、人数、内容、组织、方法、时间、地点、费用、学员管理及考核等。

方案的核心目的与目标是其编写的起点。明确培训的意义和对象，合理安排培训的顺序及内容，是确保培训效果的关键。这些目标应以详细的培训需求分析为依据，确保所制定的培训内容与企业安全目标和员工的实际需求紧密结合，以达到最优效果。

方案应详细列明培训的性质，区分资格培训和复审培训，并明确参与培训的人数、次数、时间安排及人员分布情况。此外，指定培训班的负责人同样重要，这有助于保障培训工作的高效进行。对于培训的组织管理，应明确组织者、管理者和授课教师的职责，无论是内部聘请还是外部引进，确保他们能够胜任培训任务至关重要。

培训考核的要求与目的则是检验培训效果的核心环节。可以通过多种考核方式，如面试、笔试或实际操作，来确保学员能够将所学知识有效应用于实际工作中。特别是针对特种作业人员，必须通过相关法定部门的考试，合格者方可取得上岗资格证书，以确保作业安全。

在方案的组织实施与管理中，需依据批准的培训计划制定具体实施方案，包括培训人员的基本信息、单位、教材、授课教师及培训地点的确定。这些具体措施将成为保证培训计划有效实施的重要保障，确保每个环节都能顺利进行。

实施步骤应从培训需求分析开始，明确培训对象和效果目标，进而确定培训内容、方法以及组织实施方案。此外，所需的培训经费、教材、师资力量、培训地点及管理措施也需提前规划到位。相关部门在安全培训中的职责与义务应予以清晰界定，以增强各方协作，提高培训效率。

安全培训方案的制定应以培训需求调研为基础，明确培训的目的、效果及预期影响。根据不同特种作业人员的专业和层次，合理安排培训时间、课程设置、师资配置、学时分配及教材选用。通过课堂讲授、实际操作、座谈讨论和实地考察等多种方式，提升培训的整体效果。最终，通过考核检验培训成果，合格者将获得特种作业操作资格证，以确保员工能够胜任各项安全生产任务。同时，培训经费应进行详细预算，并将所有相关信息存入培训班教学管理档案，以确保后续工作的可追溯性与有效性。

二、培训学员日常管理

为加强对学员的管理，维持良好的教学与生活秩序，确保培训教学质量，促进培训学员身心健康，培训期间需从以下方面加强学员管理。

（一）培训前期准备

在培训的前期准备阶段，相关管理部门需认真规划并落实各项细节，以确保培训活动的顺利进行。首先，需根据学员的数量和工种，选定适当的班主任，并合理安排教室，以保证培训场地的功能性与舒适性。其次，培训管理部门依据事先制定的培训计划，明确具体的培训时间，并及时通知各相关部门，以便学员提前做好准备。最后，培训管理部门还需通过电子邮件将学员所需填写的相关表格发放至各部门，确保每位学员在报到时能提交完整的材料。具体要求包括身份证原件及复印件、学历证书及其复印件或盖章的学历证明、两张一寸彩色蓝底照片以及一份电子照片，这些资料的准备将为后续的培训打下良好的基础。

（二）学员报到流程

各部门在接到培训通知后，应于开班当天按时到指定地点向班主任进行报到。报到时，学员需递交相关证件及资料，并仔细填写培训学员登记表。班主任在核对学员资料后，会根据实际情况安排教材的领取与课程表的发放，确保每位学员都能及时掌握上课信息。报到结束后，班主任还需对学员的基本情况进行汇总，形成一份培训班学员的基本情况一览表，并将其存入学员管理档案中，以便日后的管理与查阅。这一系列的准备工作和流程，旨在为学员提供一个有序、高效的培训环境，使其能够在接下来的学习中充分发挥潜力，达到培训的最终目标。

（三）培训过程中学员的管理

1. 开班仪式

在教育培训领域，开班典礼作为培训课程的起始环节，承担着为整个培训过程定下基调的重要角色。典礼的举办不仅标志着培训的正式开启，更是对培训教学安排及纪律要求的一次全面强调。通过这一仪式，培训管理者向学员明确传达了培训的目标、内容、方式以及预期成果，确保学员对即将开始的学习旅程有清晰的认识和预期。同时，典礼上的纪律宣贯，为维护良好的教学秩序和学习环境提供了保障，使得学员能够在规范的框架内进行学习，从而增强培训效果。

在开班典礼中，对教学安排的详细说明有助于学员理解培训的结构和流程，使他们能够更好地规划自己的学习时间和努力方向。此外，纪律要求的明确化，不仅有助于预防和减少培训过程中可能出现的问题，还能够促进学员之间的相互尊重和合作，为建立一个积极的学习氛围奠定基础。这种对教学安排和纪律要求的双重强调，体现了培训管理者对培训质量和效果的重视，同时也展现了对学员学习体验的关注。通过这种方式，开班典礼成为一个有效的平台，为学员提供了一个明确的方向和期望，为他们在培训过程中取得成功奠定了坚实的基础。

2. 请假制度

学员在培训期间若需请假，必须依照既定的请销假制度，认真填写请销假审批表，详细注明请假的具体原因。该流程要求班主任对请假事由进行初步审查，并提出审批意见。随后，请假申请需提交至培训部门负责人及主管领导，由其进行最终审批并作出批示。未经批准的请假申请视为无效，这一规定确保了培训出勤的规范性和培训效果的保障。

3. 考勤管理

考勤管理是确保培训效果的另一关键环节。在培训期间，班主任负责在每次上课前进行点名，严格监控学员的出勤情况。学员需根据分配的序号和姓名，在考勤签到表上亲自签名，以确保出勤记录的准确性。该考勤制度要求学员在每天上下午各签到一次，以此作为学员参与培训的正式记录。班主任在确认考勤信息无误后，在考勤签到表上签名，并将表格归档至培训班学员管理档案中，以备后续的审核和评估。

4. 班主任工作日志

班主任工作日志的每日填写，为培训过程提供了翔实的记录和反馈。班主任需在日志中详细记录听课的日期、内容、授课教师的姓名、听课地点、教学方法、学员的出勤情况，以及当日培训中出现的问题和解决策略。此外，班主任还需对学员的学习态度和教师的授课效果进行客观评价，这些评价对于优化培训内容和提升教学质量具有重要参考价值。完成日志填写后，班主任须签名确认，并将日志归档至学员管理档案中，以确保培训管理的连续性和完整性。

5. 座谈会

座谈会的组织是培训过程中的一个重要组成部分，它为学员提供了一个反馈和交流的平台。在培训期间，班主任会组织部分学员召开座谈会，并详细记录学员的学习收获、对培训质量的评价以及对培训管理的建议和意见。这些反馈对于识别和改进培训过程中的不足之处至关重要。座谈会记录表在班主任签名确认后，同样存入培训班学员管理档案中，为培训的持续改进提供了依据。通过这些细致的管理措施，培训体系得以确保其有效性和适应性，以满足学员的学习需求和提升培训成效。

（四）培训成效的综合评估

在培训周期的圆满结束之后，班主任负责根据一系列关键指标对整个培训过程进行细致的总结。这一评估过程涵盖了出勤率、考试合格率、补考合格率等多个维度，旨在全面反映培训的成效。在授课情况方面，班主任将对教学内容的覆盖度、教学方法的有效性以及教学进度的适宜性进行评估，确保教学目标得到实现。同时，学员的学习情况也是评估的重点，包括他们的学习态度、参与度以及学习成果，以衡量培训是否满足了学员的学习需求。

后勤保障情况的评估关注于培训期间的设施支持、物资供应和环境舒适度，这些因素对于学员的学习体验和培训效果有着不可忽视的影响。培训管理情况的总结则涉及培训计划的执行、纪律的维护以及问题解决的时效性，这些都是确保培训顺利进行的关键因素。通过这样全面的评估，班主任能够对培训的整体质量做出准确的判断，并据此提出改进建议，以优化未来的培训计划。最终，这份详尽的培训总结将被正式存入培训班学员管理档案，为培训的持续改进和质量提升提供重要的参考依据。

第二节　煤矿矿山安全生产标准化发展

一、煤矿矿山安全生产标准化煤矿分级及考核标准

在煤矿安全生产标准化的框架内，煤矿的安全管理等级划分和考核标准至关重要。煤矿安全生产标准化等级被细分为三个等次：一级、二级和三级，每一等级均对应着特定的考核评分和安全管理要求。

第一，一级标准作为最高级别，要求煤矿安全生产考核评分达到 90 分以上。在这一等级中，井工煤矿的各项安全管理措施必须得到严格执行，尤其是在安全风险分级管控和事故隐患排查治理等方面，均需确保单项考核评分不低于 90 分，确保煤矿的安全生产得以持续保障。此标准反映了对煤矿安全生产环境的最高期望，旨在实现对安全隐患的精准控制。

第二，二级标准相较于一级略有放宽，要求煤矿考核评分在 80 分以上。虽然评分有所下降，但对井工煤矿的安全风险管控和隐患排查治理等方面仍然要求较高的评分，确保煤矿能够保持在一个相对安全的运营状态。二级标准强调的是在可接受的范围内，努力提升煤矿的安全管理水平，确保作业人员的生命安全和健康得到保障。

第三，三级标准则是最低的安全生产标准，要求煤矿考核评分在 70 分以上。虽然这一等级的要求相对较低，但仍需对各个方面的安全管理进行基本的重视。井工煤矿的事故隐患排查和风险控制虽然可以容许较低的评分，但仍需达到最低的安全标准，以保障煤矿的基本运营安全。

通过对这三个等级的详细分析，可以看出煤矿安全生产标准化不仅是对数字的追求，更是对安全文化的深刻理解和贯彻。在实际运营中，煤矿企业

需从源头入手，加强安全生产意识的培养和相关制度的执行力度，确保每一个环节都符合安全标准。只有这样，才能在潜在的风险面前建立起坚实的防线，从而实现最终的安全目标。最终，煤矿安全生产标准化的实施和持续改进将推动整个行业向更高的安全水平迈进，确保资源的合理开发与利用。

二、煤矿矿山安全生产标准化考核定级

煤矿安全生产标准化考核定级在提升煤矿整体安全水平、保护矿工生命安全方面扮演着不可或缺的角色。其核心目的在于通过对煤矿安全生产管理体系的系统评估，确保矿井在生产过程中严格遵循国家安全生产的各项要求。这一标准化体系不仅为煤矿的安全运营提供了指导，更是实现安全生产的重要保障。

考核定级的流程极其严谨，尤其是在一级标准化煤矿的申报过程中，涉及多个环节的审查与评估。首先，煤矿需经过省级煤矿安全生产标准化工作主管部门的初审。这一阶段的审查，旨在对煤矿的安全生产管理体系进行初步的合规性评估，确保其符合国家设定的安全标准。初审通过后，国家煤矿安全监察局将进一步组织专家进行全面考核。这一考核不仅要求对煤矿的安全设施、应急管理、风险控制等方面进行深入检查，还涉及对矿工安全培训、日常安全管理等各个细节的评估。

通过这样严格的考核，符合要求的煤矿将获得一级安全生产标准化等级。这一等级不仅是对煤矿安全管理水平的认可，更是对其在安全生产责任方面的充分肯定。获得此等级的煤矿，能够有效提升自身的市场竞争力，并在行业内树立良好的安全形象。

相较于一级标准化煤矿，二级和三级标准化煤矿的考核定级虽然同样严格，但在执行过程中具有一定的灵活性。这些煤矿的初审和考核定级工作同样由省级煤矿安全生产标准化工作主管部门负责。然而，在标准设定和评估标准上，二级和三级标准化煤矿则需依据省级部门的具体要求进行自我评估，确保其安全管理体系能够达到相应的等级要求。这种灵活性为不同规模和条

件的煤矿提供了适应性，确保它们在提升安全标准的过程中不至于过于拘泥于一刀切的标准。

三、煤矿矿山安全生产标准化考核定级程序

在煤矿安全生产标准化考核定级的程序中，流程的严谨性至关重要，以确保煤矿的安全管理体系达到国家规定的标准。该考核定级程序通常包括企业自评、初审、考核、公示与公告等多个环节，旨在系统性地提升煤矿的安全管理水平。自评阶段，煤矿企业需要进行全面的自我评估，形成翔实的自评报告，并填报相关申请表格，以提交给主管部门进行初审。

在初审阶段，主管部门必须对企业提交的材料进行严格审核，并开展现场检查，确保企业存在的安全隐患得到有效整改，之后再将审核结果报送考核定级部门。考核阶段中，考核定级部门将在审核合格的基础上，对煤矿进行深入的现场检查或抽查，以核实自评的真实性。对于存在弄虚作假行为的企业，将取消其考核资格，并要求其在整改完成后重新申请自评。

进入公示阶段后，考核合格的煤矿需在官方网站上进行公开，接受社会各界的监督，公示期不少于五个工作日。而对于考核未通过的煤矿，考核定级部门将以书面形式通知初审部门，要求其依据下一个标准化等级进行后续考核。最终，经过公示无异议的煤矿将被正式确认其安全管理等级，并予以公告，确保整个过程的透明与公正。

四、安全生产标准化达标煤矿的监管

第一，必须加强对已获得安全生产标准化等级煤矿的动态监管。各级煤矿安全生产标准化主管部门应根据属地监管原则，每年制定检查计划，对达标煤矿进行一定比例的抽查。一旦发现煤矿已不再具备原有的标准化水平，应及时降低或撤销其安全生产标准化等级；若发现重大事故隐患，也应立即撤销其等级，以保障安全生产的严肃性和有效性。

第二，对于发生生产安全死亡事故的煤矿，相关主管部门应迅速采取行动，降低或撤销其安全生产标准化等级。例如，一级和二级煤矿在发生一般事故后，应降至三级，而在发生较大及以上事故时则应直接撤销其等级；三级煤矿则在发生任何一般及以上事故时亦应被撤销等级。

第三，在降低或撤销煤矿安全生产标准化等级时，需及时将情况上报原等级考核定级部门，并由该部门进行公告确认，以确保信息的透明与准确。

对于被撤销安全生产标准化等级的煤矿，实施撤销决定的主管部门应依法责令其立即停产整改，待整改合格后方可重新申请。原则上，因发生安全事故而被撤销等级的煤矿在一年内不得申请二级及以上的安全生产标准化等级，除非省级主管部门另有规定。

第四，达标煤矿应加强日常检查，至少每月进行一次全面自查，并在有效期内每年由隶属企业组织开展一次全面自查，形成自查报告，并根据安全生产标准化等级向相应考核定级部门报送结果。一级安全生产标准化煤矿的自评结果需报送省级主管部门，最终由其汇总并在年末向国家矿山安全监察局报送。

五、安全生产标准化达标煤矿基本条件

在煤矿行业中，安全生产标准化是确保矿工生命安全和身体健康、防止和减少事故发生的重要手段。达标煤矿的基本条件是实现安全生产的基础，这些条件涵盖了法律合规性、人员资质、安全环境和责任制度等多个方面。

（一）法律合规性的基本条件

煤矿企业要达到安全生产标准化，首先必须确保其合法合规运营。这包括持有采矿许可证、安全生产许可证和营业执照，且这些证件必须齐全有效。采矿许可证是企业合法开采矿产资源的法律凭证，安全生产许可证则是企业

具备安全生产条件的证明，而营业执照则表明企业具备合法经营的资格。这些证件的有效性是煤矿企业合法生产和运营的前提，也是其安全生产标准化达标的基本条件之一。

（二）管理人员资质的基本条件

煤矿安全生产的关键在于管理人员的专业知识和管理能力。因此，矿长、副矿长、总工程师、副总工程师（技术负责人）等关键管理人员必须在规定的时间内参加由煤矿安全监管部门组织的安全生产知识和管理能力考核，并取得考核合格证。这一条件确保了煤矿的管理层具备必要的安全生产知识和管理技能，能够科学有效地进行安全生产管理，及时发现和解决安全生产中的问题，从而保障矿工的生命安全和身体健康。

（三）安全环境的基本条件

安全生产环境是煤矿企业安全生产的基础。煤矿企业要达到安全生产标准化，必须确保不存在各部分所列举的重大事故隐患。这要求企业进行全面的安全风险评估和隐患排查，及时发现并消除可能导致重大事故的危险因素。通过持续的风险管理和隐患治理，企业能够为矿工创造一个安全的工作环境，有效预防和减少事故发生，保障矿工的生命安全。

（四）责任制度的基本条件

建立矿长安全生产承诺制度是煤矿企业安全生产责任制的重要组成部分。矿长每年须向全体职工公开承诺，牢固树立安全生产"红线意识"，及时消除事故隐患，保证安全投入，持续保持煤矿安全生产条件，保护矿工生命安全。这一制度的建立和执行，强化了矿长作为安全生产第一责任人的意识，明确了其在安全生产中的职责和义务。通过公开承诺，矿长向全体职工展示了企业对安全生产的重视和决心，增强了职工的安全意识和责任感，形成了全员参与、共同维护安全生产的良好氛围。

六、安全生产标准化达标煤矿的工作要求

（一）建立和保持安全生产标准化

在煤矿企业的运营过程中，建立和维持安全生产标准化是其核心责任之一。为实现此目标，企业必须采取一系列综合性措施，以确保安全生产的持续达标。这些措施包括但不限于安全风险的分级管控、事故隐患的排查与治理。通过这种方式，企业能够识别潜在的安全风险，并采取相应的预防和缓解措施，从而降低事故发生的可能性。

规范作业行为是保障矿工安全的关键环节。这要求企业制定严格的操作程序和安全标准，确保所有作业活动都在受控的条件下进行。同时，对工程质量的控制也是维护矿井安全的重要组成部分，它涉及矿井支护、通风系统、瓦斯管理等关键领域的质量保证。

提升装备和管理水平对于实现安全生产标准化同样至关重要。现代化的设备和先进的管理技术能够提高矿井的安全性能，减少人为错误，提升应急响应能力。企业还必须加强对员工的培训，确保他们了解并能够执行安全规程，掌握必要的应急处置技能。

（二）制定目标与计划

在煤矿企业的安全生产标准化建设中，制定目标与计划是确保标准化工作得以有效推进的关键步骤。企业需依据安全生产的总体方针，结合自身实际，制定出切实可行的年度安全生产标准化创建计划。这一计划应涵盖安全生产的各个方面，包括但不限于风险评估、灾害防治、职业健康等，并将其细化分解到各个相关部门，确保每个部门都明确自己的责任和目标。

为了实现这些目标，企业必须严格执行既定的计划，并对执行情况进行定期的考核和评估。这种考核不仅是对安全生产标准化工作进展的监督，也是对企业安全生产管理体系有效性的检验。通过考核，企业能够及时发现问

题，采取相应的纠正和预防措施，确保安全生产标准化工作不断向前推进。

企业还应建立一个持续改进的机制，根据考核结果和安全生产的实际需求，不断调整和完善安全生产标准化的计划和目标。这种动态的调整过程有助于企业适应不断变化的安全生产环境，提高安全生产管理的适应性和有效性。

（三）组织机构与职责明确

在煤矿企业的运营与发展过程中，组织机构的建立与职责的明确化是实现安全生产标准化不可或缺的一环。为此，企业需设立专门的机构来统筹安全生产标准化工作，确保该工作得到系统化的组织与协调。通过明确的职责分配，可以促进各单位、部门及个人在其职责范围内充分发挥作用，形成协同效应，共同推动安全生产标准化的实施。

明确的组织机构设置有助于提高决策效率，确保安全生产标准化工作的决策能够得到迅速而准确地执行。同时，明确的职责分工能够确保在安全生产标准化的各个环节中，每个相关人员都能够明确自己的任务和目标，从而提高工作效率和效果。这种职责明确化的管理方式，不仅有助于提升安全生产标准化工作的执行力，还能够在出现问题时迅速定位责任，及时采取纠正措施。

（四）安全生产标准化投入

在煤矿企业中，安全生产标准化的实现不仅是一项基本要求，更是企业持续发展的基石。为此，企业必须确保在安全生产标准化方面的投入，这包括但不限于安全设施的更新、安全技术的升级，以及对员工进行安全培训的资金支持。这些投入是实现和维持安全生产条件的必要保障，对于提升企业安全生产水平、保障矿工生命安全具有重要意义。

安全生产标准化投入的首要任务是确保安全设施的完善和升级。这涉及对现有设施的改造，以及新安全技术的引进，旨在构建一个更加稳固的安全屏障。通过这些措施，企业能够在源头上预防和减少事故的发生，从而降低潜在的安全风险。

（五）技术保障

在煤矿企业的安全生产实践中，技术保障的作用不容忽视。一个健全的技术管理体系和完善的工作制度构成了煤矿安全生产的坚实基础。为了确保作业规程、操作规程及安全技术措施的科学性和实用性，煤矿企业必须不断地进行技术创新和改进。这些规程和措施的编制需要严格遵循相关的安全生产标准，并且必须通过完备的审批流程，以确保其合规性和有效性。

在技术创新方面，煤矿企业应当积极引入先进的开采技术和安全防护技术，通过技术进步提升矿井的安全水平。同时，企业还需要确保这些技术措施得到有效的贯彻执行，这通常涉及对员工进行系统的培训和教育，使他们能够正确理解和掌握新的技术要求。

（六）现场管理和过程控制

在煤矿企业的安全生产管理中，现场管理和过程控制构成了提升安全生产水平的关键环节。通过对生产环节的严格管控，企业能够确保各个阶段的作业活动均在既定的安全标准之内进行。这种管控不仅涉及对物理环境的监控，还包括对作业流程的细致管理，以确保所有操作都遵循既定的安全规程。

为了实现这一目标，煤矿企业必须定期执行安全生产标准化的自检工作。这种自检是一种内省式的评估过程，旨在通过内部审查来识别潜在的安全隐患，并采取相应的预防措施。通过这种方式，企业能够在问题演变成事故之前，及时进行干预和纠正。

自检工作的执行需要依据一系列明确的标准和指标，这些标准和指标应当与国家安全生产的法律法规以及行业最佳实践保持一致。自检过程中发现的问题应立即记录，并制定具体的整改措施。这些措施应当明确责任人、整改时限和预期效果，以确保整改活动的及时性和有效性。

（七）持续改善

煤矿企业取得的安全生产标准化等级，是对企业安全生产标准化工作现状的测评，也是对企业执行相关法律法规情况的考核认定。企业应在已取得的等级基础上，有目的、有计划地持续改进工艺技术、设备设施、管理措施，并规范员工的安全行为，进一步改善安全生产条件。这不仅有助于煤矿持续保持考核定级时的安全生产条件，还能不断提升安全生产标准化水平，建立安全生产标准化的长效机制。

七、煤矿矿山安全生产标准化体系

煤矿矿山安全生产标准化体系的建立，旨在通过系统化的管理措施，提升煤矿安全生产水平，确保矿工生命安全和身体健康。该体系涵盖了井工煤矿和露天煤矿的安全生产标准化要求，体现了对煤矿安全生产全面性的深刻认识和专业管理。

在井工煤矿的安全生产标准化体系中，安全风险分级管控和事故隐患排查治理构成了体系的基石。通过识别、评估和控制安全风险，以及对事故隐患的系统排查和治理，煤矿企业能够预防和减少事故发生的可能性。通风管理是确保井下空气质量和气候条件符合安全要求的关键环节，而地质灾害防治与测量则涉及对煤矿周围地质环境的监测和控制，以防止地质灾害的发生。

采煤和掘进是煤矿生产的核心过程，对这两个过程的安全管理直接关系到煤矿的安全生产。机电和运输系统的安全运行是保障煤矿生产连续性和效率的基础，而职业卫生和安全培训则体现了对矿工健康和安全意识提升的重视。应急管理是应对突发事故的重要措施，而调度和地面设施的管理则涉及煤矿生产活动的协调和支持。

对于露天煤矿而言，除了安全风险分级管控和事故隐患排查治理之外，还有一系列具体的考核项目，如钻孔、爆破、采装、运输、排土、机电、边坡和疏干排水等。这些项目反映了露天煤矿特有的安全生产特点和管理要求。

职业卫生、安全培训和应急管理同样是露天煤矿安全生产标准化体系的重要组成部分，而调度和地面设施的管理则是保障露天煤矿生产活动顺利进行的关键。

八、煤矿矿山安全生产标准化评分方法

煤矿矿山安全生产标准化评分方法的制定，旨在通过量化评估，对煤矿的安全生产水平进行客观衡量。这一方法不仅有助于企业自我检查和改进，同时也是监管部门进行安全生产监督的重要工具。

对于井工煤矿而言，安全生产标准化考核的满分设定为 100 分，这一设置基于对安全生产各个方面重要性的综合考量。考核过程中，各部分的得分将根据预先设定的权重进行计算，以确保评分体系能够全面反映煤矿安全生产的实际状况。具体来说，考核将依据井工煤矿安全生产标准化体系中包含的各部分评分表进行，这些评分表涵盖了安全风险分级管控、事故隐患排查治理、通风、地质灾害防治与测量、采煤、掘进、机电、运输、职业卫生、安全培训和应急管理、调度和地面设施等多个关键领域。每一部分的考核得分将乘以其相应的权重，这些权重反映了各部分在安全生产中的重要性。最终，各部分的加权得分之和将得出井工煤矿安全生产标准化考核的总得分。

露天煤矿的安全生产标准化评分方法与井工煤矿类似，满分同样为 100 分，考核过程也采用各项得分乘以权重的方式计算。这一方法考虑到了露天煤矿特有的安全生产特点，如钻孔、爆破、采装、运输、排土、机电、边坡和疏干排水等具体考核项目。考核过程中，各项考核得分将乘以其权重，权重的设定基于对各项考核内容在安全生产中所占比重的科学评估。各项加权得分之和即为露天煤矿安全生产标准化考核的总得分。

在考核评分过程中，如果存在缺项情况，即将该部分的加权分值平均折算到其他部分中去。这种折算方法旨在确保考核得分的公平性和合理性，即使在部分考核项目缺失的情况下，也能通过合理的调整，确保总得分能够真实反映煤矿的安全生产水平。

第三节 矿井生产系统的安全监察与检查

一、矿井生产系统的安全监察

矿井生产系统的安全监察是确保煤矿安全生产的重要环节，它涵盖了煤矿生产活动的方方面面，旨在预防和减少安全事故的发生，保障员工生命财产安全。

（一）安全监察的法律依据与制度基础

矿井生产系统的安全监察工作，主要依据《煤矿安全监察条例》等相关法律法规进行。这些法律法规为煤矿安全监察提供了明确的法律依据和制度保障，确保了监察工作的合法性和有效性。同时，国家建立了由国家矿山安全监察局、各产煤省（区、市）煤矿安全监察局和派驻到各矿区的煤矿安全监察办事处组成的三级垂直管理煤矿安全监察体制，为煤矿安全监察提供了坚实的组织保障。

（二）安全监察的主要内容

矿井生产系统的安全监察是确保煤矿作业安全、高效运行的关键环节，其内容广泛且深入，旨在全方位、多层次地保障煤矿生产的安全性和稳定性。

1. 安全管理制度的执行情况

安全管理制度是煤矿企业安全生产的基石，其执行情况直接关系到矿井生产系统的整体安全水平。监察部门需从以下方面进行深入监察。

（1）安全生产责任制的建立健全。安全生产责任制是明确各级管理人员和员工在安全生产中应负责任的制度。监察时需检查煤矿企业是否已明确各级安全生产责任人，并制定了相应的责任追究机制，确保责任到人，形成全员参与安全生产的良好氛围。

（2）安全管理制度和操作规程的完善性。监察部门需审查煤矿企业是否制定了全面、系统的安全管理制度和操作规程，这些制度和规程是否涵盖了矿井生产的全过程和各环节，且是否根据生产实际和法律法规的变化进行了及时修订和完善。

（3）制度执行的有效性。通过现场检查、查阅资料、询问员工等方式，监察部门需评估煤矿企业安全管理制度和操作规程的执行情况，包括制度是否得到有效执行，员工是否严格遵守操作规程，以及是否存在违反制度的行为等。

2. 现场生产情况

现场生产情况是安全监察的重点，直接关系到矿井生产系统的安全稳定。监察部门需从以下方面进行细致监察。

（1）工程质量。工程质量是矿井生产安全的基础。监察时需检查矿井巷道的掘进质量、支护质量、通风质量等，确保工程质量符合设计要求和安全标准。

（2）安全设施。安全设施是矿井生产安全的保障。监察时需检查矿井的安全出口、避难硐室、消防器材、通风设备等安全设施是否齐全、完好、有效，以及是否按照规定进行了定期检查和维护。

（3）职工安全意识和技术素质。职工的安全意识和技术素质是矿井生产安全的关键因素。监察时需通过问卷调查、现场提问、技能考核等方式，评估职工的安全意识和操作技能水平，以及是否接受了必要的安全教育和培训。

（4）事故隐患和违法行为的消除与制止。监察部门需及时发现和消除事故隐患，制止违法行为，防止事故的发生。对于发现的问题，需督促煤矿企业立即整改，并跟踪整改情况，确保问题得到有效解决。

3. 安全管理机构与人员配置

安全管理机构与人员配置是矿井生产系统安全监察的重要方面，直接关系到安全监察工作的质量和效果。监察部门需从以下方面进行监察。

（1）安全管理机构的设置。监察时需检查煤矿企业是否设置了专门的安全管理机构，并明确了其职责和权限。同时，还需评估安全管理机构的工作效能，确保其能够充分发挥作用。

（2）安全管理人员的配备。监察时需检查煤矿企业是否配备了足够数量和素质合格的安全管理人员。这些人员需具备相应的专业知识和技能，能够胜任安全监察工作。同时，还需评估安全管理人员的履职情况，确保其能够认真履行职责，有效监管生产活动。

（3）安全监察职责的履行。监察部门需评估安全管理机构和人员是否认真履行了安全监察职责，包括是否对生产活动进行了有效的安全监管，是否及时发现和报告了安全隐患，以及是否采取了有效的措施进行整改等。

4. 安全教育培训与应急演练

安全教育培训与应急演练是矿井生产系统安全监察的重要内容，对于提高员工的安全意识和操作技能，以及应对突发事件的能力具有重要意义。监察部门需从以下方面进行监察。

（1）安全教育培训的开展。监察时需检查煤矿企业是否开展了有效的安全教育培训活动，包括新员工入职培训、定期安全培训、专业技能培训等。同时，还需评估培训的效果，确保员工能够掌握必要的安全知识和技能。

（2）应急预案的制定与完善。监察时需检查煤矿企业是否制定了完善的应急预案，包括火灾、瓦斯爆炸、透水等突发事件的应急预案。这些预案需明确应急响应流程、救援措施、人员分工等关键要素，确保在突发事件发生时能够迅速、有效地进行应对。

（3）应急演练的组织与实施。监察时需检查煤矿企业是否定期组织应急演练，包括模拟突发事件、检验应急预案的有效性、提高员工的应急响应能力等。同时，还需评估演练的效果，总结经验教训，不断完善应急预案和应急响应机制。

（三）安全监察的方式与方法

矿井生产系统的安全监察是煤矿行业安全管理的重要组成部分，其方式与方法的选择直接影响到监察工作的效率与效果。

1. 日常监察

日常监察是矿井生产系统安全监察的基础性工作，它通过定期检查、巡视等方式，对煤矿生产活动进行常规性的安全监管。这种监察方式具有以下特点。

（1）持续性。日常监察强调对煤矿生产活动的持续关注和监管，确保生产过程中的安全隐患能够被及时发现和纠正。

（2）预防性。通过定期检查，日常监察能够提前发现潜在的安全隐患，从而采取预防措施，避免事故的发生。

（3）灵活性。日常监察的方式和频率可以根据煤矿生产活动的实际情况进行调整，以适应不同生产阶段的安全需求。

在实践应用中，日常监察应重点关注煤矿生产现场的工程质量、安全设施、职工安全意识和技术素质等方面，通过现场检查、查阅资料、询问员工等方式，全面了解生产活动的安全状况，及时发现并纠正安全隐患。

2. 专项监察

专项监察是针对煤矿生产中的特定问题或安全隐患，组织专门的监察力量进行深入调查和整治的监察方式。它通常具有以下特点。

（1）针对性。专项监察针对特定问题或安全隐患展开，具有较强的针对性和实效性。

（2）专业性。专项监察需要组织具备相关专业知识和技能的监察人员，以确保调查工作的深入和准确。

（3）系统性。专项监察通常需要对问题或隐患进行全面的分析和评估，提出系统性的整改措施和建议。

在实践应用中，专项监察应针对煤矿生产中的重点、难点和热点问题，如瓦斯治理、水害防治、顶板管理等，组织专业监察力量进行深入调查，分析问题产生的原因，提出切实可行的整改措施，并跟踪整改情况，确保问题得到有效解决。

3. 定期监察

定期监察是按照一定的时间间隔，对煤矿生产系统进行全面的安全监察，评估其安全生产状况，并提出改进建议的监察方式。它通常具有以下特点。

（1）全面性。定期监察需要对煤矿生产系统的各个环节进行全面检查，确保无遗漏。

（2）系统性。定期监察需要对检查结果进行系统性分析，评估煤矿生产系统的整体安全状况。

（3）前瞻性。定期监察不仅关注当前的安全状况，还通过分析历史数据和趋势，预测未来的安全发展趋势。

在实践应用中，定期监察应制定详细的检查计划和标准，明确检查的内容、方法和要求。通过现场检查、查阅资料、数据分析等方式，全面了解煤矿生产系统的安全状况，评估其存在的安全风险和问题，提出针对性的改进建议，并督促煤矿企业落实整改措施。

4. 随机抽查

随机抽查是通过随机选择检查对象和时间的方式，对煤矿生产活动进行突击性的安全监察，以发现潜在的安全问题。它通常具有以下特点。

（1）突发性。随机抽查的时间和对象具有不确定性，能够真实反映煤矿生产活动的安全状况。

（2）震慑性。随机抽查能够给煤矿企业带来一定的压力，促使其加强安全管理，提高安全意识。

（3）灵活性。随机抽查可以根据实际情况进行调整，以适应不同生产阶段的安全需求。

在实践应用中，随机抽查应重点关注煤矿生产现场的关键环节和重点部位，如井口、井下工作面、通风系统等。通过突击检查，发现潜在的安全隐患和问题，及时提出整改要求，并跟踪整改情况，确保问题得到有效解决。同时，随机抽查还可以结合其他监察方式，如日常监察、专项监察等，形成优势互补，提高监察工作的效率和效果。

二、矿井生产系统安检查

安全检查在安全生产管理中占据着重要地位，成为发现潜在风险和不安全行为的有效手段。通过安全检查，能够及时识别和消除事故隐患，落实必要的整改措施，从而有效防止伤亡事故的发生，并改善工作环境。开展安全生产检查需要制定明确的目标和要求，确保检查工作有条不紊地进行。此外，企业应建立起由管理层主导、相关人员共同参与的安全检查团队，以增强检查的系统性和有效性。

（一）矿井安全生产检查的依据与内容

矿井安全生产检查的依据和内容是确保矿山安全运营的重要环节。矿井安全生产检查必须遵循严格的法律法规，涵盖《煤矿安全规程》及相关的作业和操作规程。因矿山生产过程的复杂性和专业性，各种安全标准的遵循至关重要，这不仅关乎矿工的生命安全，也关系到企业的可持续发展。

矿井安全生产检查的内容包括四个方面：① 检查企业领导干部在"安全第一、预防为主、综合治理"方针上的贯彻执行情况；② 需对各级组织的安全管理工作进行审查，包括法律法规的落实情况及管理措施的有效性；③ 生产现场的安全状态也是检查的重要内容，包括操作人员的安全行为、设备的运行状态以及作业环境的合规性；④ 还要对安全隐患的整改情况进行跟踪，以确保所有潜在风险得到有效控制。通过全面的检查，矿井能够实现安全生产的终极目标，保障员工的安全与健康。

（二）矿井安全生产检查的类型

第一，定期安全生产检查。定期安全生产检查是以有计划和组织的形式进行，检查周期根据各单位实际情况而定，通常涵盖周、月、季度等多个时间节点。这类检查的广泛性和深度能够有效发现并解决安全生产中的问题，确保矿井安全。

第二，不定期安全生产检查。不定期检查通常是在没有提前通知的情况下，由上级部门组织进行的抽查。此类检查具备突击性质，可以真实反映安全生产状况，以便制定针对性措施，保障安全生产的顺利进行。

第三，日常安全生产检查。日常检查是生产过程中的常规预防措施，旨在及时发现并消除潜在隐患。由基层班组长或安全检查员实施，确保职工遵循安全规章制度，同时也是安全教育的重要环节。

第四，季节性及节假日前安全生产检查。根据季节变化和事故发生规律，生产单位需对易发危险进行重点检查。节假日前后尤为重要，以避免潜在的安全事故发生。

第五，专业安全生产检查。专业检查按照特定专业领域的需求进行，针对特定时期的安全生产情况开展系统评估。这类检查注重发现专业性问题，确保有效整改并消除隐患。

第六，综合性安全生产检查。综合检查在煤矿安全管理中起着关键作用，通常由主管部门负责，旨在全面评估企业的安全隐患。通过系统审查，企业能够发现并纠正管理不足，从而降低事故风险。

第七，连续性安全生产检查。连续性检查主要针对新设备和新工艺的应用，以及事故多发区域的监控，确保随时发现和解决安全隐患，防止不安全因素的出现。

第八，不定期对职工代表安全生产巡视检查。不定期的职工代表巡视检查由工会负责人组织，重点关注安全生产法规和责任制度的落实。这一检查形式强化了领导责任和职工权益的保障，有助于安全管理的有效实施。

（三）矿井安全生产检查的方法

1. 实地观察

矿井安全生产检查的实地观察环节要求检查人员深入现场，运用直观感知和专业经验进行细致的观察。该过程涵盖视觉、听觉、嗅觉、触觉等多种感官体验，以识别设备的异常运转、泄漏迹象、有毒气体排放、设备温度异常等潜在风险。检查人员需通过观察外观变化、倾听设备声音、嗅探气体泄漏、触摸设备温度、审查危害因素等手段，全面搜寻不安全因素、事故隐患及事故征兆。

2. 汇报与反馈

在安全生产检查中，汇报会是一个关键环节。上级部门在检查前通常会要求下级单位先行自检，并在检查过程中提出问题和改进建议。检查结束后，通过召开通报会，要求被检查单位对发现的问题制定解决方案，并在规定时间内完成整改。

3. 座谈交流

针对特定安全主题的小型检查，座谈交流是一种有效的检查方法。通过与相关人员的讨论，可以深入探讨工作或工程中的经验和教训，从而促进安全知识的共享和安全意识的提升。

4. 调查分析

在煤矿安全生产领域，调查分析作为一种方法，其深度和广度对于理解安全问题的根源至关重要。当进行安全动态调查和事故调查时，这种方法通过集结关键人员和知情者，对安全问题进行细致的逐项审查。这一过程涉及对事故现场的彻底检查、对操作流程的回溯分析以及对相关人员的深入访谈，旨在揭示事故的直接和间接原因。通过这种全面的调查分析，可以制定出针对性的措施和对策，以防止类似事件的再次发生。

5. 个别访谈

个别访谈通过与经验丰富的操作人员进行深入交流，可以获取到技术分析所需的深度信息，发现事故背后的潜在规律。这些访谈提供了对生产运行情况和规章制度执行情况的第一手资料，有助于检查人员获得一个全面而真实的生产环境和安全状况的图景。因此，个别访谈是确保调查和检查工作能够得出正确结论的重要手段。

6. 文档审查

文档审查是确保检查工作细致性和深入性的重要环节。检查人员必须对设计文件、作业规程、安全措施、岗位责任制度和操作规程等关键文档进行详尽的审查。这一过程不仅评估了文档的完整性和有效性，而且通过审查原始记录，验证了这些文档在实际操作中的执行情况。文档审查的目的是确保所有的安全措施和操作规程都得到了妥善的规划和严格的执行。

7. 知识测试

知识测试是评估企业安全工作、员工素质和管理水平的有效手段。通过对员工进行个别提问、抽查或全面考试，可以检验他们对安全知识的掌握程度和操作技能的实际水平。这种测试不仅评估了员工对安全规程的理解，还考察了他们在紧急情况下的应对能力。知识测试的结果对于评估企业安全培训的效果和指导未来的培训计划具有重要意义。

8. 仪器监测

仪器监测作为一项科学而精确的检查手段，利用先进的检测和检验设备对在用设施、设备、器材的状况以及作业环境条件进行测量。这种方法能够客观地评估安全状况，及时发现潜在的安全隐患，为矿井的安全生产提供了有力的技术支持。仪器监测的结果对于制定预防措施和改进方案至关重要，有助于提升矿井的整体安全性能。通过这些综合性的检查方法，煤矿企业能够全面提升安全管理水平，确保矿工的安全和健康。

（四）矿井安全生产检查的重点

矿井安全生产检查的重点领域涵盖了教育培训、作业规程执行、操作规程遵守、管理规范化以及隐患排查等多个方面，这些要素构成了矿山安全生产的基础。

在安全生产教育培训方面，矿山企业有责任确保其从业人员接受必要的安全教育和培训。这一过程旨在提升员工的安全意识和操作技能，确保他们能够在安全的环境下进行作业。未经培训或未取得相应资格证书的员工不得从事相关工作，这是确保矿工具备基本安全操作知识的重要措施。

采掘作业规程的落实情况是检查中的另一个核心内容。规程的制定是为了规范作业行为，预防事故的发生。检查人员需验证这些规程是否得到了认真的贯彻和执行，以及作业人员是否严格按照规程进行操作。

操作规程的执行情况同样关键，它直接关系到生产过程的安全性。检查人员需检查作业人员是否按照规定的操作流程进行工作，是否正确穿戴了必要的劳动保护用品，以及是否存在违反安全规定的行为。

管理层面的检查关注于区队班组的安全目标管理是否得到有效实施，以及安全管理工作是否实现了规范化、标准化和制度化。此外，还需评估安全管理制度的落实情况，以及生产岗位上是否存在脱岗、串岗或打盹睡觉等现象。

隐患排查是矿井安全生产检查的重中之重。检查人员必须对作业环境、生产设备和安全设施进行全面审查，确保它们符合相关规定。这包括对采掘工作面的支护情况、矿井的通风和防治瓦斯、防尘等安全措施的检查，以及对机电设备的防爆和防漏电性能的评估。特别是对于矿井内的重点部位和关键设备，如主要通风机房、爆炸物品库、变配电所等，需要进行更为细致和严格的检查。

（五）矿井安全生产检查的步骤

1. 安全检查筹备

在矿井安全生产领域，安全检查的筹备工作是确保检查有效性的关键步骤。此阶段的核心任务包括明确检查的对象、目的和具体任务，这为后续的检查活动提供了明确的方向和目标。为了确保检查工作的科学性和合规性，检查团队必须熟悉并掌握相关的法规、标准及规程要求，这些是评估安全生产状态和执行检查任务的重要依据。

了解工艺流程、生产状况以及可能存在的危险和危害情况是必不可少的。这一步骤有助于检查团队预见潜在的风险点，从而在检查计划中做出相应的安排。制定一个详尽的检查计划，包括检查的内容、方法和步骤，是确保检查工作系统性和全面性的关键。此外，编写安全检查表或提纲能够为检查人员提供清晰的指导，确保检查过程中不会遗漏任何重要的安全指标。

为了使检查工作更加高效和有序，检查团队需要准备必要的检查工具、仪器、表格和记录表等。这些工具和文档是执行现场检查和记录检查结果的重要工具。同时，选择和训练检查人员，并进行明确的分工，是确保检查团队能够高效协作和专业执行检查任务的关键。通过这些细致的筹备工作，检查团队能够为即将进行的安全检查打下坚实的基础，从而提高矿井安全生产检查的专业性和有效性。

2. 安全检查实施

安全检查的实施是确保生产安全的重要环节，其主要内容涵盖了现场检查、隐患排查、思想教育、管理制度、整改落实以及事故处理等多个方面。

（1）现场检查与隐患排查。安全生产检查的首要任务是深入现场，重点关注劳动条件、生产设备及安全设施是否符合规定要求。这包括确保安全出口的畅通性，检查机械设备的防护措施以及电气安全设施的完备性等。此外，还需审查个体防护用品的使用情况，确保其符合卫生和安全标准。

（2）思想教育。安全工作不仅依赖于制度和措施，更需要企业领导和员工的安全意识。检查中需评估企业领导对职工安全健康的关注程度，是否存在违章指挥的行为。同时，要关注员工对安全生产的重视程度，是否存在不安全操作和行为，确保国家安全生产方针和相关政策得到贯彻落实。

（3）管理制度的检查。安全生产检查还涉及企业的安全管理体系，需评估领导层是否将安全生产纳入议事日程，并确保各级负责人对安全工作负有责任。检查要确保在生产计划、布置及总结中均有安全内容的考量，即"五同时"的原则是否得到遵循。此外，职能部门是否在各自业务中承担安全责任，安全机构的设置是否合理，职工是否积极参与安全管理，安全技术措施的年度计划是否编制与执行等，都是检查的重点。

（4）事故处理。企业对工伤事故的处理及时性和严肃性也需纳入检查范围。发现事故处理不当的情况，应督促企业重新审视处理过程，寻找根本原因，吸取教训，采取措施防止类似事故再次发生。

在开展安全检查时，企业应根据自身特点，突出重点，针对高风险、易发事故的生产环节和设备加强检查。尤其在矿山企业，需重点关注矿井的通风、温度、湿度等强制性检查项目，以及与生产安全密切相关的各种设施和劳动保护用品的使用情况。通过全面细致的检查，保障安全生产的有效实施。

3. 数据分析与判断

检查团队在掌握了现场的检查情况和获取了必要的信息后，必须对这些数据进行详尽的分析和研判。这一过程依赖于检查人员的专业知识、经验和技能，他们需要运用自己的专业眼光和分析能力，对收集到的数据进行深入的解读。在某些情况下，为了验证某些关键指标或参数，可能还需要动用专业的仪器设备进行精确地测量和检验，以确保得出的结论是准确无误的。

4. 决策与指令下达

一旦数据分析和判断的工作完成，检查团队需要及时作出决策，并下达相应的指令。这通常涉及对发现的问题进行分类和优先级排序，然后制定具体的整改措施。这些措施会被详细记录在"安全检查隐患整改通知书"中，该通知书会明确列出整改的建议、预期完成的时间节点、责任分配以及整改情况的反馈时间要求。这一通知书是推动整改工作实施的重要文件，它确保了整改措施的明确性和可执行性。

5. 整改措施的落实与复查

整改措施的落实是检查工作成效的直接体现。为了确保整改工作的有效性，检查团队需要对整改情况进行复查。这一复查过程不仅验证了整改措施是否得到了执行，而且还评估了整改的效果，确保了隐患得到了彻底的解决。通过这样的复查，可以及时发现整改过程中可能出现的问题，并采取进一步的措施以确保所有的安全问题都得到了妥善处理。这一持续的改进和完善过程，有助于提升矿井的安全生产水平，确保矿工的安全和健康。

（六）矿井重大事故隐患排查机制

1. 重大事故隐患排查的目的与意义

事故隐患是生产经营单位在遵循安全生产法律、法规和标准的过程中，因多种因素而产生的可能导致事故的危险状态。这些隐患可分为一般事故隐患和重大事故隐患。一般事故隐患通常指危害较小且整改难度较低的隐患，发现后可以迅速整改。而重大事故隐患则涉及更高的危害性和整改难度，往往需要部分或全部停产，并经过一段时间的治理才能消除。

排查重大事故隐患的目的在于建立长效机制，以强化安全生产的主体责任，提升对事故隐患的监督和管理，从而有效防止和减少事故发生，保护人民生命和财产的安全。在矿山生产中，潜在能量的危险常常因隐患未能及时处理而引发灾难性事故。造成事故的原因有很多，包括资金投入不足、技术落后、规划不周、管理混乱及人为失误等。因此，实施重大事故隐患排查是一种有效的预防措施，对于减少矿山事故发生、保障人民安全至关重要。

2. 重大事故隐患排查的具体要求

在矿山企业中，安全生产隐患排查与治理的主体责任落在企业自身。企业的主要负责人对安全生产隐患的全面排查和治理负有不可推卸的责任。

第一，矿山企业应当建立健全安全生产隐患的排查与治理制度，组织员工积极参与隐患的发现和排除。企业主要负责人需定期（至少每月一次）组织相关的安全管理人员、工程技术人员及员工进行隐患排查，所有查出的隐患必须进行登记并建立档案。同时，企业应加强现场的监督检查，及时发现并处理"三违"行为。若发现重大隐患，需立即停止生产并报告企业主要负责人。

第二，针对安全生产隐患，应实施分级管理和监控。一般隐患由主要负责人指定整改责任人，责成其立即或限期整改；对于限期整改的隐患，责任人需负责监督检查并进行整改验收，验收合格后需报企业主要负责人审核备案。重大隐患则需由主要负责人组织制定整改方案与安全保障措施，明确整改内容、资金、期限及整改作业范围，并负责组织实施。

第三，矿山企业需在每季度的第一周，将上季度的重大隐患及排查整改情况向县级以上地方人民政府负责矿山安全生产监督管理的部门及矿山安全监察机构提交书面报告，报告需经主要负责人签字。报告内容应涵盖隐患产生的原因、现状、危害程度分析、整改方案、安全措施及整改结果等。对于重要情况，企业应随时进行报告。

第四，县级以上地方人民政府的监督管理部门和矿山安全监察机构在接到整改报告后，应对不符合要求或措施不完善的情况提出修改意见，并对重大隐患进行登记建档，指定专人负责跟踪监控，督促企业认真整改。同时，存在重大事故隐患的单位应成立事故隐患管理组，管理组需负责掌握隐患的分布、事故发生的可能性及程度，制定应急计划并报备，进行安全教育和演练，实时掌握隐患动态变化，并保持消防器材及救护用品的完好有效。

参考文献

[1] 陈万辉，郭瑞，韩伟，等. 煤矿巷道支护方案智能设计研究 [J]. 工矿自动化，2024，50（8）：76-83，90.

[2] 陈雄. 煤矿开采技术 [M]. 重庆：重庆大学出版社，2020.

[3] 戴良发，谭杰. 我国煤矿立井特殊凿井技术的应用与发展 [J]. 煤炭工程，2013，45（S2）：9-12.

[4] 丁志华，刘振华. 煤炭价格波动机理及对中国经济的影响研究 [M]. 徐州：中国矿业大学出版社，2020.

[5] 范文博. 我国超深立井凿井提升面临的问题及建议 [J]. 煤炭工程，2018，50（6）：62-65，69.

[6] 付家亭，崔浩，秦凯. 煤矿巷道快速掘进工艺优化及应用 [J]. 煤矿现代化，2024，33（4）：77-81.

[7] 付洋，潘玉帅. 采煤方法与技术的发展趋势研究 [J]. 内蒙古煤炭经济，2024（12）：172.

[8] 顾海荣，张雅倩，叶敏，等. 立井井筒动态监测软件的设计与实现 [J]. 实验室研究与探索，2020，39（12）：33-36，207.

[9] 郭立全，张平松，李圣林，等. 立井井筒掘进地质条件综合探查与分析 [J]. 煤炭工程，2021，53（1）：43-46.

[10] 郭志飚，张国华，石建军. 煤矿巷道设计施工与监测 [M]. 徐州：中国矿业大学出版社，2015.

[11] 韩兵. 煤矿斜井隧道连续皮带机出渣系统选型配置 [J]. 施工技术，

2016，45（21）：107-110.

[12] 韩海亭. 煤矿巷道掘进的综合降尘与防尘技术研究［J］. 内蒙古煤炭经济，2024（14）：16-18.

[13] 韩华. 煤矿巷道掘进的综合降尘与防尘技术研究［J］. 能源与节能，2024（7）：168-170，174.

[14] 侯东哲. 煤矿巷道顶板支护力学研究［J］. 山西冶金，2024，47（8）：118-121.

[15] 贾发亮，方章英，张丽芳，等. 煤矿地面生产系统集中控制技术改造［J］. 煤矿机械，2012，33（8）：187-189.

[16] 焦丽. 基于低碳经济视角的煤炭经济生态圈模式分析［J］. 内蒙古煤炭经济，2024（9）：118-120.

[17] 靳瑞. 煤矿巷道带式输送机可伸缩机尾结构力学分析［J］. 机械管理开发，2024，39（9）：117-119.

[18] 康红普，高富强，王晓卿，等. 煤矿巷道断层滑移型冲击地压试验系统研制与试验验证［J］. 煤炭学报，2024，49（9）：3701-3710.

[19] 李剑峰. 监测监控技术在矿井生产调度中的应用［J］. 煤矿机械，2010，31（2）：104.

[20] 李康，高永涛，周喻，等. 立井井筒失稳机理与加固方法［J］. 中南大学学报（自然科学版），2020，51（4）：1068-1076.

[21] 李勇军，朱锴. 矿山安全生产管理［M］. 徐州：中国矿业大学出版社，2019.

[22] 梁晓礁. 综合生产调度在矿井生产中的实践与应用［J］. 科技传播，2013，5（16）：204，173.

[23] 刘会晓. 矿区合理规划对提高矿井生产能力的意义［J］. 煤炭技术，2013，32（8）：109-111.

[24] 刘京辉. 煤矿巷道液压组合支架动力学特性研究［J］. 自动化应用，2024，65（16）：238-240.

[25] 刘昕. 山西省煤炭产业碳减排的经济与环境效益研究 [D]. 太原：太原理工大学，2023：13-45.

[26] 刘子成，燕志鹏. 碳排放、煤炭消费与经济发展的脱钩效应分析 [J]. 经济问题，2023（7）：38-43，128.

[27] 孟宪锐，张聚国，温星星，等. 特大型矿井合理生产能力选择研究 [J]. 煤炭工程，2012（4）：1-4.

[28] 苗建明. 煤矿巷道掘进施工组织实施探讨 [J]. 中国高新技术企业，2012（7）：135-137.

[29] 潘涛. 煤矿生产系统集成的层次结构及其标准化问题研究 [J]. 工矿自动化，2014，40（9）：19-23.

[30] 祁丽霞，杨雪. 煤矿生产事故致因机理辨析与仿真 [J]. 煤矿安全，2012，43（3）：190-192.

[31] 钱洪伟，尹香菊. 煤矿生产系统的生命周期累积环境效应机理研究 [J]. 煤矿开采，2011，16（3）：132-135.

[32] 乔立瑾. 立井井筒破坏原因及修复方案设计 [J]. 煤炭工程，2022，54（8）：6-11.

[33] 施骋. 我国煤炭价格形成机制及其影响因素研究 [D]. 北京：北京交通大学，2015：10-50.

[34] 田秀杰，田易壮. 黑龙江省数字经济发展对碳排放的影响研究 [J]. 北方经贸，2024（8）：1.

[35] 铁伟伟，赵帅. 煤炭工程经济管理风险及防范措施的浅谈 [J]. 中国高新区，2017（11）：158.

[36] 王昌虎. 料石支护在斜井工程中的应用 [J]. 有色金属（矿山部分），2001（4）：31-32，38.

[37] 王华东. 矿井生产调度通讯系统安全管理 [J]. 现代经济信息，2013（9）：86.

[38] 王建锋. 立井井筒相互关系对地面总平面布置和井底车场设计的影响

研究 [J]. 煤炭工程，2020，52（9）：13-17.

[39] 王建国. 煤矿生产系统危险源结构及煤矿事故预防 [J]. 矿业安全与环保，2008（1）：85-88，91.

[40] 王俊峰. 矿井生产调度指挥信息系统的研究与开发 [J]. 电子技术应用，1999（11）：44-46.

[41] 王丽杰，陈金库，杨勇. 煤炭工程经济签证制度探析 [J]. 煤炭经济研究，2015，35（4）：80-84.

[42] 王雪兵. 煤矿巷道火灾特征及纵向通风与断面密封控制效果对比分析 [J]. 能源技术与管理，2024，49（4）：131-135.

[43] 王奕淇，黄涵祝. 中国碳排放脱钩效应、时空特征与驱动因素 [J]. 生态学报，2024，44（6）：2228.

[44] 王中亮，刘海泉，王振虹. 协庄煤矿生产系统技术改造方案研究 [J]. 煤炭工程，2023，55（11）：24-29.

[45] 武迪俊，王忠鑫，肖兵，等. 露天煤矿地面生产系统BIM正向设计 [J]. 煤炭工程，2021，53（8）：39-42.

[46] 武光城，田俊夫，张建中. 新质生产力赋能煤炭行业数字经济高质量发展 [J]. 煤炭经济研究，2024，44（7）：75-81.

[47] 夏均民，刘锋珍，马同禄. 煤矿生产组织管理 [M]. 北京：冶金工业出版社，2015.

[48] 谢添. 煤矿安全培训管理实务 [M]. 北京：煤炭工业出版社，2017.

[49] 严鑫翔，苏志刚，丁念波. 经济周期中煤炭价格波动规律研究 [J]. 合作经济与科技，2023（5）：28.

[50] 杨巧峰. 目标成本管理在企业经济管理中的应用 [J]. 商场现代化，2024（21）：113.

[51] 杨雪，刘凤清，侯梦雨. 煤炭价格波动对多部门产品价格的影响作用分析——基于投入产出价格模型 [J]. 北方金融，2023（8）：22.

[52] 姚韦靖，庞建勇. 松散富水煤矿斜井围岩稳定性分析及工程应用研究

［J］．应用基础与工程科学学报，2020，28（2）：422-434.

［53］岳勇．煤矿巷道掘进与支护技术研究［J］．能源与节能，2024（8）：129-131，138.

［54］张国光．我国煤矿企业安全培训方案设计［D］．北京：中国地质大学（北京），2012：25.

［55］张继承．综合机械化采煤效率影响因素及改进措施［J］．能源与节能，2024（4）：110.

［56］张晞程，徐帅．煤矿巷道掘进支护存在的问题及优化提升措施分析［J］．中国高新科技，2024（14）：101-103.

［57］张言方．政策传导下中国煤炭价格波动及其宏观经济效应研究［D］．徐州：中国矿业大学，2020：30-143.

［58］赵枚辉．基于低碳经济视角的煤炭经济生态圈财务管理研究［J］．内蒙古煤炭经济，2022（19）：76.

［59］周雄．急倾斜煤层主要特点及采煤方法［J］．黑龙江科技信息，2015（18）：147.

［60］朱美峰．中国煤炭价格波动及其传导效应研究［D］．太原：山西财经大学，2016：35-131.

［61］邹元春，卢新明，李金龙，等．立井井筒装备关键构件参数建模及自动装配技术的研究与实现［J］．煤炭工程，2021，53（4）：11-15.